KB022851

의도하지 않은 결과

Unintended Consequences
Copyright © Clive Wills 2019
First published by iff Books, 2020
iff Books is an imprint of John Hunt Publishing Ltd., No.3 East Street, Alresford,
Hampshire SO249EE, UK
www.johnhuntpublishing.com

Published in 2021 under licence from John Hunt Publishing Ltd.
Korean translation copyright © 2021 by FROMBOOKS

UNINTENDED CONSEQUENCES

의도하지 않은 결과

복잡한 문제를 보는 새로운 관점

클라이브 윌스 지음
김수민 옮김

세상은 의도하지 않은 결과들로 움직인다. 의도가 아무리 숭고해도, 하나의 문제를 해결하면서 다른 무언가를 엉망으로 만들어버릴 가능성이 크다.[1]

_랜드 비어스, 미국국가안전보장회의 위원

모든 일에는 의도하지 않은 결과가 따르기 마련이다.[2]

_스티브 잡스

당신의 계획대로 되지 않는 이유가 있다!

내가 겪은 매우 당혹스러운 경험이 이 책을 쓴 계기가 되었다.

오래전 국세청에 간단한 서신 한 장을 보낸 적이 있다. 특별할 것 없는 신고서에 지역 세무서 직인을 받기 위해서였는데, 이들은 오직 우편으로만 신청을 받았기 때문이다. 그런데 이 일은 내가 예상했던 것보다 더 복잡하게 흘러갔다. 상황이 시급했음에도 답변을 받기까지 세월아 네월아 시간만 흘러가는 것 같아서 나는 신속하게 처리해달라고 요청하는 서신을 다시 보냈다. 그리고 답장을 받았는데 어떻게 된 영문인지 서신에 적힌 날짜는 2주 전이었다. 세무서는 내가 사는 런던 중심지에서 1.6킬로미터밖에 떨어져 있지 않았다. 참다못한 나는 결국 세무서를 찾아가 담당자를 만나기로 했고, 그녀는 그 자리에서 신고서에 도장을 찍어주었다.

왜 이렇게 시간이 지연되었는지를 묻자 그녀는 새롭게 도입된 "더 능률적인" 사내 우편 시스템 때문이라고 말했다.

우편료를 절약하기 위해 외부로 내보내는 우편물은 노팅엄에 있는 중앙 허브를 거쳐야 하는데 이 새로운 시스템이 너무 복잡해서 우편물을 처리하는 데 무려 2주가 걸렸다. 게다가 우체국에서 우편물이 교차되면서 직원들이 여러 차례에 걸쳐 같은 요청을 다루어야 했다. 결과적으로 우편물 하나당 우편료가 얼마 절약되기는 했지만, 이는 비능률적인 시스템으로 인해 직원들에게 부과된 추가 업무량이라는 '의도하지 않은 결과'를 가져오면서 완전히 빛을 잃고 말았다. 또 업무가 지연됨에 따라 나를 포함한 다른 많은 이용자에게 불편을 주고 불만을 품게 만든 것은 말할 것도 없다.

지금 기억해도 여전히 짜증나는 경험으로 남아있는 이 일이 있고 얼마 지나지 않아 입장이 뒤바뀌는 일이 일어났다. 나는 평소에 지하철을 애용하는데, 어느 날 출근길에 관광객으로 보이는 한 외국인이 내게 길을 물어보았다. 그녀는 유스턴 역으로 가는 길이었고, 내가 가는 방향과 같았다. 그래서 나는 그녀가 목적지까지 안전하게 도착할 수 있도록 기꺼이 그녀와 동행했다. 그러나 우리가 역에 도착했을 때 그녀는 매우 조심스럽게 "사실은 유스턴에서 오는 길이었어요"라고 말했다. 다시 말해 의사소통의 문제로 나는 그녀가 대략 30분쯤 전에 출발했던 역으로 다시 데리고 간 것이다.

한번은 텔레비전을 보다가 좋은 의도만으로는 충분하지 않다는 교훈을

전하는 사례를 접하게 되었다. 유명 애니메이션 시리즈 <심슨 가족> 중 네드 플랜더스의 집이 허리케인 때문에 허물어진 에피소드에서였다. 네드를 사랑하는 이웃들이 단합해서 무너진 집을 신속하게 재건해주기로 했으나 주민들마다 집을 어떻게 설계해야 하는지에 대한 생각이 달랐다. 결국 흔하지 않은, 기하학적으로 불가능에 가까워 보이는 집이 만들어졌다. 완성된 집을 바라보며 호머 심슨이 네드에게 물었다.

"어때, 네드. 사랑으로 지어진 집이 마음에 드나?"

그러나 네드가 뭐라고 대답하기도 전에 건물 전체가 주저앉고 말았다. 조악한 솜씨와 체계적이지 못한 설계 때문이었다. 마지 심슨이 네드를 위로하며 말했다.

"좋은 뜻으로 한 일이었어요. 모두가 최선을 다했지요."

그러자 네드가 씁쓸하게 말했다.

"우리 가족은 좋은 의도만으로는 살 수 없어요."

그러고는 냉소적으로 덧붙였다.

"저들을 탓할 순 없겠지요. '좋은 의도'를 가지고 한 일이니까요."

네드와 이웃들은 아무리 많은 관심을 기울여 실행에 옮긴 행동이라도 좋은 의도만으로는 충분하지 않을 수 있다는 사실을 깨닫게 되었다.[1]

2017년 국제구호개발기구 옥스팜은 전 세계 상위 부자 85명의 소득이 하위에 속하는 인구 35억 명의 소득과 맞먹는다는 사실을 세상에 알리는 캠페인을 벌였다. 많은 사람들이 자신의 능력으로 집을 지어줄 수는 없더라도 재산이 상대적으로 많은 사람들이 가난한 사람들에게 돈을 기부

함으로써 도움을 줄 수 있다고 생각할 것이다. 그러나 여기에도 위험이 도사리고 있다.

런던 중심가에 위치한 소호에서 노숙자 쉼터를 운영했던 존 쿠트는 이 장소가 이용자들이 구걸과 좀도둑질 기술을 익히는 본거지로 활용되었다고 말한다. 노숙자들은 쉼터에서 제공하는 이불을 이용해 자신들의 잠자리 환경이 열악하다는 인상을 심어주면서 마음 약한 관광객들에게서 돈을 받아냈다. 그리고 이 돈은 곧장 소호의 많은 마약 밀매자들의 손안으로 들어갔다. 어느 노숙자에게 쉼터에서 일해보는 것이 어떠냐고 물었을 때 다음과 같은 답변이 돌아왔다고 한다. "사람들이 이 쉼터에 와서 내 무릎 위로 지폐와 동전을 던져준다면 그렇게 할게요."[2]

부유한 사람이 가난한 사람에게 돈을 쥐어주는 행위가 항상 좋은 결과를 낳지는 않는다. 영국에는 노숙자들을 위한 다양한 기관이 존재한다. 이를테면 스트리트링크Streetlink라는[3] 웹사이트는 노숙자들이 가장 적합한 기관과 접촉할 수 있게 도와준다. 그러니 노숙자를 돕고 싶다면 적절한 자선단체에 정기적으로 후원금을 보내거나 단체의 활동에 직접 참여해보는 것이 나을지 모른다.

사소한 행동 하나도 의도하지 않은 결과를 가져올 수 있다. 어느 기관사는 신문에 다음과 같은 간결하면서도 의미 있는 문장을 기고했다. "버치 그로브 역에서 새 한 마리를 치어 죽였습니다. 누군가가 승강장에 새들이 먹도록 빵을 던져놓았기 때문이지요."[4]

언어도 행동만큼이나 문제가 될 수 있다. 유연한 대화술 연구소Verbal Judo

Institute 소장인 조지 톰슨 박사는 경찰에게 언어 사용에 대해 조언해주면서 이들이 정확히 반대되는 효과를 이끌어내는 말을 너무 쉽게 한다고 지적한다. 예를 들면 이렇다. 상대에게 "진정하세요!"라고 말하는 것은 이들의 행동이 위험해 보인다는 의미를 담고 있기 때문에 오히려 기분을 상하게 만들 뿐이다. 이와 유사하게 누군가에게 "이쪽으로 오시죠!"라고 명령하는 것은 곤란한 상황에 처했으니 가능한 재빠르게 도망가라는 경고로 느껴질 수 있다.[5]

우리 모두에게는 삶에서 이루고자 하는 목표가 있다. 국세청처럼 돈을 조금이라고 절약하고 싶다거나 호머 심슨처럼 이웃을 도와주고 싶을 수도 있다. 우리는 사소한 것에서부터 인생을 바꾸는 것까지 매일 도전에 직면한다. 그리고 의식적이든 무의식적이든 뜻한 바를 이룰 수 있게 해준다고 믿는 행동방식을 선택한다. 그런데 그 행동방식이 성공할 때도 있겠지만, 좀 더 정교한 방식을 채택해야 하는 상황에 마주치게 되는 경우도 많다.

흔히 볼 수 있는 문제가 있다. 한밤중에 극도로 예민해진 부모는 잠을 자지 않고 계속 칭얼대는 아기를 재우기 위해 최선을 다한다. 부모는 수면 부족으로 판단력이 흐려져 있는 상태에서 다양한 방법들을 시도해본다. 아기를 품에 안아 흔들기도 하고, 별로 효과가 없으면 침대에 눕힌 다음에 잔잔한 음악이 나오면서 돌아가는 모빌을 틀어주기도 한다. 아기가 여전히 잠에 들지 않자 책을 읽어주기 시작한다. 냉철하게 생각해보면 이런 모든 활동들로 점점 더 자극을 받은 아기가 절대로 잠이 들지 않을 것임이 불을 보듯 뻔하다. 이 가여운 부모는 좋은 의도로 최선을 다하고 있음에도 자신들이 가장 소망하는 단 하나의 목표를 이루지 못하고 있다. 육아로 지친 아버지인 팀 로트는 "자라고 말하면 대부분의 아이들은 자고 싶어 하지 않습니다. 이것이 진짜 문제지요. 방으로 들어가 '이제 그만 자!'라고 윽박지른다고 효과가 있지 않아요. 제가 잘 압니다. 많이 해봤거든요"라고 말한다.[6]

친절하고 매력적이지만 애인을 찾는 일에 지나치게 필사적이 되어 가장 어울리지 않는 사람에게 빠지는 사람들이 있다. 상대의 마음을 얻으려는 의도가 너무 명확해서 그 사람이 겁을 먹고 도망가버리게 만드는 사람들도 있다. 누구나 주변에 이런 친구 한 명쯤은 있을 것이다.

때로는 극단적으로 단순한 사례도 있다. 어느 불교 신자가 상하이 공항에서 비행기에 탑승하기 직전에 안전을 기원하며 비행기의 엔진을 향해 동전 아홉 개를 던졌다.[7] 이 여성이 걱정되었던 일행이 항공사 직원에게 언질을 주었는데, 그나마 다행히도 동전 여덟 개는 빗나갔지만 하나는 엔진 안에 떨어졌다. 결국 이 항공기는 동전을 회수할 때까지 출발이 5시간이나 지연되었다.

문제들을 이성적으로 생각해보면, 그리고 외부의 조언이 조금 더해진다면, 우리는 원하는 결과를 가져오는 행동방침을 계획할 수 있다. 의도하지 않은 결과는 항공기 엔진에 동전을 던지는 것처럼 단순한 행동이 불러오는 것일 수도 있지만 이보다 더 교묘할 수 있다. 그리고 이들이 가진

이 본질 때문에 놀라게 되는 상황이 흔히 발생한다. 나는 이 책을 통해 삶의 모든 측면에서 의도하지 않은 다양한 결과를 광범위하게 살펴보면서 우리가 이들이 내포하고 있는 위험에 눈을 뜨고, 이들을 방지하고 목적을 달성하는 방법을 얻을 수 있기를 희망한다.

그 첫 단추는 '장기적인 안목을 갖는 것'이다. 육아나 연애뿐만 아니라 교육과 의료 등 국가의 주요 사안들을 다룰 때도 이는 필수적이다. 그러나 민주적 절차가 가진 한 가지 주요한 단점이 이를 어렵게 만든다. 이 절차가 장기적인 문제에 단기적인 해결책을 찾도록 정부를 부추기는 (그리고 대개 거의 필요로 하는) 경향이 있기 때문이다. 정권을 잡고 있는 비교적 짧은 기간 안에 해결책을 찾지 못한다면 이들은 동일한 사안에 다른 (그러나 여전히 단기적인) 해결책을 제시하는 다른 정당으로 대체될 위험에 놓이게 되고, 결국 이렇게 해보고 저렇게 해보다가 아무것도 달성하지 못한다. 학교, 의료 서비스, 법 집행 기관 모두 이런 방식의 피해자가 되었다. 교사와 의료진, 경찰들은 새로운 제도가 도입될 때마다 이를 시행하기 위해 노력하고 겨우 적응할 때쯤 되면 또 다른 새로운 계획에 내몰린다. 아기를 재우려는 부모처럼 이런저런 방식을 시도하며 변화를 주는 것이 실패를 보장하는 길일지도 모른다.

이들은 장기적인 계획이라면 모를까 간단한 해결책을 찾기가 훨씬 더 어렵거나 어쩌면 처음부터 존재하지 않을 수도 있는 복잡한 문제들이다. 국민건강보험을 저렴하고 효과적으로 운영하는 한 가지 확실한 방법이 존재한다면 모든 정당들이 이 방법을 채택하고 협력할 것이다. 학교에 더 많은 재정 지원을 하는 것으로 양질의 교육을 받은 책임감 있는 젊은 이들을 키워낼 수 있다면 이미 (모든 방면에서) 똑똑한 수많은 졸업생들이 사회로 진출하고 있어야 맞다. 그러나 현대사회는 좌절감을 느낄 정도로 복잡한 구조를 가지고 있고, 단순한 해결책은 통하지 않는다.

헨리 루이스 멩켄이 말했듯이 "모든 복잡한 문제에는 단순하고 깔끔하며 잘못된 해결책이 존재한다." 독일식으로 표현하자면 "좋게 하려다 오히려 망친다!" 이제 '의도하지 않은 결과'라고 알려진 것들의 정글 속으로 모험을 떠나보자.

Contents

1장

의도하지 않은 결과

UNINTENDED CONSEQUENCES

9·11 테러에서 금융위기까지

최선의 의도로 무장하고 행동방침까지 세웠는데 왜 상황이 안 좋게만 흘러갈까? 누구나 한 번쯤은 품어보았음직한 의문이다. 우리의 삶이 많은 부분에서 너무 복잡해지면서 경솔한 행동이 어떤 결과를 가져올지 정확히 예측하기 어렵기 때문에 발생하는 문제다. 개인에게 이런 일이 일어나도 안 좋은데, 엄청나게 복잡한 상황에 직면하는 경우가 흔하고 단기간에 유권자들의 마음을 얻어야 하는 정부에게는 비교할 수 없을 만큼 훨씬 더 까다로운 골칫거리로 작용할 수 있다.

나는 대학에서 경제학 강의를 듣다가 처음으로 '의도하지 않은 결과'에 대해 진지하게 고민해보게 되었다. 우리는 영국 정부가 자국의 컬러필름 시장의 구조를 조정하기 위해 시도한 사례를 살펴보았다. 1960년대 영국의 필름시장은 미국 회사인 코닥이 장악하고 있었는데 이 회사의 유일한 경쟁사는 당시에 80년이 넘는 전통을 자랑했지만 규모가 훨씬 작았던 영국 회사 일포드였다. 코닥이 우수한 품질을 앞세웠다면, 일포드는 저렴한 가격으로 승부를 보았다. 독점규제위원회Monopolies Commission가 작성한 1966년 보고서를 기반으로 도입된 법률은 코닥의 컬러필름 가격을 인하하도록 만들었다. 그러나 코닥과 일포드 제품의 가격 차이가 사라지자 일포드는 시장에서 설 자리를 잃었고, 약국인 부츠Boots 같은 회사를 위한 자체 브랜드 필름을 제작하는 회사로 전락하고 말았다. 이렇게 코닥의 유일한 경쟁사가 제거되었고, 독점규제위원회는 경쟁을 유도하기는커녕 코닥이 사실상 시장을 독점할 수 있는 발판을 마련해주었다. 이것은 권력을 가진 기관이 문제를 해결하려다가 오히려 부작용을 초래한 하나의 작은 사례에 불과하다. 망치로 강하게 내리쳤지만 도리어 망치가 튕겨져 올라오면서 본인의 머리를 강타한 꼴이 되고 말았다.

2001년 9월 11일 테러 단체가 저지른 공격으로 대재앙에 가까운 참사가 발생했다. 당시 미국 정부는 테러 단체를 처단하기 위해 가능한 모든 조치를 단행했는데 특히 테러리스트들의 자금줄을 차단하는 데 주력했다. 이들은 애국자법Patriot Act을 제정했고, 여기에 돈세탁을 까다롭게 만들어서 불법조직이 은행 시스템을 이용하기 어렵게 만드는 법규를 포함시켰다. 그러나 이 법규는 합법적인 금융거래 이용자들까지도 은행 서비스를 이용하기 더욱 힘들게 만들면서 이들이 다른 투자처를 찾아 눈을 돌리게 만들었다. 많은 투자자들이 미국시장에서 철수하면서 미국 달러에 대한 수요가 줄어들었고, 이에 따라 달러의 가치도 하락했다.

한편 조지 W. 부시 대통령은 테러와의 전쟁(전 MI5 수장이었던 엘리자 메닝험 불러가 2011년 리스 강연에서 지적했듯이 "테러와의 전쟁"이라는 이 명칭이 실제로 의도하지 않은 결과를 낳았다. "테러와의 전쟁"을 치른다고 선포하면서 서구사회는 테러범들이 스스로를 전사처럼 느끼게 만들었다. 알카에다가 원했던 것이 바로 이것이었고, 이들은 더 많은 새로운 조직원을 모집할 수 있었다)에, 특히 이라크 침공에 필요한 자금을 확보하기 위해 대략 4조 달러라는 큰 빚을 져야 했다. 이렇게 막대한 자금을 모으기 위해 부시 정부가 생각해낸 한 가지 방법은 '애국자 채권'을 발행하는 것이었다. 구매자에게 일정 수준의 수익을 보장해주는 정부에서 작성한 일종의 차용증서였다.

투자자들을 끌어들이기 위해서는 시중의 금리보다 채권의 수익률을 더 높게 책정할 필요가 있었다. 그래서 구미가 당길 만하게 미국 기준금리를 서서히 낮추었다. 기준금리는 2000년 6.5퍼센트에서 2002년 11월에 1.25퍼센트까지 하락하더니, 2003년에는 0.25퍼센트라는 사상 최저율을 기록했다. 금리가 하락하자 달러에 대한 수요도 덩달아 하락했고, 결국 달러의 가치는 더욱 떨어지고 말았다.

주택담보대출 금리도 기준금리에 따라 하락했고, 주택 구매가 더 쉬워지면서 수요가 증가했다. 이는 부동산 가격이 꾸준히 상승하는 결과를 가져왔다. 사람들은 지금이 아니면 자신이 원하는 집을 살 수 없을지도 모른다는 불안감에, 또는 손쉽게 돈을 벌 수 있다는 생각에 그 어느 때보다도 주택 구입에 열을 올렸다.

신규 대출 거래량이 증가하면서 대출을 해주는 은행의 수익도 올라갔고, 수요에 부응하기 위해 대출 기관들이 우후죽순처럼 생겨났다. 물론 어느 수준에 이르자 새집 구매 증가세가 멈추었지만, 수요가 감소세로 돌아서자 언제든지 새로운 대출상품을 공급할 준비가 되어 있던 대출업체들은 잠재력이 있는 새로운 시장을 찾았다. 이들은 주택담보대출금을 갚을 능력이 안 되거나 보증금을 내지 못하거나 소득을 증명하지 못하는 등의 이유로 자격 요건을 채우지 못한 사람들에게로 눈을 돌렸다. 주택자금대출 업체들은 이런 잠재고객을 위한 특별 상품을 선보였는데, 많은 경우 어떠한 소득 증명도 요구하지 않았다. 그리고 이런 고객들이 이후에 "비우량" 대출자라는 오명을 쓰게 되었다. 그러나 당시에는 주택 가격이 계속해서 상승하는 중이었고, 상환이 불확실하다고 해도 주택 구매자들은 재저당을 잡히거나 차익을 남기고 주택을 매도할 수 있었다.

자기 집을 소유하고 싶다는 열망을 가진 수백만 미국인들이 합세하면서 이 주택담보대출은 주택 소유라는 목표를 향해 올라가는 사다리에 발을 얹을 수 있는 위험도가 낮은 수단처럼 보였다. 이런 종류의 대출이 폭발적인 인기를 끌었는데, 절정에 달했던 때인 2007년 3월에 비우량 등급 대출자들이 받은 서브프라임 모기지(비우량 주택담보대출)의 총액은 대략 1조 3,000억 달러였다.[1] 이 액수를 좀 더 이해하기 쉽게 예를 들자면 멕시코 전체의 연간 생산액보다 조금 더 많은 금액이다.

서브프라임 모기지는 위험성이 큰 도박이었음에도 판매자들은 가능한 많은 돈을 빌려주려고 했다. 대출자가 대출금을 갚지 못할 가능성을 우려하는 목소리가 없지는 않았지만 주택자금대출 업체들은 만일의 사태에 대비할 방법이 있다고 믿었다. 그 방법이란 크레디트 디폴트 스와프

Credit Default Swap(부도 발생 시 채권을 발행한 회사가 대출 원리금을 돌려받지 못할 위험에 대비해 손실 일부나 전부를 벌충해주는 보험 성격의 신용 파생상품을 말한다-옮긴이) 또는 약자로 "CDS"라고 하는 일종의 복잡한 성격의 보험에 가입하는 것이었다. 대출자가 대출금을 상환하면 문제될 일이 없지만 그렇지 못할 경우 대출업체와 CDS를 체결한 회사가 대출금을 대신 상환해주기 때문에 잘못될 일은 절대로 없어 보였다. 대출자의 상환 능력과는 무관하게 더 많은 주택담보대출을 승인해줄수록 이들이 얻는 수익은 더 커졌다.

대출자와 대출업체 모두에게 문제가 생길 뚜렷한 위험요소가 보이지 않으면서 주택시장에 뛰어들지 않는 사람들은 어리석게 여겨졌다. 그러나 주택가격이 치솟자 경제 전반에서 인플레이션이 상승하기 시작했다. 결국 미 연방준비제도는 과열된 경제를 가라앉히기 위해 금리를 인상하기 시작했다. 2004년에 0.25퍼센트에서 2006년 6월에는 5.25퍼센트로 21배가 뛰었다. 이와 동시에 많은 주택담보대출의 최초 만기일이 다가오고 있었다. 이 두 요소가 합쳐지면서 주택담보대출의 금리가 급등하고, 많은 경우 매달 상환해야 하는 금액이 두 배로 올랐다.[2] 수많은 대출자들이 처음 대출을 받을 때부터 상환 능력이 부족한 수준이었기 때문에 주택담보대출 채무 불이행자의 수가 눈덩이처럼 불어났고, 엄청나게 많은 주택 소유주들이 집을 팔 수밖에 없는 상황에 내몰렸다.

더 이상 채무를 이행할 능력이 없는 사람들이 대출업체에 집을 넘기면서 모든 부채에서 벗어날 수 있었고, 대출금을 갚을 수 없는 많은 사람들이 이 방법을 택했다. 부동산시장에 매물로 나온 주택의 수가 갑작스럽게 증가하면서 주택가격의 상승세가 멈추는 것에 그치지 않고 가파르게 하락하기 시작했다. 주택담보대출 금리는 높은데 주택가격은 떨어지면서 호황기를 이끌었던 기반이 흔들렸고, 수요는 더욱 감소하게 되었다. 그리고 결국 끝없는 공급과 줄어든 수요라는 악순환의 고리가 만들어졌다.

서브프라임 모기지 채무불이행이 가속화되면서 한 특정 은행이 특히 더 큰 압박을 느끼기 시작했다. 주택담보대출이라는 노다지를 캐는 데 열을 올렸던 투자은행 리먼 브라더스는 신용등급이 낮은 사람들을 대상으로 대출을 해주었던 서브프라임 모기지 업체인 BNC 모기지와 오로라론 서비스를 포함해 다섯 군데의 모기지 업체를 매수했다. 2006년에만 리먼의 다양한 계열사들이 주택담보대출에 1,460억 달러의 자금을 지원해주었다. 부동산에 쏟아부은 1,000억 달러 이상은 1,000억 달러 이상의 부채가 되었다.

부동산 자산이 흔히 그렇듯이 이들을 빠르게 현금화하지 못하면서 회사의 금융 엔진이 멈추지 않도록 다른 금융기관에서 회사로 계속 자금이 흘러들어올 필요가 있었다. 그러나 주택담보대출 기반 자산이 빠르게 가치를 잃어가고 매각이 불가능해지는 상황이 벌어지면서 거대한 엔진에 기름칠을 해주던 자금이 빠져나갔고, 2008년 9월 15일에는 회사의 엔진이 서서히 멈추어버렸다. 부채 규모만 6,000억 달러 이상이었던 리먼 브라더스는 미국 역사상 파산 규모가 가장 큰 회사로 기록되었다. 엔론과 월드컴, 크라이슬러, 제너럴 모터스를 모두 합한 규모보다도 더 컸다.

리먼이 무너지면서 돈을 잃은 은행과 다른 금융기관은 어마어마한 압박을 받았다. 이들은 크레디트 디폴트 스와프에 희망을 걸었고, 얼마 가지 않아 이들 중 다수가 한 회사로 몰렸다. 바로 아메리칸 인터내셔널 그룹American International Group, 즉 AIG 보험회사였다. 이 회사는 5,000억 달러 이상의 자산에 대해 크레디트 디폴트 스와프를 체결했었다.

AIG는 리먼과 마찬가지로 주택담보대출 시장에 크게 투자를 했을 뿐만 아니라 리먼과 4,000억 달러에 달하는 크레디트 디폴트 스와프를 체결하면서 이미 자금 압박을 받고 있었다. 리먼 브라더스가 파산하면서 미국 정부는 이제 AIG의 몰락이라는 더 지독한 재앙의 가능성에 직면하게 되었다. 이 상황이 현실이 되면 AIG가 돈을 갚아주어야 하는 다른 금융기관들이 줄줄이 붕괴될 것이 뻔했다. 미국 정부는 AIG가 도산하지 않도록 1,800억 달러의 구제금융 자금을 지원해주는 것 외에 다른 방도가 없었다.[3]

리먼의 파산은 치명적인 도미노 효과와 악순환의 조합을 만들어냈고, 사태가 더 심각해지는 것을 막기 위해서는 전 세계의 수많은 국가에서 은행과 보험회사를 구제해주어야 했다. 그리고 이로 인해 이들은 경제적 어려움에 처하게 되었다. 아이슬란드와 그리스, 스페인을 포함한 일부 국가들은 가까스로 국가 부도를 면할 수 있었다. 서구 경제는 바위덩어리가 절벽에서 굴러떨어지듯이 추락했고, 80년 만에 최악의 경기침체로 큰 고통을 받았다.

구제금융과 경기부양을 위해 미국 납세자들이 지불해야 했던 비용은 8조 달러를 웃돌았고,[4] 이는 2008년 미국 전체 생산량의 약 3분의 2에 해당하는 금액이었다. 여기에 유럽의 국가들이 2조 달러를 추가로 지원해 주었다.

놀랍게도 '테러와의 전쟁'을 선포하며 서구사회를 방어하려 했던 미국은 세계무역센터가 공격을 받은 지 7년밖에 지나지 않아 세계경제에 대대적인 피해를 가져온 일련의 사건들을 일으킨 주역이 되었다. 테러리스트들 중 누구도 이런 결과를 상상하지는 못했을 것이다.

창문세를 걷자 벌어진 일

민주국가의 정부가 가진 문제점 중 하나는 불법적인 문제나 스캔들이 터질 때마다 어떤 조치를 취하는 모습을 보여야 한다는 생각에 지나칠 정도로 사로잡힌다는 것이다. 그리고 선거를 자주 치르는 사회에서 무언가를 해야 할 때는 속도가 생명이다.

2009년 영국에서 터졌던 국회의원들의 세비 스캔들이 여기에 딱 맞는 사례다. 《데일리 텔레그래프》는 수백 명의 하원의원들이 수상쩍은 두 번째 집이나 받지도 않은 주택담보대출에 대한 비용을 청구하는 등 국회의원 비용 청구 시스템을 악용하고 있음을 폭로했다. 이 중에는 테니스 코트 아래의 누수관 수리비로 2,000파운드(316만 원), 해자 청소비로 2,000

파운드, 마분馬糞 비용으로 수백 파운드를 청구한 터무니없는 사례들도 있었다. 그리고 이들 중 최고봉은 피터 비거스가 (실제로 처리되지는 않았지만) "떠다니는 오리집" 비용으로 1,645파운드를 청구한 일이었다. 전현직 하원의원 389명은 결국 부당하게 청구한 비용을 갚으라는 명령을 받았고, 이 스캔들이 터지고 한 달도 지나지 않아 하원의원 28명이 다음 선거에 출마하지 않겠다고 선언하며 의원직에서 물러날 의사를 밝히거나 즉각 사퇴했다. 마이클 마틴은 300년 만에 최초로 하원 의장직에서 물러난 의원이 되었고, 하원의원 5명과 상원의원 2명은 비용 청구 사기로 수감되었다.

이 사건이 있고 난 후 정부는 각 부처와 당국에 장부를 더욱 투명하게 공개할 것을 명했다. 예를 들어 지방의회는 500파운드가 넘는 모든 비용의 세부 내역을 공개해야 했다. 그러나 불행하게도 이런 방식의 정보 제공은 사기꾼들이 이 정보를 활용해 의회를 속일 수 있는 빌미를 제공해주었다. 이들은 진짜 공급자로 가장한 다음에 위조 청구서를 의회에 보내는 수법을 사용했다.[5] 공개된 정보를 활용해 의회가 공급자들의 은행 정보를 변경하도록 유도하면서 이들이 빼돌린 금액은 2010년에만 최소 700만 파운드였다.[6]

비용을 투명하게 공개하도록 한 조치는 의도치 않게 정부의 재정 절약 계획을 드러내는 결과를 낳았다. 2010년 5월 런던의 화이트홀 거리에 늘어서 있는 많은 관청에서 정규직 채용을 동결했을 때 관리자들은 직원이 떠난 자리를 공석으로 남겨두는 대신에 훨씬 더 높은 임금으로 공무원을

고용했다. 그 결과 실제로 임금이 4개월 동안 전반적으로 65퍼센트 상승했다.[7]

이런 사례들이 특별히 새로운 것은 아니다. 17세기에 영국 정부는 향후 150년 동안 '의도하지 않은 결과'를 가져온 조세 제도를 시행했다. 그 원인은 동전에 있었다. 오늘의 1파운드나 2파운드짜리 동전을 보면 가장자리가 톱니바퀴 모양이고, 글귀가 적혀 있는 것들도 있다. 2017년 현재 내 주머니 속에 들어 있는 동전들 중에서 2파운드에는 "Standing on the shoulders of giants거인들의 어깨에 올라서라"가, 1파운드에는 웨일스어로 "Pleidiol wyf i'm gwlad내 조국에 충실한다"라고 적혀 있다. 그러나 17세기에는 이런 장식이 없었다. 이 시기에는 많은 동전이 은으로 만들어졌기 때문에 동전 자체가 가지는 가치가 높았다. 그런데다가 동전 가장자리가 매끄러우면서 그 부분을 얇게 깎아내는 부도덕한 행위가 성행했다. 동전들에서 조금씩 깎아내다 보면 마침내 상당한 양의 귀중한 금속이 쌓이게 된다. 상황이 너무 심각해져서 17세기 말에는 일반 동전의 무게가 절반으로 줄어들기까지 했다. 이런 이유로 정부는 그 당시 유통되던 동전을 회수한 다음에 가장자리를 톱니바퀴 모양으로 만들어 부정행위를 방지할 수 있는 새로운 동전으로 교체하는 계획을 세웠다. 이 동전 교체 계획을 실행하기 위해서는 많은 자금이 필요했고, 정부는 재원 마련에 고심할 수밖에 없었다.

소득에 세금을 부과하는 방법은 국가가 사적 영역을 조사해야 함을 뜻했기 때문에 논란의 여지가 너무 컸다. 결국 1662년에 굴뚝이나 난로 하나당 2실링을 부과하는 벽난로세Hearth Tax를 도입했지만 세금징수업자들이 집집마다 돌아다니며 방에 들어가 난로의 개수를 세어야 했기 때문에 저항에 부딪혔다. 결국 이 세금은 1689년에 폐지되었고, 1696년에 이름도 거창한 "깎여나간 동전의 부족분 보상법Act of Making Good the Deficiency of the Clipped Money"이 그 자리를 대신했다. 이는 재산세의 한 형태로 납세자들이 국가에 정보를 제출할 필요도, 세금징수업자들이 집에 발을 들여놓을 필요도 없었다. 집이 클수록 당연히 창문도 더 많을 것이라는 발상하에 1696년에 창문세Window Tax가 도입되었다. 주택 한 채당 일률적으로 2실링을 부과했고, 창문이 10개 이상인 경우 차등적으로 세금을 매겼다. 예를 들면 창문이 10~20개인 주택은 총 4실링을, 21개 이상은 총 8실링을 냈다. 그러나 세금이 흔히 그렇듯이 이후로 수년간 세액이 점진적으로 오르더니, 1747년과 1808년 사이에 6배나 증가했다. 이때에는 창문 6개부터 연간 창문 하나당 8실링을 징수했으며, 창문이 많을수록 세액도 인상되었다.

세금을 줄이는 확실한 방법이 있었는데 바로 창문의 개수를 줄이는 것이었다. 결국 20년이 지나지 않아 세수는 감소했다. 1747년에 이 세금과 관련해 세제 개혁이 있었다. 새로운 제도에 따라 창문이 10개 미만인 주택의 경우 세금을 부과하지 않았지만, 10개 이상인 주택에 대해서는 매년 창문마다 6펜스의 세금을 징수했다. 또 창문이 15~20개인 경우 세액이 불균형적으로 증가했다. 건축업자와 주택 소유주들이 세금을 가능한 적게 내면서 창문을 가능한 많이 만드는 방법을 꾀한 건 상당히 자연스러운 결과였고, 1700년대 중반에는 거의 절반에 가까운 주택들이 9개나 14개, 19개의 창문을 가지면서 세금 효율을 극대화했다.[8] 한 사례로 1761년 5월 에식스에 있는 마을인 우드험 월터에서 창문세를 걷기 위해 주택 34채를 조사했을 때 이들 중 11채가 창문 9개, 5채가 14개를 가지고 있었다. 10개나 15개를 가진 집은 한 곳도 없었다. 이 마을의 제인 윈의 주택을 처음 조사했을 때에는 창문이 13개였지만 4개월 뒤에 다시 조사했을 때에는 9개로 줄어들면서 세금이 연간 9½실링에서 3실링으로 감소했다.[9] 현재 이 주택은 벨 여관The Bell Inn이 되었고, 1930년에 문을 열었다. 이 여관의 술집을 보수하는 과정에서 막아놓았던 창문이 발견되었고 이를 원상복귀하면서 173년 동안 빛을 차단하고 통풍을 방해했던 문제를 바로잡았다.[10]

원래 있던 창문을 막아버리는 방법 외에도 새로 집을 지을 때 처음부터 창문의 개수를 줄이기도 했다. 이론상 이 세금은 부자들에게만 영향을 줄 것으로 예상되었지만, 세금이 건물에 입주한 개개의 가정이 아닌 건물 전체에 부과되었기 때문에 가난한 사람들까지도 납세의 의무를 져야만 했다. 공동주택 거주자들이 자연광이 잘 들어오지 않아 악화된, 어둡고 축축한 공간에서 생활하면서 건강이 나빠지고 질병이 만연했다. 1781년에 칼라일에서 치명적인 장티푸스가 창궐했는데, 이 지역의 조사 보고서에 따르면 여섯 가족이 생활하는 가난한 공동주택에서 이 질병이 발발했다고 한다.

창문세를 줄이기 위해 가난한 사람들조차 모든 창문을 막으면서 환기를 위해 필요한 통로가 차단되었다. 이 집에서는 참을 수 없을 만큼 역겨운 악취가 진동했다. 발열 증상이 외부에서 이 집으로 전파되었다는 증거는 없으며, 이 집에서 마을로 전파되면서 주민 52명이 사망했다.[11]

1851년에 산업혁명과 최고조에 이른 도시화로 새로운 주택들이 곳곳에서 건설되었지만, 유리 생산은 40년 넘게 제자리걸음하고 있었다. 이런 의도하지 않은 결과가 결국에는 큰 부담으로 작용했고, 소득세가 정부의 주요 수입원의 자리를 차지하면서 창문세가 폐지되었다. 지금까지도 영국의 오래된 집들에서 창문을 막아놓은 모습을 볼 수 있다. 순전히 150년도 더 전에 폐지된 조세제도의 결과다.

현대 정부의 수준이 더 높아졌다고 해도 재산세는 결코 간단히 해결할 수 있는 문제가 아니다. 새로운 세금이 생겨나면 납세자들은 어떻게 해서든 빠져나갈 구멍을 찾는다. 영국의 경우 부동산을 매각할 때 반드시 신고를 해야 하기 때문에 정부가 대부분의 부동산 매각에 부과하는 인지세를 징수하는 일이 어렵지 않아 보인다. 그러나 부자들은 역외신탁을 이용해 영국 법이 미치지 않는 곳에서 재산을 지켰다. 《선데이 타임스》의 2012년 1월 기사에 따르면[12] 런던 중심가 부동산에서 (주택 20채당 1채 꼴인) 1,000억 파운드 이상이 이런 신탁에 가입되어 있으면서 국세청의 손아귀에서 빠져나갔다고 했다. 영국 정부가 이런 맹점을 알아차리고 2012년 3월 예산에 새로운 법안을 도입하면서 가치가 200만 파운드 이상인 회사 소유의 건물에 15퍼센트라는 가혹한 세금을 물렸다. 그러나 새로운 법이 하나씩 추가되면서 복잡해질수록 필연적으로 이에 상응하는 의도하지 않은 결과도 늘어나고, 더 많은 새로운 사태가 전개될 것임은 의심의 여지가 없다.

뉴올리언스는 영국의 사례에서 교훈을 얻지 못한 것 같다. 이 도시는 19세기에 건물의 층수에 따라 세금을 부과하는, 창문세의 변형된 형태의 세금을 도입했다. 그러나 건물 앞부분의 층수만 세어 세금을 부과하면서 건축업자들은 자연스럽게 앞부분은 1층으로 하고 뒷부분은 층수를 높이는 방식으로 집을 짓기 시작했다. 이렇게 해서 뉴올리언스의 독특한 '낙타 등' 주택 스타일이 탄생했다.[13]

쥐어짜낼수록 줄어드는 세금

조세제도는 정부의 강력한 무기가 될 수 있다. 정부의 수입을 증가시킬 뿐만 아니라 사람들의 행동을 통제하기 위해 사용될 수 있기 때문이다. 담배와 주류에 흔히 높은 세금이 부과되는 이유도 이것이다. 이집트의 로제타석은 기원전 196년에 세 개의 언어(성각聖刻문자와 고대 이집트의 민중 문자, 고대 그리스 문자)로 중요한 발표문을 새겨넣은 유명한 비석 조각이다. 세 개의 언어로 작성된 덕분에 성각 문자를 해독하는 열쇠가 되기도 했다. 그렇다면 무슨 정보이기에 세 개의 다른 언어로 화강암 같은 단단

한 비석에 새겨넣기까지 한 것일까? 이집트 신관이 국왕 프톨레마이오스 5세가 조세 사면을 공표한 것에 감사를 표하는 글이었다. 이 당시에도 세금이 백성들에게 큰 부담이었음을 미루어 짐작해볼 수 있다. 『성경』의 구약과 신약에도 세금과 관련된 이야기들이 많이 등장한다. 요셉이 이스라엘 민족에게 "수확의 5분의 1을 파라오께 바치시오"라고 말한 것으로 보아 기원전 2000년 후반에도 조세제도가 잘 정립되어 있었던 것으로 보인다.[14]

대부분의 조세제도는 순전히 수입을 늘리려는 목적으로 도입된다. 누군가는 조세제도가 처음 만들어진 이래로 수천 년이 흘렀으니 정부가 이를 효율적으로 운영하는 방법을 찾았을 것이라고 생각할지도 모른다. 그러나 국민에게서 더 많이 짜내려는 본능이 오히려 세수를 감소시키는 결과를 가져올 수 있음을 보여주는 많은 사례들이 존재한다. 영국의 자본이득세 인상이 이에 속한다. 1988년에 영국 정부는 자본이득세를 30퍼센트에서 40퍼센트로 인상했다. 이 세금은 자본자산 매각으로 발생하는 수익에 부과되었는데, 이런 자산을 매각하지 않는 방식으로 쉽게 피해갈 수 있었다. 결국 이런 매각이 꾸준히 줄어들면서 이후 5년간 4분의 3 이상이 감소했다. 감소분이 매각으로 징수한 세금의 증가분보다 훨씬 더 커졌고, 이로 인해 이 세금으로 징수한 액수가 감소했다. 1987~8년에 20억 파운드 이상이었던 세수가 1992~3년에는 6억 600만 파운드로 70퍼센트 가량이 줄어들었다. 사람들이 이런 종류의 세금에 매우 민감하게 반응하며, 15퍼센트에서 35퍼센트 사이의 세율에서 1퍼센트 포인트 증가할 때마다 총 세수가 2퍼센트에서 5퍼센트까지 감소함을 보여주는 연구가 있다. 반대로 세금이 줄어들면 세수가 늘어난다.[15]

조세제도의 문제점 중 하나는 이것이 부작용을 초래할 수 있으며, 이로 인해 의도하지 않은 결과에 무방비로 노출된다는 것이다. 1973년에 영국에서 부가가치세를 도입했을 때 (부가가치세가 적용되지 않았던) 프랑스 노르망디 해안에 있는 영국령의 섬들, 즉 채널 제도의 사업체들은 자신들이 생산한 꽃과 유제품을 (부가가치세가 부과되는) 영국으로 수출하는 기간이 지나치게 지연되면서 상품성이 떨어질 것에 대한 우려를 표명했다. 이런 이유로 채널 제도에서 들여오는 저가의 수입품들은 부가가치세가 면제되었고, 이 제도는 수년간 별 탈 없이 잘 운영되었다. 그러나 처음에는 8퍼센트였던 부가가치세율이 2011년에는 20퍼센트까지 올라갔다. 여기에 인터넷 쇼핑이 활성화되면서 아마존과 같은 온라인 소매업체들은 CD와 DVD를 영국 본토의 소비자에게 배송하기 전에 이들을 채널 제도로 보냈다가 다시 본토의 소비자에게 보내는 방식으로 부가가치세를 절약했다. 예를 들어 아마존은 채널 제도의 저지 섬에 있는 자신들의 지정업체 인디고 스타피쉬Indigo Starfish를 통해 판매했는데, 이렇게 하면 영국 소매업체에서 12파운드에 판매하는 CD를 아마존에서는 저지 섬을 통해 수익률 감소 없이 10파운드에 판매할 수 있었다. 소비자들이 컴퓨터로 음악을 (합법과 불법적인 방법 모두로) 다운로드하기 시작하면서 CD 판매량 감소로 이미 경영난을 겪고 있던 오프라인 음반 상점에게 온라인 상점이 가진 가격적 우위는 최후의 결정타였다.

그 결과 2006년과 2011년 사이에 (내가 거주하는 지역의 상점을 포함해) 영국 음반 상점의 3분의 2 이상이 폐업했고, 영국 전역에는 270개의 상점만이 남게 되었다. 음반 상점의 종말에 대해 쓴 책 『마지막 상점Last Shop Standing』의 저자 그레이엄 존스는 "상점들이 문을 닫는 데에는 많은 이유가 있지만 부가가치세의 맹점이 단언컨대 가장 큰 요인이다"라고 했다. 채널 제도에서는 최소 3만 파운드만 있으면 사업을 시작할 수 있기 때문에 본토의 소규모 독립 상점이 설 자리가 없었다.[16] 규모가 더 큰 오프라인 상점들도 예외가 아니었다. 음반 회사인 버진과 아워 프라이스, 자비Zavvi의 체인점들이 사라졌고, 한때 어마어마한 규모를 자랑했던 HMV 왕국도 결국 위기를 극복하지 못하고 파산했다. 아이러니하게도 채널 제도의 원예업자와 낙농업자를 도우려는 목적으로 도입한 면세제도가 채널 제도와 본토 사이를 왕복하며 CD를 운송하면서 탄소배출량의 증가를 가져왔다. 또 정부의 세수 감소를 야기했고(2006년에 대략 8,500만 파운드), 잘 나가던 음반 상점들의 종말에 기여했다.[17] 마침내 정부는 2012년 4월에 이 면세제도를 폐지하는 대책을 세웠지만 수백 개의 상점들이 이미 폐업한 상태에서 뒷북 조치라는 비난을 면할 수 없었다.

벤저민 프랭클린의 생각이 맞다면 세금 외에 확실한 것은 죽음뿐이다. 그러나 그는 아마도 이 둘 사이에 별난 관계가 형성될 수 있다는 사실은 몰랐을 것이다. 1970년대 후반 오스트레일리아 정부는 상속세를 폐지했다. 그런데 놀랍게도 시행 날짜가 다가오면서 사망률이 하락하다가 시행되고 난 후에는 사망률이 증가했다. 죽음을 앞둔 사람들 20명 중 1명이

방법은 알 수 없지만 새로운 제도의 혜택을 받기 위해 죽음을 지연시킨 것처럼 보인다.[18]

오스트레일리아인들은 정반대 영역에서도 실제로 비범한 능력을 가지고 있는 것 같다. 호주 정부는 2004년 7월 1일 이후에 태어난 아이들부터 아동수당으로 3,000 호주달러(260만 원)를 지원한다고 공표했다. 시행일로부터 고작 7주 전에 나온 발표였다. 사전통지 기간이 짧았지만 임신부들은 출산을 미루는 데 성공했고, 그 결과 2004년 7월 1일은 앞선 30년 중 그 어느 날보다도 아이들이 가장 많이 태어난 날이 되었다. 수당을 받기 위해 (주당 출산 건수의 약 4분의 1인) 1,000건 이상의 출산이 '이동'된 것으로 추산된다. 이들 중 다수가 유도분만이나 제왕절개 수술 일정을 변경해서 가능했다고는 해도 이는 자연분만을 한 많은 엄마들이 아동수당 지급이 결정되자 어떻게 해서든 출산을 미룰 수 있었음을 의미했다.[19]

시스템이 더 복잡할수록 의도하지 않은 결과에 더 취약하다. 영국의 조세제도가 좋은 본보기다. 2009년에 영국은 자국이 세상에서 제일 많은 세법을 가지고 있으며, 세법서의 분량이 1만 7,000페이지가 넘거나 『성경』보다 약 15배 더 길다고 자랑했다. 세금 경감 관련 조항만 대략 1,100개이고,[20] 《데일리 텔레그래프》의 칼럼니스트는 "영국이라는 거대 기업과 연관된 조세제도는 맹점 투성이가 되었다. 처음 의도와는 다르게 너무나 복잡 미묘하게 발전하면서 이제는 누구도 이를 제대로 이해하지 못한다. 히드라Hydra(그리스 신화에 나오는 머리가 9개인 뱀으로, 머리 하나를 자르면 그 자리에 머리 두 개가 새로 생긴다-옮긴이)처럼 빠져나갈 구멍 하나를 막으면 또 다른 구멍이 생겨나 그 자리를 대신한다"라고 했다.[21] 의도하지 않은 결과를 가져오는 완벽한 비결인 셈이다. 그러나 조세제도가 반드시 이렇게 복잡해야 할 필요는 없다. 1965~6년에는 분량이 759페이지로 그 길이가 20분의 1도 되지 않았다. 또 세계에서 가장 효율적이라고 찬사를 받는 홍콩의 세법은 2015년에 분량이 276페이지밖에 되지 않았다.

불평등을 초래한 평등법

정부의 관심사가 언제나 경제에만 쏠려 있는 것은 아니다. 많은 정부가 자국민의 자유를 중요하게 여긴다. 2010년 이탈리아의 어느 시장이 무슬림 여성이 남편의 강요에 의해 공공장소에서 부르카와 니캅 등의 베일을 써야 하는 것에 우려를 표명했다. 그는 이런 억압을 중단시키기 위해 "학교와 병원 등의 공공건물에서 착용자를 즉각 알아보지 못하게 방해하는" 모든 의복을 금지시키는 법을 통과시켰다. 이후 아멜 마모리라는 이름의 여성이 우체국에서 줄을 서서 기다리다가 이 법을 위반한 혐의로 기소되는 사건이 일어났다. 그녀는 430파운드의 벌금형을 받았다. 그러나 이런 제재를 가한 결과는 신체를 가리는 구속에서 그녀를 자유롭게 해주지 못했다. 그녀의 남편은 "이제 아멜은 외출할 수 없습니다. 저는 다른 남자들이 제 아내를 쳐다보게 놔둘 수 없어요"라고 말했다. 결국 아멜은 물론 그녀와 비슷한 상황에 처해 있는 다른 여성들의 자유까지도 더욱 제약을

받게 되면서 이 법은 의도했던 결과와는 정반대의 결과를 불러왔다.[22]

평등은 서구사회에서 높이 받드는 또 다른 목표지만 이를 강요하는 행위는 펄떡거리는 장어를 움켜잡는 것과 같다. 소외계층이 간부급으로 승진하는 데 불이익을 당하지 않도록 보장하기 위해 기업에 '차별 철폐 조치'를 요구하는 것은 이론적으로 매우 그럴듯하게 들린다. 그러나 2014년 미국에서 실시한 연구는 이 정책 수혜자들의 동료들이 흔히 이들을 실력이 부족하다고 생각하며, 이로 인해 결국 이들 스스로가 자기회의에 빠지게 됨을 보여주었다. 뉴욕 대학교의 리사 레슬리 교수는 "다양한 조치가 효과가 있기도 하지만, 혜택을 주려고 의도했던 직원들의 사회적 성공에 제약을 가하는 의도하지 않은 결과를 만들어내기도 합니다"라고 말했다. 그녀의 동료 교수인 미시간 대학교 로스 경영대의 데이비드 메이어 교수도 실행 계획들이 얼마나 긍정적으로 작용하는지를 관련된 모든 사람들에게 명확히 인지시켜주는 것이 중요함을 주장했다. "많은 사람들이 이들이 보호받는 집단의 일원이기 때문에 자격 미달임에도 고용되는 것이라고 여깁니다. 불법이라고 해도 말이죠." 그는 다음과 같이 말했다. 사람들이 이 조치가 선택의 폭을 넓혀주고, 인종이나 성별, 다른 특성에 구애받지 않고 모두에게 일자리 기회를 주는 것임을 깨닫게 된다면 "반대하는 사람이 많지 않은 완전히 다른 이야기죠. 제대로 알려주어야 합니다."[23]

평등법은 수혜자에게 악영향을 끼치는 위험을 내포하고 있을 뿐만 아니라 그 의도와는 완전히 반대되는 상황을 만들 수도 있다. 영국의 2010

년 평등법은 "모두에게 균등한 기회"를 제공할 목적으로 제정되었고, 여성이 남성과 동일한 기회를 가질 수 있도록 보장해준다. 그러나 BBC 방송의 골프 해설자 피터 앨리스는 여성 골퍼의 수가 감소하면서 골프 세계에서 이 법이 역효과를 낳았다고 말했다. 골프 클럽이 (때때로 마지못해) 여성에게 남성과 동일한 조건의 멤버십을 제공해야 하면서 그동안 관행적으로 여성 선수에게 할인을 해주던 혜택을 더 이상 제공할 수 없게 되었다. 그 결과 많은 여성이 회비를 감당할 수 없게 되면서 골프를 그만두었다. 여성골프연합The Ladies Golf Union은, 물론 다른 요인들도 있었지만, 회원 수가 2010년 18만 9,000명에서 2014년 15만 9,000명으로 감소했다고 밝혔다.[24]

영국의 노동당 정부는 2000년에 정보공개법을 제정했다. 이 법은 일반 시민에게 기밀로 분류되지 않는 당국의 정보를 손에 넣을 수 있는 권한을 부여했지만, 다른 한편으로는 각 정부 부처가 정보 요청에 응하기 위해 많은 시간과 노력을 들여야 함을 의미하기도 했다. 그리고 여기에는 그저 시간만 잡아먹게 만드는 성가신 요청들도 포함되어 있었다.

영국 정부가 실행했던 특이한 과업 중 하나는 UFO 목격담을 기록하는 일이었다. 이 일은 1959년부터 국방부 산하의 UFO 특별 감시부에서 담당했다. 이 부서는 2010년에 사라졌고, 기록에 따르면 이후에 들어오는 모든 보고에는 "표준 서한으로 응대하고 …… 정보공개법의 법적 책임을 피하기 위해 30일 동안 보관한 후 파기한다"고 했다. 국방부는 UFO 목격 보고에 대한 문의가 무의미하다고 여겼고, 이에 응대하면서 시간과 노력을 낭비할 생각이 없었다. 결국 정보공개법은 향후 정보 요청의 대상이 될 수 있는 자료를 보관하는 대신에 이런 자료들을 그 가치에 상관없이 파기하도록 부추긴 꼴이 되었다. UFO와 관련된 정보 대부분이 가치가 없는가라는 질문에 논란의 소지가 있는 가운데 다른 정부 기관에서도 정보공개법에 따라 대중에게 자료를 공개하는 위험을 무릅쓰기보다는 자신들을 난처하게 만들 가능성이 있는 자료를 파기하는 방식을 채택할 것이라고 쉽게 예상해볼 수 있다.[25] 그리고 애석하게도 미래에 영국이 외계인의 침공을 받을 때 우리는 이들이 앞서 지구를 방문했던 것에 대해 절대로 알 수 없을 것이다.

영국 총리실에서도 국방부와 비슷한 방식을 취했다. 정보공개법이 도입되기 바로 전에 총리실의 이메일이 3개월 뒤에 자동적으로 삭제되도록 했다. 여기서 더 나아가 문서가 대중에게 공개될 가능성은 관료들이 자신의 생각과 의견을 글로 남기는 행위 자체를 더욱 꺼리게 만들면서 회의 내용을 기록하지 않게 되었다. 어느 특별 고문은 "이것은 사람들이 상황을 기억하지 못하게 된다는 뜻입니다. 이것은 역기능입니다. 이메일을 찾아봐도 이들은 더 이상 존재하지 않습니다"라고 비평했다.[26]

'알 권리'가 정부 활동을 더 철저하게 조사할 수 있게 해주면서 이롭게 기능한 점도 분명히 존재한다. 그러나 다른 한편으로는 일부 분야에서 습득할 수 있는 정보가 줄어들고, 사람들이 정보에 더 잘 접근하지도 못하고, 정부가 자신의 결정에 더욱 혼란을 느끼게 만들었다. 더 많은 정보를 얻을 수 있다고 생각했던 정치 분야 전기 작가들은 반대로 얻을 수 있는 정보가 줄어들었음을 깨달았다. 마거릿 대처 전기 작가인 찰스 무어는 집필에 필요한 자료를 조사하면서 온라인상에서 자료를 풍부하게 얻을 수 있었다고 했다. 그러나 정보공개법이 시행되면서 점점 더 많은 사람들이 자신의 생각을 문서화하는 것을 망설이게 되었다고 말했다. 작가 애덤 고프닉은 "순간적인 투명성이 개방성을 증가시켜주지 않는다. 복도로 나와 대화하며 기록을 남기지 않게 만들 뿐이다"라고 했다.[27] 모든 문서의 공개를 원칙으로 할 때 우리는 우리가 작성하는 것에 훨씬 더 조심스러워지는 경향이 있다.

야심찬 프로젝트, 과연 그 결과는?

1993년 영국 정부는 다가오는 새천년을 맞이해 이를 기념할 만한 무언가 특별한 계획을 세우고 싶어 했다. 그래서 영국이 가진 가장 훌륭한 측면들을 보여주는 야심찬 프로젝트를 구상했다. 하지만 그 결과는 안타깝게도 의도한 바와는 다른 방향으로 흘러갔다.

정부의 계획을 실행에 옮기기 위해 새천년위원회가 구성되었으나 이후 5년간 제작 책임자와 정부 각료들이 이 위원회에 잠깐씩 머물다 떠나갔다. 그러다가 마침내 런던 동쪽 그리니치의 산업 황무지에 (직물 소재로 만들어진 구조물 중에서는 세계 최대인) 반구형의 거대한 돔을 세우기로 결정했다. 2000년 한 해 동안 문을 열고, 수백만 명의 사람들을 끌어들일 (그

때 당시에는 지정되지 않았던) 경이로운 것들로 채울 예정이었다. 이 계획은 불모지도 재건할 터였다. 그러나 돔을 설계한 건축가 리처드 로저스 경은 훗날 "우리는 우리가 무엇을 하고 있는지 감을 잡지 못했죠. 아는 사람이 한 명도 없었어요. 보수당 정부는 비즈니스를 위한 구조물을 짓는 아이디어를 제안했고, 이후 정권을 잡은 노동당은 엔터테인먼트와 문화를 위한 것으로 결정했어요"라고 말했다.[28]

초기에는 밀레니엄 돔의 방문객 수를 1,200만 명으로 추산했지만 얼마 가지 않아 실현 불가능한 꿈임을 깨닫게 되었다. 실제로 2000년 티켓 판매는 이 숫자의 절반밖에 되지 않았고, 프로젝트에 들어간 비용 7억 9,300만 파운드(1조 1,878억 9,000만 원) 중 티켓 판매와 후원, 상품 판매로 회수한 금액은 1억 6,800만 파운드가 다였다. 정부와 영국 국립복권 National Lottery이 매워야 하는 적자 금액은 6억 2,500만 파운드였다.[29] 한 조사에 따르면 600만 명의 방문객 중 87퍼센트가 방문에 만족했다고 한다.[30] 그러나 이들 모두가 100파운드(15만 원)의 방문 보조금을 받았다는 잔혹한 사실은 사라지지 않는다. 게다가 폐관 후 건축물을 4년 반 동안 방치하다시피 하면서 2,870만 파운드의 비용이 추가로 들어갔고, 이것이 상황을 더욱 악화시켰다.[31] 현재 밀레니엄 돔은 영국 휴대폰 업체인 O2가 인수해 공연 및 전시 등의 복합문화 공간으로 사용하면서 마침내 쓸모를 찾았다.

황폐해진 구역을 재건하기 위해 밀레니엄 돔 건설비의 약 3분의 1이 그리니치 반도 부지의 오염물을 제거하고 교통과 기반시설을 구축하는 데 사용되었다. 그러나 신중하지 못한 계획으로 일부 지역은 더욱 살기 힘든 곳이 되었다. 찰턴 역에서 돔까지 운행하는 세계 최초의 무인버스를 운행하기 위해 환승역이 만들어졌으나 이로 인해 찰턴 지역의 유일한 은행이 무너지면서 지역사회가 엄청난 타격을 입었다. 그러나 이 계획은 이후에 흐지부지되면서 결국 무인버스는 한 번도 운행되지 않고 끝이 났다.[32]

최고의 영국을 전시하려는 의도로 계획된 밀레니엄 돔은 영국이 무용지물 프로젝트를 구상하는 데 세계 최고임을 보여준 사례라고 해도 과언이 아니다.

다수의 새천년 관련 대규모 프로젝트 중 성공한 것들도 있다. 그중 하나가 런던아이로 불리는 밀레니엄 휠이다. 구상은 매우 단순한데, 템즈 강변에 바퀴 모양의 관람차를 만드는 것이었다. 높이가 135미터인 이 거대한 관람차는 멈추지 않고 돌아가며 한 바퀴를 회전하는 데 약 30분이 소요된다. 줄리아 바필드와 데이비드 마크스 부부가 설계했으며, 처음에는 5년 동안만 한시적으로 운행할 계획이었으나 유명한 관광명소가 되면서 런던의 상징물로 영구적으로 자리를 잡았다. 개관 당시 세계에서 가장 높은 관람차였으며(그러나 2014년에 라스베이거스의 하이 롤러High Roller에게 자리를 내주었다), 건설비용은 비교적 적은 700만 파운드였다. 2014년 말까지 6,000만 명이 이 관람차에 탑승했다. 유명한 건축가인 리처드 로저스 경이 썼듯이 "파리에 에펠탑이 있다면 런던에는 런던아이가 있다. 이들은 도시의 상징이 되고, 사람들이 높은 곳에 올라 시내를 내려다볼 수 있게 해준다."[33] 런던아이의 목적은 단순했지만, 빛나는 성공을 거두었다.

런던아이가 단일 과제를 매우 훌륭하게 수행했다면 또 다른 원대한 새천년 프로젝트는 훨씬 더 큰 야망을 품고 있었다. 이 프로젝트의 이름은 에덴 프로젝트Eden Project(런던에 위치하지도 않으며 다른 도시들에서도 상당히 멀리 떨어져 있다)였다. 이는 자신이 복구했던 '헬리건의 잃어버린 정원Lost Gardens of Heligan'의 뒤를 잇는 더 큰 규모의 온실을 만들겠다는 사업가 팀 스미트의 바람에 의해 탄생했다. 잉글랜드 콘월에서 한때 아름다움을 자랑했던 정원이 75년 동안 완전히 방치된 채 버려져 있었고, 팀 스미트는 헬리건 영지 원주인의 후손인 존 윌리스와 함께 폐허나 다름이 없던 이곳을 유명한 관광지로 탈바꿈시켰다. 매년 20만 명 이상의 관광객이 영국에서 비교적 궁핍한 지역에 위치한 이 정원을 방문하고 있다.

에덴 프로젝트는 버려진 채석장에 지구상의 모든 식물이 모여 있는 장소를 만들겠다는 원대하고 야심찬 계획이었다. 이곳에서 자연 서식지와 유사한 환경에서 자라는 세계 곳곳의 다양한 식물들을 감상할 수 있었다. 5에이커(2만 300평방미터)가 넘는 대지 위에 거대한 (실제로는 골프공 모양의 온실인) 생물군계biome가 서로 연결되게 지어졌고, 가장 큰 돔은 높이가 60미터에 가까웠다. 새천년위원회가 일부 재정지원을 했으며, 2001년 3월에 개관했을 때 즉각적으로 성공을 거두었다. 방문객 수만이 아니었다(외진 곳에 위치했지만 매년 100만 명 이상이 방문하면서 영국에서 입장료를 지불하는 명소 중 세 번째로 인기가 많은 곳이 되었다). 세상에 존재하는 식물의 다양성과 인간에게 식물이 얼마나 중요한지를 일깨워주는 역할도

했다. 주로 복권 기금과 유럽연합, 남동부 지역발전 기구Southwest Regional Development Agency에서 106만 파운드를 지원받은 것에 더해 200만 파운드를 대출 받아 만들어졌으며, 초반 10년에 실업률이 높은 지역에 450개의 일자리를 창출했고, 지역 경제에는 10억 파운드를 보태주었다.[34] 팀 스미트는 에덴 프로젝트를 통해 이루고자 했던 꿈에 대해 "지구상에서 가장 황폐해진 땅을 찾아 그곳에 생명을 심어주는 것입니다. 그런 다음에 이 목적에 완벽하게 부합하는 무언가를 만들어서 인간이 얼마나 영리한지를 보여주고 싶었죠. 우리가 이 일을 해냈기를 바랍니다"라고 말했다.[35]

위의 세 가지 새천년 프로젝트를 통해 배울 수 있는 교훈이 있다면 그것은 성공적인 관광명소를 만들기 위해 필요한 것들을 위원회가 자신들의 생각대로 사무적으로 결정하도록 하는 것이 아니라 특정 아이디어에 열정을 가지고 있는 사람을 참여시키는 것이 훨씬 낫다는 점이다.

미국의 조지 부시는 대통령 임기 내내 그가 "비전 같은 것"의 부족이라고 한 것으로 고생했다.[36] 그리고 솔로몬이 오래전에 『잠언』에서 언급했듯이 "비전이 없는 백성은 망한다where there is no vision, the people perish."[37] 밀레니엄 돔의 경우 계획 단계에서부터 이 비전이 많이 부족했던 것처럼 보인다. 반면 《이코노미스트》가 논평했듯이 에덴 프로젝트는 "좋은 아이디어가 수익을 창출했지, 돈이 좋은 아이디어를 만들어내지 않았다. 재정 지원을 받은 새천년 프로젝트 중 너무 많은 프로젝트가 복권 기금을 따내려는 도시들의 결정에서 탄생했다. 무엇을 위한 것인지는 중요하지 않았다. 반면 에덴 프로젝트는 기본적으로 기업가 한 사람의 비전이 이루어낸 결과물이었다."[38] 에덴 프로젝트의 비전은 사람들에게 식물의 경이로움과 연결성을 보여주는, 또는 팀 스미트가 말했듯이 "과학을 매력적으로 만드는" 것이었다.[39] 그리고 더 평범하지만 여전히 강렬한 런던아이의 비전은 그저 사람들이 높은 곳에서 런던 시내를 관람할 수 있게 하는 것이었다.

2012년 런던 올림픽의 개막식과 폐막식을 성공적으로 이끌면서 기관들이 과거의 실수를 통해 성장할 수 있음을 보여주었다. 런던 올림픽 조직위원회LOCOG, London Organising Committee of the Olympic Games는 이 행사를 책임지고 관리하는 대신에 신속하게 영화감독인 대니 보일이 이끄는 소규모 팀에 모든 과정을 맡겼다. 그 결과 자신감이 넘치면서도 해학과 풍자를 잃지 않은, 완전히 영국적이며 개성이 강한 행사가 만들어졌다. 정부기관은 천성적으로 권위적이고 기업과 주요 인사를 선호하는 경향이 있기 때문에 정치인이 영국배우 에릭 아이들에게 폐막식에서 <언제나 삶의 밝은 면을 보라Always Look on the Bright Side of Life>를 불러달라고 제안하는 모습은 상상하기 어렵다. 그러나 이번만큼은 영국 정부도 일을 그르치지 않았다는 만족감을 느끼며 조용해 앉아 성공에 따르는 후광을 누릴 수 있었다.

법과 정책은 더욱 신중해야 한다

정부를 골치 아프게 만드는 문제 중 하나는 까다로운 문제들이 문 앞까지 당도하는 상황을 피할 수 없다는 것이다. 1999년에 당시에는 불법 다운로드 프로그램이었던 냅스터Napster가 소개되고, 뒤이어 파이러트베이The Pirate Bay를 포함해 여러 파일 공유 웹사이트들이 등장하면서 엔터테인먼트 산업은 음악과 영화, 게임의 불법복제로 엄청난 잠재적 수익이 날아갈 수 있음을 깨달았다. 실질적인 손실 비용을 추산하기란 거의 불가능하지만, 2011년 영국에서 박스오피스 상위 5편의 영화가 불법적으로 다운로드된 건수가 (5년간 30퍼센트가 증가한) 140만 건이며, 2010년에 영국에서만 음악이 불법적으로 다운로드된 건수가 (합법적인 다운로드 횟수의 3배가 넘는) 12억 건으로 추산된다.[40] 비디오 게임의 경우 동년에 합법적 구매가 1건이라면 불법 다운로드는 4건 발생한 것으로 추산된다.[41]

영국의 엔터테인먼트 산업은 당연히 정부에 조치를 취하라는 압력을 가했고, 2010년에 영국 정부는 저작자에게 힘을 실어주는 디지털 경제법Digital Economy Act을 제정했다. 이제 저작자는 불법복제자와 저작권을 침해하는 웹사이트를 제공하는 인터넷 서비스 업체에 대해 행동을 취할 수 있게 되었다. 뒤따른 자발적 협약으로 이런 권리가 대체적으로 행사되지 않았지만, 1년 앞서 유사한 법을 제정했던 스웨덴의 사례를 살펴볼 필요가 있다. 스웨덴 정부는 자국에 기반을 두고 전 세계적으로 큰 인기를 끌고 있던 파이러트베이의 활동을 제지하기 위한 조치를 취했다. 이 법이

2009년 4월에 발효되고 난 후에 스웨덴의 전반적인 인터넷 통신량이 30퍼센트나 떨어지면서 불법행위가 통제되는 듯이 보였다. 그러나 몇 개월 지나지 않아 인터넷 사용량이 다시 증가하더니 이전 수준을 넘어섰다. 미디어비전MediaVision의 조사에 따르면 음악과 영화, 게임의 불법 공유 활동이 회복되었을 뿐만 아니라 이제는 이들 다수가 암호화되면서 추적이 훨씬 더 어려워졌다고 했다. 이 법은 불법적인 활동을 줄이겠다는 목적을 달성하는 데 실패했고, 추적이 어려운 파일 공유라는 더 큰 골칫거리를 안겨주었다.[42]

정부는 여러 종류의 차별을 금지하는 시도를 꾸준히 해왔다. 2011년까지 영국에서는 65세가 되었다는 이유만으로 근로자를 해고하는 일이 완전히 합법이었다. 영국 정부는 연령에 따른 차별을 금지하는 법을 도입했지만, 일부 고용주들은 이 법이 발효되기 전에 행동을 취했다. 대중에게 공개되는 롱리트 대저택도 여기에 속했다. 이 저택에는 65세 이상의 직원이 27명 있었지만 법이 발효되기 전년에 이들을 해고했다. 계약 해지 사유로는 "법에 변화가 생기는 것과 무관"하며 "저택을 현대화하기 위한" 선택이었다고 주장했다.[43] 78세의 나이에도 이 저택에 끝까지 남아있던 한 사람은 배스 경으로 그는 롱리트의 주인이었다. 법이 제정되지 않았다면 해고된 직원들이 몇 년은 더 일할 수 있었을지도 모른다.

《뉴욕 타임스》 기사에서 작가인 스티븐 더브너와 경제학자 스티븐 레빗은 이와 비슷한 문제를 강조했다.[44] 미국은 장애인 차별을 금지하고 이들의 삶의 질을 향상시키기 위해 1992년에 장애인법ADA, Americans with

Disabilities Act을 제정했다. 그러나 경제학자 대런 애쓰모글루와 조슈아 앵그리스트가 실시한 조사는 이 법이 발효되자 장애인 노동자 고용률이 실제로 하락했음을 보여주었다. 또 다른 경제학자 샘 펠츠만은 장애인법이 제정되기 이전에는 고용주들이 특정한 장애를 가진 사람을 고용할 경우 발생할 비용과 혜택을 따져보고 가장 적합하다고 판단되면 고용했다고 말했다. 그러나 장애인법이 시행된 이후에는 장애인이 일터에서 어떤 대접을 받아야 하며 이들의 임금이 공평하게 책정되었는지를 규제 기관에서 결정했다. 고용 비용이 너무 높아 (또는 일을 제대로 처리하지 못해) 고용주가 장애인을 해고하면 차별을 한다는 비난을 피할 수 없게 되었다. 결국 고용주들이 선택한 방법은 이런 상황이 발생할 가능성을 차단하기 위해 처음부터 장애인을 고용하지 않는 것이었다.[45]

장애인법에는 청각장애인이 병원을 방문할 때 수화통역사의 도움을 받을 수 있다는 조항이 포함되어 있다. 로스앤젤레스의 실력 있는 정형외과 의사인 앤드류 브룩스는 심한 무릎 질환으로 고생하는 청각장애인 환자를 진찰하게 되었다. 환자는 수화통역사을 요청했는데 통역 비용이 최소 2시간에 시간당 120달러였고, 보험이 적용되지 않았다. 브룩스는(그의 진찰비는 58달러였다) 차라리 자신이 직접 그림과 모형을 보여주고 메모를 해가면서 설명을 하겠다고 말했다. 그러나 환자는 장애인법을 언급하며 그녀가 통역사를 고용할 권리가 있음을 지적했다. 그리고 그 비용은 의사가 부담해야 했다.

결국 브룩스는 통역비를 지불할 수밖에 없었다. 환자가 무릎 통증으로 고통 받았다면 수술은 의사에게 재정적인 고통을 안겨줄 터였다. 그는 대략 1,200달러를 벌겠지만, 여덟 번의 추가 진찰을 보면서 통역비로 매번 240달러를 지불해야 할지도 몰랐다. 진료비를 계산해보지 않아도 손실을 볼 것이 뻔했다. 다행스럽게도 검사 결과 환자는 물리치료만 받으면 되었다(이로써 통역비 문제는 물리치료사에게로 넘어갔다). 그는 나중에 이 사례를 동료 의사들과 논의했는데 이들은 한결같이 자신들이 그와 같은 상황에 처하게 된다면 환자를 맡지 않겠다고 말했다. 장애인이 필요한 모든 의학적 도움을 받을 수 있도록 마련된 법이 실제로는 적절한 도움을 받지 못하게 방해하고 있는 것이다. 의사가 특정한 환자로 인해 손해를 볼 수밖에 없다면 이 환자의 치료를 꺼려한다고 해도 놀랍지 않다.

제3자의 입장에서는 이 특정한 의도하지 않은 결과를 예방하기 위해 취할 수 있는 방법이 있었음을 쉽게 알 수 있다. 통역비를 보험에 포함시키거나 정부가 비용을 지급하면 되었다. 누군가가 여전히 통역비를 부담해야 하지만 최소한 장애인 환자가 진찰을 받을 수는 있다. 이렇게 하지 않으면 모두가 손해를 보게 된다.

아주 사소한 법률도 의도하지 않은 결과를 만들 수 있다. 예를 들면 2011년에 루마니아의 교도소에서 신혼부부들을 위해 48시간 허니문 방문을 허락하는 규칙을 만들었는데, 이것이 결과적으로 재소자들의 이혼률을 높였다. 이들은 아내와 이혼한 후 다시 결혼하면서 신혼부부의 자격을 얻었다. 4번이나 이혼하고 재결합하기를 반복하는 재소자들도 있었지만 이 교도소의 대변인인 니콜라에 토마가 인정했듯이 “이들을 제지할 방법이 없었기 때문에 이 규칙이 악용되었습니다."[46]

경제 칼럼니스트 팀 하포드는 규정이 원하는 결과를 가져오지 못하고 자주 실패하는 이유에 대해 논했다.[47] 그는 파리 레스토랑의 사례에 관심을 가졌다. 프랑스 정부는 레스토랑을 개선하기 위해 가공식품을 사용하지 않고 모든 음식을 직접 준비하는 레스토랑임을 보여주는 ("냄비 위에 굴뚝이 있는 지붕을 얹은" 모양의) 새로운 심벌을 소개했다. 이렇게만 보면 매우 단순한 정책 같다. 그러나 팀 하포드가 지적했듯이 규정을 만드는 정치인들은 로비스트의 영향에서 자유롭지 못하다. 식품회사들이 자신들의 이익을 보호하기 위해 발을 들여놓았고, 냉동 생선과 껍질과 뼈를 제거한 닭고기 등의 가공식품을 재료로 사용해도 이들을 레스토랑에서 "조립"하는 한 (이것이 그저 레스토랑에서 만든 소스만 추가하는 것이라도) 이 심벌을 사용할 수 있도록 만드는 데 성공했다. 레스토랑을 찾는 고객들은 맛있고 질 좋은 프랑스 요리를 원했다. 그러나 이 규정은 요리 전체가 외부에서 조리된 것은 아님을 보장하는 것에 지나지 않았다. 이는 원래 의도했던 바와 어긋난다.

여기서 끝이 아니다. 이 규정에 부합하는 레스토랑은 어디든 이 심벌을 의무적으로 사용해야 한다. 이 때문에 가공식품을 사용하지 않은 요리를 메뉴에 포함시키기 힘들어졌는데, 이 심벌을 사용할 경우 (요리의 맛과는 상관없이) 메뉴에 적힌 다른 요리들의 재료가 레스토랑에서 손질되지 않았다는 점을 강조하기 때문이다. 이탈리아에서 휴가를 막 마치고 돌아와 이 글을 작성하면서 팀 하포드는 이탈리아 음식이 프랑스 음식보다 훨씬 맛있다고 했다. 그러나 그의 냉담한 태도로 미루어보아 그 공적이 이탈리아 정부에게 돌아갈 것 같지는 않다.

때로는 법을 제정하지 않아도 의도하지 않은 결과가 나타나기도 한다. 2012년 3월에 영국의 연료탱크 운전자들이 파업을 하겠다고 위협했다. 사람들은 자동차 연료가 떨어질 것을 우려했지만 영국 정부는 이들을 안심시키는 성명을 발표하며 "당황할 필요 없습니다"라고 했다. 이후로 벌어진 상황은 어쩌면 필연적인 결과였는지도 모른다. 사람들에게는 이 말이 당황할 만한 모든 이유가 있다는 의미로 다가왔고, 전국의 모든 주유소에는 긴 행렬이 이어졌다. 차고에는 연료가 가득찬 통이 쌓였다. 평소와 다름없이 시중에는 연료 공급이 잘 이루어졌는데도 금방 동이 났다. 런던 대학교 킹스 칼리지의 정신의학 교수인 사이먼 웨슬리는 이 현상에 대해 다음과 같이 말했다. "'당황하지 말라'고 한 말이 실수였습니다. …… 이미 걱정하기 시작한 사람들의 귀에는 이 말이 들어오지 않고, 걱정하지 않던 사람들은 '잠깐, 보기보다 심각한 것이 분명하군. 이 말을 듣기 전까지는 괜찮았는데, 무언가 숨기고 있는 것 같아. 실제로는 상황이 더 안 좋은 거야'라고 말하죠."[48]

많은 사람들이 BBC의 코미디 시리즈 <노인 부대Dad's Army>에 계속해서 등장하는 우스꽝스러운 장면을 떠올릴 것이다. 존스 상등병은 위기 때마다 뛰어다니며 자동적으로 "당황하지 마라!"라고 소리치면서 상황을 훨씬 더 심각하게 만들었다. 웨슬리 교수가 지적했듯이 연료가 부족한 시기에 충분히 저장해놓은 운전자들은 사실상 당황하지 않고 완전히 이성적인 태도를 보인다. 그는 정부가 지시를 하는 대신 정보를 제공해야 한다고 했다. "놀라지는 않지만 경계하는" 정책이 필요하다. 정부가 대중에게 당황하지 말라고 말하는 순간부터 자신들이 피하고자 애쓰는 바로 그 행동을 촉발하게 된다.

아이러니는 의도하지 않는 결과의 친구다. 플리머스 대학교의 사례를 보면 알 수 있다. 2014년에 이 학교는 학생들에게 수학시험에서 예를 들면 손바닥에 공식을 적는 등의 부정행위를 하지 말라고 일깨워주는 포스터를 시험장에 붙였다. 포스터에는 다수의 수학공식으로 덮인 손 사진이 포함되어 있었는데, 한 학생이 이들 중 몇몇이 시험에 유용했다고 주장했다. 플리머스 대학교는 수학공식을 참고하기에는 포스터까지의 거리가 너무 멀었다고 주장했지만 그럼에도 남은 시험기간 동안 포스터를 떼어냈다.[49]

좋은 결과를 바라는가?

지금까지의 사례들은 경제학자 밀턴 프리드먼이 1975년에 언급한 말이 진실임을 잘 보여준다. "정책을 결과가 아닌 의도로 평가하는 것은 큰 실수다." 그러니 당신에게 권력이 있고 대중을 위해 좋은 일을 하고 싶다면 다음 교훈을 염두에 두자.

사람들이 가진, 당신의 목표 달성을 좌절시킬 수 있는 능력을 과소평가하지 말 것. 재정적 이득을 위해 출산이나 죽음까지도 연기할 수 있다면 어떠한 괴상한 정책이든 이들이 넘지 못할 것은 거의 없다.

당신의 결정이 미칠 장기적 영향을 검토할 것. 예를 들면 테러범들이 당신의 국가를 공격하지 못하게 막고 싶다면 "테러와의 전쟁"을 선포하지 말고 더 나은 방법이 있는지를 고민하자.

권력을 가진 사람의 말은 속속들이 분석되고, 필연적이라고 할 수 있을 만큼 사람들의 과잉반응을 야기할 수 있다. 그러니 단어 하나하나를 매우 신중하게 선택하자. 또 때로는 어떠한 말이나 행동도 하지 않는 것이 최선인 경우도 있다.

마지막으로, 문제 해결을 위해 위원회를 구성할 때 주의할 것. 밀레니엄 돔과 같은 규모의 실수를 하게 될지도 모른다. 탁월한 능력을 가진 개인에게 일을 맡겨보자.

다행인 것은 정부가 의도하지 않은 결과를 성공적으로 해결하는 때도 있다는 것이다. 1635년에 영국 우체국Royal Mail이 설립되면서 사람들은 영국 어디로든 편지를 보낼 수 있게 되었다. 그러나 우편배달 비용이 너무 비싸서 사람들은 비용을 지불하지 않고 우편물을 보낼 수 있는 갖가지 종류의 방법을 생각해냈다. 이 중에서 제일 멋진 방법을 시인 새뮤얼 테일러 콜리지가 1822년에 레이크 지방에서 산책을 하다가 경험했다.

> 형편이 넉넉하지 않았던 어느 날에 나는 케직에서 멀지 않은 곳에 위치한 작은 시골집을 지나가고 있었다. 배달부가 이 집 여자에게 우편요금으로 1실링을 요구했지만 여자는 지불할 의사가 없어보였다. 그리고 결국에는 편지를 받지 않겠다고 했다. 내가 요금을 지불하고, 배달부가 시야에서 사라졌을 때 여자는 내게 아들이 안부를 전해주기 위해 보낸 편지이며 돈을 지불할 필요가 없었다고 말했다. 나는 봉투를 열어보았고, 안은 텅 비어 있었다![50]

여자의 아들은 아마도 도시나 시골의 어느 저택으로 일자리를 얻어 떠났고, 어머니에게 잘 지내고 있음을 알려주고 싶었으나 터무니없이 비싼 우편요금을 지불하고 싶지 않았을 것이다. 이 당시의 우편 배달비는 현재의 40파운드(6만 원)와 맞먹는다! 배달 시 요금을 지불했기 때문에 집에서 멀리 떨어져 사는 사람들이 사랑하는 가족에게 종종 빈 편지봉투를 보내는 일이 흔해졌다. 국토를 가로질러 온 편지를 우체부가 건네주면 수령인은 발신인을 확인하고, 손에 들고 무게를 가늠해보거나 빛에 비추어서 편지지가 실제로 들어 있는지를 확인했다. 아무것도 없을 경우 편지를 돌려주고 수령을 거부했다. 빈 편지봉투 자체가 별 탈 없이 잘 있다는 메시지였고, 중요한 소식이 있을 때에만 편지지가 들어있었다. 편지를 주고받는 사람들에게는 좋은 방법이었지만 우체국 입장에서는 헛수고를 한 셈이었다. 롤런드 힐은 1840년에 정부에 선불제도를 도입할 것을 설득했고, 그의 기발한 생각이 우편제도의 개혁을 가져왔다. 이로 인해 우편 발송 비용이 대폭 감소했고, 거리에 상관없이 일률적으로 1페니가 부과되었다.

2장

주류와 약물 규제에서 배운 교훈

UNINTENDED CONSEQUENCES

합법적으로 술을 구할 수 없다면?

위험한 약물의 남용 문제는 오래전부터 사회와 정부가 풀어야 할 숙제였다. 정부가 국민의 피해를 최소화하기 위해 조치를 취하는 노력은 당연해 보였고, 이를 위해 흔히 법을 제정하는 방법을 택했다. 그러나 법의 지배하에 무엇을 해도 되고 해서는 안 되는지를 구분하는 일은 논란의 여지가 많다. 그리고 (쉽게 구할 수 있는 술과 대마초, 환각제 같은 것들을 포함해) 어느 시기에 어느 장소에서 합법이었던 것이 다른 곳에서는 불법일 수 있고, 심지어 동일 국가 내에서도 시기에 따라 다를 수 있다.

정부가 안고 있는 문제점 중 하나는 이들이 독자적으로 행동할 수 없고, 때로는 비이성적, 비논리적 견해를 가진 국민들의 영향을 받는다는 것이다. 예를 들면 담배는 미국이 1550년대부터 수출했으며, 이를 규제하는 국가들이 많이 있다고는 해도 전 세계적으로 합법적으로 구할 수 있다. 이런 가운데 흡연자의 90퍼센트가 중독자로 추정되고, 니코틴 중독이 헤

로인이나 코카인만큼 강력할 수 있다는 주장이 존재한다.[1]

담배는 마약만큼 매우 위험하다. 세계보건기구에 따르면 흡연이 매년 전 세계에서 500만 명 이상이 사망하는 원인이며, 어떠한 단일 질병보다도 더 많은 죽음과 장애를 유발할 수 있다고 한다. 영국에서는 흡연으로 인해 연간 9만 명이 사망하는데, 이는 매일 히스로 공항에서 대형 비행기 사고가 일어난다고 가정했을 때의 사망자 수와 맞먹는다. 이런 사실을 오늘날 새롭게 알게 된 것처럼 정부는 담배의 해로운 영향과 중독성을 걱정하며 이것의 합법화를 매우 경계했다. 영국은 문제를 개선하기 위한 노력으로 담배 판매와 흡연에 대한 규제를 점차적으로 강화했고, 건강 캠페인과 전자담배 판매가 더해지면서 이런 규제가 어느 정도 흡연으로 인한 피해를 감소시키는 효과가 있는 것처럼 보인다.

서구사회에서 매일 애용하는, 유흥을 위해 합법화된 약물은 술이다. 담배만큼 중독성이 강하지는 않지만 규칙적으로 술을 마시는 사람들의 10퍼센트가 중독인 것으로 추정된다. 또 직접적이든 간접적이든 음주로 인해 매년 영국에서 약 3만 3,000명, 미국에서 약 8만 8,000명이 사망하는 것으로 추산된다.[2, 3] 일반적으로 과도한 음주가 원인인 간질환으로 2009년에 영국에서 1만 1,500명이 사망했는데(1991년에 비해 2.5배 이상이 증가한 수치다), 이는 점점 증가하는 "큰 사망 원인" 중 하나에 불과하다.[4]

더 심각한 것은 술이 음주자에게만 치명적이지 않고 폭력과 가정 파괴, 생산성 손실, 일반적 범죄 행위를 야기하면서 사회 전체에도 영향을 줄 수 있다는 것이다. 술 때문에 벌어진 폭행이나 강도의 피해자가 받는 정신적 고통은 차치하더라도 이런 더 광범위한 결과로 인해 2011년에 영국 경제는 국민의료보험NHS, National Health Service 비용으로 약 35억 파운드(5조 2,224억 5,500만 원), 음주 관련 범죄로 110억 파운드, 생산성 손실로 73억 파운드를 부담해야 했다. 이는 연간 총 220억 파운드에 달하는 금액이다.[5] 미국의 경우 2006년에 과음에 따른 문제로 막대한 지출이 발생했는데, 그 비용이 연간 총 2,235억 달러였다.[6]

알코올 남용으로 야기되는 피해를 줄이기 위해 사회는 두말할 필요 없이 엄청난 비용을 지불해야 한다. 그리고 이런 시도는 의도하지 않은 결과를 불러오며 어려움을 안겨주었다.

1913년의 미국에 살고 있다고 상상해보자. 당시에 미국의 술 소비량이 걱정스러울 정도로 증가했고, 1900년에서 1913년 사이에 맥주의 연간 생산량이 45억에서 75억 리터로 치솟았다. 증류주 판매도 같은 기간에 연간 3억 6,700만에서 5억 5,600만 리터로 증가했다. 이런 현상은 이민자들이(특히 유럽 이민자들이) 급증하면서 미국의 인종 구성에 변화가 생긴 결과이기도 했다. 1907년에만 120만 명 이상의 유럽인들이 새로운 보금자리를 찾아 미국으로 건너갔다. 이런 이민자들 중 다수가 독일을 포함해 과음을 즐기는 문화권에서 온 사람들이었지만, 이들이 이주해오기 전부터 모든 사교모임에서 독한 술이 빠지지 않고 제공되는 등 술은 한동안 미국인의 삶을 구성하는 요소였다. 1830년에 『구 아메리칸 백과사전Old American Encyclopaedia』에 적힌 내용에 따르면 이 당시에는 (민트를 넣은) 위스키가 담긴 잔을 들고 걸어 다니는 것이 유행이었다고 했다. 직장인들은 오전과 오후에 펀치 한 잔을 마시러 나왔고, 저녁이 되면 식전과 식사 중, 식후에 위스키나 브랜디를 마셨다.

목사는 음주문화에 깊숙이 빠져있었다. 가정을 방문할 때마다 럼과 사과주를 대접받았고, 방문을 마치고 돌아갈 때에는 예의를 차리기 위해 이별주를 마셨다. 매일 20가구를 방문한다고 하면 점심시간이 되었을 때쯤에는 완전히 술에 취한 상태가 되었을 가능성이 다분하다. 심지어 목사와 신자들이 예배와 예배 사이에 술을 마실 수 있게 교회와 술집이 가까운 위치에 자리했다. 모든 주요 교회 행사에는 술이 빠지지 않았고, 그래서 예를 들어 보스턴의 어느 전도사 미망인의 장례식에 참석한 조문객들은 말라가 와인에 알코올을 첨가해 도수를 높인 술을 230리터 이상 마셨다. 술은 사회 곳곳으로 침투했다. 농작물 수확이나 도로 건설, 벌목처럼 지역 주민들이 모이는 곳에서는 언제나 폭음이 빠지지 않았다. 노동자들에게 임금의 일부로 술을 주기도 했고, 술에 잔뜩 취하게 쉬는 날을 주기도 했다.[7]

럼과 애플 브랜디, 럼과 당밀을 섞은 블랙스트랩은 (1리터가 조금 넘는) 쿼트당 몇 센트밖에 되지 않아 19세기 미국인들은 사회적 지위에 상관없이 삶의 많은 시간을 술에 취해 몽롱한 상태로 보낸 것처럼 보인다. 노예를 포함해 농장 일꾼들은 술을 풍부하게 배급받았고, 상점에는 단골 고객들이 언제든지 마실 수 있는 럼이 든 술통이 마련되어 있었다. 많은 이민자들의 본고향인 영국에서도 상황은 매우 유사했다. 술집에서는 "1페니로 술에 취하고, 2페니로 곤드레만드레 취할 수 있다"는 광고를 내걸었고,

가난한 사람들은 싸구려 진을 진탕 마시고 큰 소란을 일으켰다.[8] 술 소비량이 늘어나면서 공공질서가 무너지고 질병과 가정 폭력이 증가했다.

1차 세계대전 당시에 미국에서 금주운동이 점차 확산되었다. 그리고 그 결과 사람들이 때때로 "목이 마른" 상태에 놓였다. 전쟁이 끝나면서 알코올 남용에 대한 걱정이 정점을 찍었고, 특히 적국인 독일과 연관이 있었던 맥주는 비난의 대상이 되었다. 그러다 결국에는 주류의 제조·판매·유통을 금지한 헌법 수정 제18조가 통과되면서 마침내 1920년 초에 금주법이 시행되었다.

새로운 법에 거는 기대는 컸다. 유명한 복음전도자였던(그리고 한때 알코올 중독자였던) 빌리 선데이는 "빈민가는 곧 우리의 기억 속에만 존재하게 될 것입니다. 우리는 교도소를 공장으로, 감옥을 창고와 옥수수 저장고로 바꾸게 될 것입니다"라고 약속했다. 범죄가 줄어들 것을 예상하면서 일부 지역사회에서는 심지어 교도소를 매각하기까지 했다.[9]

그러나 현실은 매우 달랐다. 법 제정은 인간의 욕망을 꺾지 못했다. 대부분의 음주자들은 계속해서 술을 마시고자 했다. 술에 대한 수요가 엄청났고 금주법에 다양한 허점이 존재하면서 이 둘이 합쳐져 많은 의도하지 않은 결과를 부추겼다. 기존의 주류 공장들이 갑자기 문을 닫으면서 수요를 충족시켜줄 수 없게 되자 매춘과 도박에 이미 깊게 뿌리를 내리고 있던 조직적인 범죄 집단이 새로운 시장으로 발을 들여놓을 기회를 포착했다.

술을 구할 수 있는 곳은 미국의 이웃 국가였다. 미국과 캐나다 사이의 국경은(8,891킬로미터로) 세계에서 가장 길고, 남쪽의 멕시코와의 국경은 거의 3,000킬로미터에 달한다. 대서양과 태평양의 해안선 길이를 더하면 밀수품이 미국으로 들어오는 것을 막기가 어렵다는 사실을 알 수 있다. 술꾼들은 자신들이 좋아하는 술을 마시기 위해 얼마든지 높은 가격을 지불할 의사가 있었고, 밀수업은 수익성이 매우 높은 사업이 되었다. 무역을 담당하는 상무부는 1924년경에 대략 4,000만 달러(현재 가치로 따지면 약 4억 달러) 가치의 주류가 매년 미국으로 밀반입되었다고 추산했다.[10] 술집과 살롱을 대신해 몰래 술을 마실 수 있는 주류 밀매점speakeasy(이렇게 불린 이유는 손님들이 술집에서는 "쉽게 말하도록speak easy" 장려되었기 때문인데, 이는 술을 판매하고 있다는 어떠한 낌새도 풍기지 않기 위해서였다)이 곳곳에서 우후죽순처럼 생겨났다. 금주법으로 인해 살롱 한 곳이 폐업하면 주류 밀매소 여섯 곳이 생겨났다고 하며, 1925년에는 뉴욕 시에만 많게는 10만 곳이[11], 전국적으로는 최대 50만 곳이 존재한 것으로 여겨진다[12].

미국 내에서 합법적으로 술을 구할 수 있는 길이 남아있었다. 약국에서는 위스키를 불안 증세에서부터 독감까지 다양한 질병에 광범위하게 조제할 수 있었다. 그래서 밀주업자들은 사업 위장용으로 약국을 이용했고, 그 결과 뉴욕 주에 등록된 약국의 수가 금주법 시행 기간 동안 3배 증가했다. 종교시설을 통해 와인도 합법적으로 손에 넣을 수 있었다. 이로 인해 스스로 랍비 행세를 하는 사람들이 급증하면서 유대교와 기독교 신자들의 수가 늘어났고, 성찬식용 와인 소비량도 1924년까지 2년 동안 3분의 1 이상이 증가해 거의 1,100만 리터 이상에 육박했다. 이러한 종교 열풍

이 영적인 도움을 주었는지는 알 수 없다.[13]

금주법 시행 기간에 안타깝게도 기대했던 대로 교도소가 한산해지는 대신 전반적인 범죄율이 24퍼센트 증가하면서 정반대의 결과를 가져왔다. 기소 건수가 치솟았고, 1930년에는 금주법 위반 하나로만 1914년에 기소된 전체 범죄에 비해 거의 8배가 많은 사람들이 기소되었다. 또 금주법 시행 기간에 약 50만 명이 알코올 관련 범죄로 교도소에 수감되었다.[14] 살인율은 1906년 이후로 계속해서 오르기는 했지만, 금주법 시행 기간에도 지속적으로 상승하다가 1933년에 이 법이 폐지되자 가파르게 하락했다. 1970년대가 되어서야 살인율이 다시 상승하기 시작했는데, 이때는 약물을 금하는 또 다른 금지법이 훨씬 더 강도 높게 시행되던 시기였다.[15] 금주법 시행 기간에는 매년 평균 250명의 경찰이 사망하면서 경찰 사망률이 가장 높기도 했다.[16]

못할 짓이 없는 자들의 등장

금주법의 부정적인 결과는 이 법이 폐지되고도 이어졌다. 위법 행위를 멋지게 보이게 만들면서 미화했고 폭력배 문화를 미국의 주류 문화로 불러들였다. 폭력배들이 사용하는 속어가 일상 속 대화의 일부가 되면서 살해라는 표현 대신에 "제거," 형사를 "짭새," 권총 소지를 "장비 착용"이라고 했다. 주류 밀수범들은 자신들이 미국 식민지 시대에 영국의 봉쇄를 뚫었던 밀수업자의 전통을 이어가고 있다고 주장하면서 애국자로 둔갑했으며, (자신의 상품이 진짜임을 강조하기 위해 "진품the real McCoy"이라는 표현을 사용한) 빌 맥코이 선장이 대표적인 인물이다. 그는 연안 경비대의 눈을 피해 카리브 해 지역에서 뉴욕으로 100만 병 이상의 주류를 밀반입했고, 그 과정에서 로빈 후드 같은 영웅적인 이미지를 얻었다.

금주법은 폭력배들을 위한 일종의 '예비 신부 학교finishing school(부유층의 젊은 여성들이 교양과 매너 등 상류사회의 사교술을 익히는 사립학교를 말한다-옮긴이)' 역할을 했다. 역사학자 마이클 우디위스는 이들이 길거리의 깡패 수준을 졸업하고 "상당히 복잡한 거래를 할 수 있는 사업가로 성장하게 해주었습니다. 중산층과 상류층이 원하는 수입 증류주를 공급하기 위해서는 때때로, 예를 들어 먼 타국에서 주류 계약을 따내고, 연안 경비대와 세관에 들키지 않고 통과해 부두에 안전하게 도착한 다음에 짐을 창고까지 운반하고, 다시 소매점까지 배달해야 했죠"라고 말했다.[17] 금주법의 폐지와 함께 애브너 "롱이" 즈윌먼 같은 일부 주류 밀수업자들은 합법적인 주류 유통업자로 변신했다. 그는 동업자들과 함께 브라운 빈트너스Browne Vintners를 설립했고, 7년 뒤에 750만 달러에 매각했다. 그러나 많은 폭력배들은 새롭게 습득한 기술을 사업 확장에 활용하면서 마약 밀수나 도박, 매춘 같은 분야로 진출했다.

금주법 하에서 범죄율이 하락하지 않고 더 증가한 가운데 사람들의 건강은 어땠을까? 술을 마시지 않았으니 당연히 좋아졌을까? 현실은 그렇지 않았다.

실리를 중시하는 많은 미국인들이 직접 술을 제조하기 시작했다. 맥주나 와인만이 아니었다. 이들은 훨씬 더 유해한 증류주도 제조했다. 그 정도가 위험 수위를 넘어서면서 증류주 제조를 관리하는 엄격한 보건·안전법이 만들어졌고, 조사관들이 모든 절차를 제대로 지키고 있는지를 확인했다. 불법 양조장은 비밀장소에 대충 마련해놓은 경우가 많아서 안전에 취약했다. 사용되는 재료나 술을 제조하는 환경에 대한 공식적인 규제가 없는 데다 밀주업자들이 어떻게 해서든 생산비를 절감하려고 하면서 생산과정에서 절차와 원칙이 무시되기 일쑤였다. 소량의 술이 감추기 더 쉽기 때문에 밀주업자들이 값을 올리고 위험부담을 줄이기 위해 알코올 함량을 최대로 높인 다음에 최종 단계에서 이를 희석시켜 판매하면서 상황을 더욱 악화시켰다. 물에 타지 않고 마시면 건강에 굉장히 해롭고, 희석액 자체도 유해한 경우가 아주 흔했다.[18]

미국 정부가 주류 밀수를 저지하는 데 어느 정도 성공을 거두기 시작하면서 상황은 더 심각한 방향으로 흘러갔다. 범죄조직은 술을 손에 넣기 위해 다른 방법을 모색하기 시작했고, 합법적으로 생산되는 공업용 에탄올을 훔치기에 이르렀다. 이들은 엄청난 양의 공업용 에탄올을 입수했는데, 훔친 양이 매년 2억 2,700만 리터에 달했다. 공업용 알코올은 곡류에서 얻은 평범한 알코올이지만 이를 변성시키기 위해 몇몇 유해한 화학물질이 더해지면서 음용에 부적합해진다. 원래는 1906년에 탈세를 방지하기 위해 시행된 방법이었는데, 금주법의 발효로 밀주업자들은 이런 유해물질을 제거하기 위해 화학자를 고용하기 시작했다. 그래서 정부는 공업용 에탄올을 정제하기 더 어렵게 만들기 위해 등유와 휘발유, 벤젠, 카드뮴, 수은염, 포름알데히드, 클로로포름, 석탄산, 아세톤, 메탄올 등 점점 더 많은 끔찍한 물질을 첨가했다. 메탄올이 함유된 알코올 세 잔만 마셔도 무시무시한 죽음으로 이어질 수 있다. 첨가된 모든 유해물질을 제거하기란 거의 불가능해졌지만, 범죄자들은 멈추지 않고 판매에만 신경을 썼다.

그 결과는 참담했다. 1926년 크리스마스이브에 한 남성이 뉴욕의 한 병원으로 비틀거리며 들어왔다. 정신착란 증세를 보이던 그는 산타클로스가 야구 방망이를 휘두르며 자신을 뒤쫓고 있다고 주장하더니 얼마 가지 않아 사망했다. 이후로 이틀 동안 뉴욕에서 30명이 비슷한 증세를 보였는데, 이들은 모두 유독한 물질이 첨가된 술을 마셨었다.[19] 실제로 1927년까지 전국에서 최대 5만 명이 변성 알코올을 마시고 사망하거나, 수십만 명이 시력을 잃거나 신체가 마비된 것으로 추정된다.[20]

기이하게도 금주법으로 술 구매는 금지되었지만, 마시는 것은 합법이었다. 그래서 부유층은 금주법이 시행되기 이전에 차후에 마시기 위해 엄청난 양의 술을 사들여 저장해놓았다. 자금이 넉넉했던 사람들 중에는 상점의 술을 모조리 사들이거나 심지어 창고를 사버리는 경우도 있었다. 이 법을 제정했던 사람들도 예외가 아니었다. 우드로 윌슨 대통령은 1921년에 임기가 끝나갈 때 백악관 창고에 저장된 술을 자신이 거주하게 될 집으로 옮겼다. 그의 뒤를 이어 대통령에 당선된 워런 G. 하딩은 백악관에 입성하면서 자택에 있던 술을 가져왔다.[21]

금주법이 기존의 양조장과 주류업체 그리고 판매자에게 미치는 영향은 불가피하고 치명적이었다. 이들의 사업체는 하루아침에 쓸모가 없어져 버렸고, 구매에 관심을 보이는 사람들은 하나같이 범죄에 악용할 목적을 가지고 있었다. 범죄자들은 이 기회를 놓치지 않고 사업체를 헐값에 낚아챘다. 그들은 비정상적이거나 불법적인 경로를 통해 더 이상 합법적으로 처리가 불가능해진 이미 제조해놓은 술을 판매하면서 엄청난 수익을 올렸다.

1916년에 1,300곳의 맥주 양조장이 운영되었지만 10년 안에 모두 문을 닫았고, 동일 기간 동안에 증류주 양조장의 수가 85퍼센트 감소했다(공업용 알코올 생산은 계속되었다). 1914년에 314곳이었던 포도주 양조장은 1925년에 27곳으로 대폭 줄어들었다.[22] 주류 생산과 판매를 금지하면서 합법적인 사업이 씨가 마르다시피 했고, 그 결과로 미국 정부는 범죄자들의 손에 거대한 주류산업의 독점권을 쥐어준 꼴이 되었다. 이들은 법적·도덕적 제약을 받지 않았고, 끊이지 않는 술 수요에 부합해 거두어들일 수 있는 막대한 수익을 올리기 위해 수단과 방법을 가리지 않는, 못할 짓이 없는 자들이었다.

저널리스트인 에드워드 베어가 말했듯이 금주법 시행은 “미국의 도덕관을 바꾸고, 법 집행자와 정치인, 공무원을 향한 미국인들의 태도가 달라지게 만들었으며, 새로운 냉소주의의 도래를 알리는” 결과를 가져왔다.[23] 냉소주의는 자리를 잘 잡았다. 정부 관계자들과 금주법 집행기관, 경찰이 모두 밀주업자로부터 뇌물을 받고 비공식 허가증을 발급해주거나 그냥 눈감아주면서 사법제도 곳곳이 부패했다. 이들은 심지어 잠재적인 방해요소를 처리해주고, 소비자들에게 공급물품의 질을 보장해주며, 경찰 단속을 빠져나갈 수 있게 해주면서 주류 배달에 공적인 지원까지 해주었다. 이것이 부정한 돈벌이 수단이 되면서 조지 레무스라는 이름의 거물 밀주업자가 부패한 공무원들에게 연간 2,000만 달러의 뇌물을 주기도 했다.[24] 이때가 1920년대였으니 지금은 그 가치가 2억 2,000만 달러에 달한다. 조지는 주류밀매로 엄청난 수익을 올릴 수 있는 수단으로 한번은 파티가 끝날 때 여성 손님 50명 모두에게 1923년 신형 폰티악 자동차를 선물했다.[25]

폴 딕슨은 저서 『밀수 칵테일Contraband Cocktails』에서 "대공황이 한창이던 때 미국에서 판매된 밀주는 약 360억 달러였고, 정부는 이 금액에 대해 단 한 푼의 세금도 걷지 않았다"라고 했다.[26]

이렇게 금주법의 결과로 범죄 상황과 국민의 건강이 모두 악화된 가운데 누군가는 금주법이 최소한 음주자 수를 감소시켰다고 생각할지도 모르겠다. 그러나 여기서도 결과는 긍정적이지 않다. 전반적으로 살짝 감소하기는 했지만, 사람들은 더 이른 나이에 술을 마시기 시작했고, 음주 여성의 수는 실제로 증가했다.[27]

금주법이 폐지되고 헨리 루이스 멩켄은, 과장되기는 했지만, 다음과 같이 썼다.

금주법은 1920년 1월 16일에 발효되었고, 마침내 1932년 12월 5일에 사라졌다. 12년 10개월 9일만이다. 금주법 시행 기간은 하나의 지질연대로 볼 수 있다. 금주법으로 인해 인간이 겪어야 했던 고통은 흑사병이나 30년 전쟁에 의한 고통과 맞먹는다.[28]

어떻게 음주 문제를 줄일 수 있을까?

금주법은 도미노 효과를 불러와 요식업에도 악영향을 미쳤다. 와인 판매에 수익의 상당부분을 의존했던 많은 고급 레스토랑이 사업을 유지하기 힘들어졌고, 결국 폐업했다. 다른 수많은 레스토랑들은 맛있는 요리를 와인과 함께 먹지 못하는 것은 상상도 할 수 없다며 이런 원칙에 따라 문을 닫았다.[29] 이들이 떠난 자리에 주류 밀매점이 들어섰고, 이곳에서는 요리가 중요하지 않았다. 이렇게 금주법으로 인해 또 다른 산업과 이 산업에 의존해 생계를 꾸려가던 사람들이 파산했고, 범죄조직에 사업체를 (거의 문자 그대로) 갖다 바쳤다.[30]

그러나 금주법에 긍정적인 측면이 없는 것은 아니었으며, 그중 하나가 칵테일 문화의 탄생이었다. 칵테일은 금주법 시행 기간에 직접 제조한 진이나 메탄올의 형편없는 맛을 감추는 수단으로 널리 사용되었고, 이후로 계속해서 진화하면서 맛과 종류도 다양해졌다.[31] 칵테일 셰이커는 필수적인 도구가 되었고, 조지 에이드가 1931년 저서 『옛날 살롱The Old-Time Saloon』에서 말했듯이 그 이유는 주로 "혼합주는 가능한 차갑게 만들고 흔

들어서 거품을 내야 했다. 약품 같은 맛을 없애고 최대한 마실 수 있게 만들기 위해서"였다.[32]

개조한 자동차로 경주를 펼치는 스톡카레이싱stock car racing의 뿌리도 금주법이 시행되던 때로 거슬러 올라간다. 밀주업자들은 운송하는 동안 경찰을 따돌리며 날쌔게 달릴 수 있는 자동차가 필요했다. 당시의 자동차 성능은 만족스럽지 못했고, 이들은 매우 빠른 속도로 경찰을 노련하게 따돌릴 수 있는 작고 특별한 자동차를 만들기에 이르렀다. 이런 자동차 대수가 증가하면서 다양한 제조업체와 운전자들 간의 경쟁이 치열해졌고, 비공식 경주를 조직하기 시작했다. 초기에는 매우 비밀스럽게 진행되었지만 얼마 지나지 않아 이 경주를 보기 위해 관중들이 몰려들었고, 1948년에 미국 스톡카경주협회NASCAR가 설립되면서 공식 경기로 인정되었다. 이후로 이 스톡카레이싱은 미국을 대표하는 경기 중 하나로 자리를 잡았다.

전면적인 금주법 시행이 많은 의도하지 않은 결과로 이어지는 가운데 주류에 세금을 부과하는 일조차 문제가 되었다. 주류 가격이 너무 비싸지면 직접 밀주나 다른 증류주를 담그려고 시도하는 사람들이 생겨난다. 영국에서는 여전히 이런 일이 벌어지고 있으며, 2011년 7월에 발생한 사건은 이것이 얼마나 위험한 행동인지를 분명하게 보여주었다. 한 무리의 남성들이 링컨셔 주의 보스턴에 위치한 산업단지의 창고에서 불법 보드카 양조장을 운영했다. 다른 무엇보다도 비밀유지가 중요했고 환기가 제대로 되지 않으면서 가연성이 매우 높은 알코올 증기가 밀폐된 공간에 가득찼다. 그래서 한 명이 담배에 불을 붙였을 때 엄청난 폭발음과 함께 건물 전체가 날아갔다. 폭발음이 얼마나 컸는지 약 8킬로미터 떨어진 곳에서도 들을 수 있었다. 창고는 완전히 파괴되었고, 일하던 6명 중 5명이 사망했다.[33, 34]

이 폭발 사건이 있은 다음 주에 버밍엄 중심부에 있는 산업단지를 경찰이 급습했을 때 또 다른 불법 보드카 양조장을 적발했다. 이곳에서 이른바 "북극 얼음Arctic Ice"이라고 부르는 보드카 2,500리터 이상과 1,000리터 대용량 용기 13개가 발견되었다. 이 용기들 중 3개에는 도수가 96퍼센트인 공업용 알코올이 들어있었다. 금주법 시행 기간에 흔히 그랬듯이 적발된 보드카 자체의 메탄올 함량이 위험한 수준이었기 때문에 음용으로 적합하지 않았다. 이번 사례를 통해 안전대책의 미흡이 폭발 위험을 높일 수 있음이 명확해졌다. 이후에 남성 3명이 50만 파운드에 가까운 소비세를 포탈한 혐의로 유죄선고를 받았다.[35]

각국의 정부는 알코올 남용을 줄이기 위해 지속적으로 새로운 방법을 시도하고 있다. 가격을 올리기 위해 세금을 부과하기도 하고, 특별 할인 시간을 제한하거나 주류 단위당 최저가격을 정하는 등의 방법을 사용하기도 한다. 물리적으로 구입을 어렵게 만들기도 하는데, 예를 들어 캐나다의 일부 지역에서는 슈퍼마켓에서 주류 판매를 금지하고 있으며, 별도의 출입문이 있는 상점을 통해서만 구할 수 있다. 짐작건대 충동구매를 가라앉히고 쉽게 규제할 수 있도록 고안해낸 방법으로 보인다.

유럽 대륙은 오래전부터 음주에 상당히 관대한 태도를 보였다. 영국도 예외가 아닌데 스코틀랜드가 특히 우려된다. 2009년에 스코틀랜드인들은 잉글랜드인과 웨일스인이 1인당 마시는 양보다 거의 4분의 1을 더 많이 마셨지만, 문제는 마시는 양이 아니라 이것이 초래하는 상황이었다. 스코틀랜드 글래스고의 어느 평범한 토요일 저녁에 1,000명이 넘는 사람들이 단순히 과음으로 사고를 당하거나 만취한 사람들의 공격을 받아 응급실에 실려 가는 일이 발생했다. 스코틀랜드의 음주 관련 사망률은 잉글랜드와 웨일스보다 2배가 높고, 모든 살인사건의 절반이 음주가 원인이다. 그러나 2008년 금융위기의 여파로 젊은이들이 술을 구입하기 어려워졌고, 이것이 2009년에서 2014년 사이에 심각한 폭력범죄가 30퍼센트 하락하는 데 일조했다. 카디프 대학교의 폭력과 사회 연구소장인 조너선 셰퍼드는 음주 관련 조사를 진행했고, 경기회복으로 술을 더 쉽게 구입할 수 있게 되면서 길거리 폭력이 다시 증가할 수 있다고 경고했다. 이런 이유로 그는 주류 최저판매가격을 적용해서 비교적 높은 가격을 유지할 것을 권고했다.[36]

그러나 글래스고는 음주를 못하게 막는 대신에 다른 각도에서 문제에 접근하는 방법을 채택했다. 응급처치와 사회학, 범죄학 훈련을 받은 이른바 "길거리 사제street pastor"라고 불리는 봉사자들이 밤거리를 돌아다니며 술에 취해 벌어질 수 있는 문제를 방지하는 것이다. 런던과 버밍엄, 맨체스터의 빈곤지역에서 처음 시범 운영된 이 제도는 (해당 지역의 교회 신자들로 구성된) 길거리 사제가 밤거리에 나와 있는 사람들과 접촉하고 위험해질 수 있는 상황을 진정시키는 데 도움을 주면서 분위기를 안정시키는 역할을 한다. 이들은 법을 집행하거나 음주를 막기보다는 필요한 곳에 도움이나 조언을 제공한다. 또 생수를 건네주거나 하이힐을 신고 제대로 걷지 못하는 여성들에게 슬리퍼를 제공하는 등의 실질적인 도움도 준다. 이 제도의 기저에 깔린 생각은 잠깐이라도 친절한 대화를 나눌 수 있는 누군가가 있는 것만으로도 큰 도움이 된다는 것이다.[37]

이 접근방식은 취해서 벌어질 수 있는 사고를 줄이는 데 어느 정도 성공을 거두는 것처럼 보인다. 런던 시경의 테레사 러셀 경감은 "경험을 통해 이런 제도의 존재가 …… 소란스러운 상황을 진정시키는 긍정적인 효과를 가지고 있음을 보여주었습니다"라고 말했다.[38] 런던 남서쪽의 킹스턴어폰템스의 경우 이 제도가 시행되고 처음 5년간 폭력범죄가 절반으로 감소했다.[39] 2003년에 런던에서 시작된 후로 길거리 사제 제도는 영국의 250여 곳에서 시행되고 있고, 경찰과 정치인 모두의 칭찬을 받고 있다. 2008년에 당시 총리였던 데이비드 캐머런은 "길거리 사제들이 기막히게 멋진 일을 해내고 있습니다"라며 열변했다.[40]

약물 규제로 인한 몇 가지 문제들

주류뿐만 아니라 사람을 흥분시키거나 몽롱하게 만들거나 환각을 유발해 인체에 영향을 주는 많은 약물이 존재한다. 카페인처럼 몇몇은 영국에서 완전히 합법이다. 규제가 아주 없지는 않지만 니코틴은 처방전이 없어도 얼마든지 구입할 수 있다. 대마초와 엑스터시, 헤로인, 코카인을 포함한 다수는 모두 금지 약물로 분류된다. 그러나 앞서 주류 문제에서 보았듯이 무언가를 금지한다고 반드시 수요가 감소하지는 않는다. 오히려 의도하지 않은 다양하고 부정적인 결과에 문을 열어줄 가능성이 있다. 유엔마약범죄사무소는 이런 사실을 깨닫고, 발생할 수 있는 5가지 문제점을 제시했다.

첫 번째는 금주법과 마찬가지로 거대한 암시장이 형성되는 것이다. 코카의 잎에서부터 작업실까지 코카인 1킬로그램을 생산하는 비용이 미화 2,000달러인 가운데 미국에서는 같은 양이 판매 지역에 따라 시가로 3만 4,000달러에서 12만 달러 사이에서 팔리기 때문에 엄청난 금전적 수익을 보장한다. 이런 수익의 대부분이 범죄조직과 테러단체의 손으로 흘러들어가며, 이들에게 불법 약물 밀매는 자금을 조달하는 주요 활동이 되었다.

두 번째는 유엔이 "정책 치환policy displacement"이라고 부르는 것이다. 공중보건과 예방 캠페인이 약물 문제를 해결하는 데 필수적인 역할을 하지만, 약물 관련법 집행에 엄청난 노력이 들어가면서 건강이나 다른 프로그램에 사용할 수 있는 한정된 정부의 자원을 블랙홀처럼 빨아들이고 있다. 미국의 텔레비전 인기 드라마 <더 와이어The Wire>가 이런 실정을 시청자들에게 아주 생생하게 보여주었다. 이 드라마는 미국 볼티모어를 배경으로 한다. 이 도시는 경찰이 마약 거래 단속에 많은 노력을 집중하면서 다른 범죄의 기소 건수가 크게 감소했고, 살인이나 강간, 가중폭행 같은 큰 범죄도 예외가 아니었다.

세 번째 의도하지 않은 결과는 풍선효과 balloon effect다. 20세기 중반에 중국의 아편 공급자들을 압박했을 때 베트남과 라오스, 태국, 그리고 미얀마의 일부 지역으로 구성된 골든트라이앵글로 생산지가 이동하면서 오히려 생산을 증가시켰다. 태국에서 마약 단속이 엄중해지자 미얀마의 생산이 더 늘어났고, 터키와 이란, 파키스탄에서 아편 생산을 막으려는 시도는 결과적으로 문제를 아프가니스탄으로 옮겨 놓았다. 양귀비는 지속적으로 탈레반의 자금줄 역할을 해오고 있으며, 이들은 거래에 세금을 부과해 매년 최소한 미화 4억 달러를 거두어들이고 있다.[41]

네 번째로는 유엔이 "물질 이동 substance displacement"이라고 부르는 것이다. 이는 당국이 한 가지 약물에 집중적으로 조치를 취할 때 공급자와 이용자들이 유사한 효과를 가진, 규제가 느슨한 다른 약물로 이동한다는 의미다. 즉, 코카인에 대대적인 공습을 가하면 이용자들은 남아메리카에서 수입하는 코카인 대신에 지역적으로(심지어 부엌에서도) 생산할 수 있기 때문에 통제가 더 어려운 암페타민으로 갈아탈 수 있다.

마지막 문제점은 약물 중독자에게 찍는 낙인이다. 이는 이들을 고립시키고, 약물 중독자들의 사회로 활동을 국한시키면서 약을 끊고 싶어도 다시 약을 하는 무리들 사이로 들어가게 만든다.[42] 또 친구들의 도움만으로는 충분하지 않을 수도 있다. 억만장자이면서 마약 중독자였던 에바 라우싱은 매달 10만 파운드를 써가며 영국 특수부대 출신 8명으로 구성된 팀을 고용해 그녀를 보호하고 마약상인의 연락을 차단시켰음에도 다시 코카인과 다른 약물에 손을 대면서 2012년 5월 런던에 있는 그녀의

500만 파운드 자택의 불결한 환경 속에서 결국 사망했다.[43]

미국은, 금주법이 그랬듯이, 이런 다양한 의도하지 않은 결과가 어떻게 알아서 진행되는지를 보여주는 좋은 사례를 제공한다. 1980년대와 90년대에 미국으로 들어오는 마약은 대부분이 콜롬비아와 이 국가와 인접한 남아메리카 국가들에서 생산된 것이었다. 이들은 선박과 비행기, 심지어 잠수함을 이용해 다양한 경로로 곧장 미국으로 운송되거나 멕시코를 경유하는 육로를 통해 들어왔다. 이 문제를 해결하기 위해 미국 정부는 연간 120억 달러의 예산을 투입했다. 밀수범들을 소탕하는 대규모 군사작전을 시행하면서 하늘을 통제하기 위해 전투기를 띄우고 바다를 순찰하기 위해 해군 잠수함을 이용했다. 생산을 방해하고, 악명 높은 파블로 에스코바 같은 마약 범죄단 두목을 체포하기 위해 콜롬비아 정부에 압력도 가했다.

1993년에 에스코바가 사망하고, 뒤이어 지명 수배자 명단에 있는 15명의 다른 마약범죄집단 주요 인물들을 체포하고 살해하면서 미국은 마약과의 전쟁에서 진전을 보이는 것 같았다. 그러나 두목이 제거되면서 이 조직들은 소규모 카르텔로 쪼개졌고, 미국으로의 운송 방식을 바꾸었다. 이들은 멕시코를 경유하는 육로를 통한 밀반입에 주력했다. 그리고 1994년에 발효된 북미자유무역협정이 의도치 않게 이들에게 도움을 주었다. 이 협정이 멕시코와의 무역장벽을 제거했고, 멕시코와 미국 국경을 넘어 밀려들어오는 온갖 종류의 상품이 크게 증가하면서 정확히 무엇이 들어오는지 확인하는 작업을 훨씬 더 어렵게 만들었기 때문이다. 텍사스 남부로 발령받았던 미국 마약단속국의 스티브 로버트슨은 그 당시에 도로 하나에서만 "4시간 동안 1,000대의 트럭이 넘어왔어요. 우리가 모든 것을 적발해낼 방법은 없었죠"라고 말했다.[44] 그리고 풍선효과의 일종으로 하나의 직통 수송로가 차단되면 그저 수송 가능한 다음 경로를 통해 공급이 지속되었다.

마약 거래가 멕시코에 집중되면서 사업 운영방식도 바뀌었다. 이 일에 관여된 멕시코인들은 밀수업자 역할에만 만족하지 않고 점차 모든 생산라인을 장악하기 시작했다. 사업은 훨씬 더 전문화되어갔다. 그래서 예를 들면 코카인 밀수업자인 아마도 카릴로 푸엔테스는 변호사와 회계사를 고용했고, (하늘을 통해 콜롬비아에서 멕시코로 코카인을 나르는 보잉 727 부대를 포함하는) 수송부를 조직했을 뿐만 아니라 구매부와 인사부까지도 만들었다. 그의 조직은 합법적인 기업과 같은 모양새를 갖추면서 70년 전 금주법이 시행되던 시기에 성행했던 주류 밀수 사업을 연상시켰다.[45]

사업이 확장되면서 수익도 증가했는데, 2009년에 미 법무부는 마약 거래로 발생한 연간 수익이 최대 390억 달러라고 추정했다. 이 정도 큰돈을 벌어들이면서 마약조직은 황금알 시장을 장악하기 위해 점점 더 무자비해졌다. 결국 멕시코 정부는 폭력을 제압하기 위해 군대를 투입했고, 2010년에 멕시코의 펠리페 칼데론 대통령은 경찰에 더해 4만 5,000명의 병력을 동원했다.

마약조직이 활동하는 지역에서 상황은 위험수위를 넘겼다. 마약 카르텔 사이의 세력 다툼으로 2006년과 2013년 사이에 마약과 관련된 10만

건 이상의 살인사건이 발생했다. 사망자들 중 약 90퍼센트가 조직원들이었지만, 경찰과 군인, 선출직 공무원(14명의 시장 포함), 기자, 무고한 행인도 희생되었다.[46] 싸움이 점점 더 잔혹해지면서 마약조직은 군대의 임금 수준이 낮다는 사실을 이용해 모든 계급의 군인들에게 엄청난 금액을 제시하면서 자신들의 안전을 지키도록 고용했다.

로스세타스Los Zetas는 가장 지독하고 잔혹한 마약조직으로 악명이 높다. 이 조직의 두목들은 한때 마약왕을 상대로 싸웠던 특전사와 육군 장교 출신들로 거액을 제시받고 걸프 카르텔의 일원이 되었다. 그러다가 제대로 돈벌이를 할 수 있는 기회를 포착하고 자신들의 마약조직을 만들었다. 걸프 카르텔이 뇌물을 주고 목적을 이루었다면, 로스세타스는 상상을 초월하는 잔혹한 방식을 사용하면서 유명해졌다. 전직 멕시코 경찰인 빅터 게레로는 "군대적인 요소를 갖춘 조직이기 때문에 눈 하나 깜짝 안 하고 냉혹하게 살인을 저지르지요"라고 말했다. "적을 위협할 목적으로 납치와 고문, 참수, 사지 절단 방식을 사용하기 시작한 조직이 로스세타스였습니다." 이들은 심지어 새로운 조직원을 모집할 때에도 무력을 사용했는데, 불법 이민자들을 버스에서 납치하고 협조를 거부하는 사람들을 처형하기도 했다.[47]

멕시코 정부는 군대를 동원해 마약 거래를 막으려고 시도하다가 의식하지 못하는 사이에 폭력을 완전히 새로운 수준으로 끌어올린 마약조직의 탄생에 기여했다. 미국 정부 역시 1971년부터 마약과의 전쟁에 1조 달러 이상을 쏟아부었음에도 미국은 여전히 세계에서 불법 약물을 가장 많이 구매하는 고객이다.[48] 상황이 계획했던 대로 흘러가지 않았음은 자명하다.

우려스럽게도 더 잔인해진 폭력이 이제 영국에서도 퍼지고 있는 것처럼 보인다. 닐 우즈는 마약조직에 잠입해서 이들을 체포했던 영국 경찰 첩보원이었다. 그는 그와 동료들이 조금씩 성공을 거두게 되면서 마약조직이 의심이 가는 정보원에게 가하는 폭력이 점점 더 악화되었음을 깨달았다. 노샘프턴에서 어느 정보원의 여자친구와 여자 형제가 조직원들에게 성폭행을 당했고, 브라이튼에서는 마약 밀매자들이 헤로인에 유독물질을 섞어 사용자가 죽음에 이르게 만들기도 했다. 그는 브라이튼에서 헤로인 사용자들의 사망률이 국가 평균보다 5배나 높은 이유가 이것이라고 설명했다. 닐은 "밀고를 못하게 막는 가장 효과적인 방식은 공포에 떨게 만드는 것입니다. 범죄조직은 갈수록 더 험악해졌고, 이는 제가 하는 일의 직접적인 결과였죠"라고 말했다. 또 "브라이튼의 사례는 멕시코를 파괴한 것과 동일한 중대한 사건의 발단이었습니다. 멕시코가 단지 더 심각할 뿐이죠. 하지만 이것이 향하는 방향은 오직 한곳이에요"라고 덧붙였다.[49]

마약 문제를 해결하기 위해 미국과 멕시코가 사용한 방법은 공급을 줄이는 것이었지만, 경제학자들이 기꺼이 지적하듯이, 수요가 함께 줄어들지 않는 한 공급 감소는 가격만 끌어올릴 뿐이다. 중독자들은 마약 구입비용을 마련하려고 점점 더 극단적인 수단을 동원하고, 이것이 범죄율 증가를 부추긴다.

멕시코의 참상을 면한 국가들에서도 중독자들이 자신들의 취미생활을 지속하는 데 필요한 자금을 구하기 위해 도둑질을 하거나 그저 거래가 불법이라는 이유만으로 마약과 범죄 사이에 자연스럽게 끈끈한 관계가 형성될 것이다. 피해자들의 고통은 말할 것도 없고 영국 정부가 치안 유지 활동과 투옥에 막대한 비용을 투입했음에도 모든 범죄의 5분의 1이 약물과 관련이 있는 것으로 추정된다.[50] 미국은 마약 거래 관련자들을 엄중히 단속했지만, 금주법과 마찬가지로 교도소에 수감된 사람들의 수는 크게 증가했다. 2008년에는 미국 성인 인구의 무려 1퍼센트가 (그리고 흑인 성인 남성의 6퍼센트 이상이) 수감 중이었고,[51] 2001년과 2013년 사이에 미국의 연방 교도소에서 1년 이상 복역 중인 재소자의 절반이 마약 범죄자였다.[52]

상황은 계획대로 흘러가지 않는다

마약 사용자를 철저히 단속하고 이들을 교도소에 보내는 것 자체로도 역효과를 낳을 수 있다. 적절한 지원과 치료가 행해지지 않는다면 동일한 (또는 더 심각해질 가능성이 높은) 문제를 안고 출소하게 될 것이고, 회복될 가능성은 줄어든다.[53] 또 마약 사용자를 투옥하기 위해 정부가 막대한 비용을 지불해야 할 뿐만 아니라, 마약 복용 말고는 법을 잘 준수하는 젊은이들이 전과 기록을 가지게 되면서 직업 선택에 제약을 받거나 일자리를 구하지 못하고 경범죄에 연루될 가능성도 있다. 모든 문명 정부는 시민들이 자신과 사회 전체를 위해 최고의 삶을 살도록 도와줄 수 있기를 바란다. 그리고 수많은 젊은이들을 범죄자로 전락시키는 것은 이 목적을 달성하는 데 도움이 되지 않는다.

마약 밀매자들을 길거리에서 몰아낸다고 상황이 개선된다는 보장은 없다. 2012년 영국 약물정책위원회UK Drug Policy Commission 보고서에 따르면 마약 밀매 집단 한 곳을 와해시키면 경쟁자들이 세력을 넓히려고 행동하면서 폭력이 증가했다. 런던 북부의 엔필드에서 벌어진 일이 이를 잘 보여준다. 이곳 경찰이 대대적인 작전에 착수하면서 수십 명의 마약조직원을 투옥했다. 이에 따른 결과로 주변 지역의 조직들이 공백상태를 기회로 활용하고, 젊은 신입 조직원들이 자신들의 잔혹함을 증명하고 싶어하면서 실제로 길거리의 폭력이 증가했고, 칼로 습격하는 범죄가 급증했다.[54] 그러나 좀 더 미묘한 방법을 채택해 특히 폭력적이거나 아이들을 이용하는 마약 밀매업자를 표적으로 삼고, 규모가 작은 마약 밀매업자들에게는 삶을 바꿀 수 있는 기회를 제공하는 방법이 일부 지역사회에 끼치는 피해를 줄이는 데 성공적임을 증명했다.[55]

유엔이 특별히 관심을 가지고 보고서에 포함시키지는 않았지만 불법으로 생산한 물질은 소비자의 건강에 해로울 수 있다. 금주법 시행 기간에 발생한 문제가 이를 잘 보여준다. 그리고 이는 신뢰할 만한 기관이 안전성을 실험하지 않은 불법 약물에도 똑같이 적용된다. 아무리 꼼꼼한 마약 밀매업자라도 장시간 우회해서 운반되는 동안 마약이 어떻게 다루어지는지 알 수 없다. 약물에 다른 저렴한 물질을 섞는 것은 쉽게 수익을 올리는 방법이고, 그래서 납과 스트리크닌, 알루미늄, 유리 같은 첨가물을 비롯해 다양한 화학물질들이 혼합물로 사용되었다.[56] 이들은 모두 인간이 섭취했을 때 건강을 위협할 수 있다.

고의적으로 마약에 유해물질을 첨가하는 경우도 있지만, 최종 소비자의 손에 들어가기까지의 과정에서 우발적으로 오염되는 경우도 있다. 2009년에 글래스고의 보건 담당 공무원들은 전 세계적으로 거의 근절되다시피 한 탄저병이 발생하자 당혹감을 감추지 못했다. 조사를 통해 모든 환자들이 탄저균에 감염된 헤로인 주사를 맞은 약물 중독자임이 드러났다. 시 당국은 탄저균에 감염된 염소가죽에 숨겨서 터키를 경유해 밀반입한 헤로인을 사용하고 탄저병에 걸인 것으로 추정된다는 결론을 내렸다. 탄저균이 발생한 기간에 스코틀랜드에서 13명, 잉글랜드에서 4명, 독일에서 1명이 사망했다.[57]

오바마 대통령은 2012년 미대륙 정상회담에서 다음과 같이 말했다. "특정 지역에서 시행되고 있는 법이 백해무익하다는 사실에 대해 논의하는 것이 합당합니다."[58] 2013년에 약물정책 개혁 재단Transform Drug Policy Foundation의 선임 정책 분석가인 스티븐 롤스가 상황을 가장 잘 정리했다. 그는 "마약과의 전쟁은 미국의 금주법처럼 완전한 실패작이었다. 이는 마약조직에 좋은 일만 시켜주었는데, 이들은 현재 연간 규모가 2,600억 파운드인 시장을 지배하고 있다. 50년에 걸친 어리석은 판단으로 부패한 공무원과 교도소 건설자, 돈세탁 은행이 거액을 챙길 수 있었음은 말할 필요도 없다"[59] 라고 말했다.

법적 제재를 통해 약물 남용을 억제하려는 시도가 불러온 의도하지 않은 다양한 결과를 인지하면서 100개국에 가까운 국가에서 이제는 '피해 축소harm reduction' 정책을 펼치며 중독된 사람들을 도우려고 노력하고 있다. 이 정책은 주사기를 사용해 마약을 투약하는 사람들 사이에서 에이즈가 확산되는 상황을 차단하려는 노력의 일환으로 1980년대에 등장했다. 주사바늘 공유로 질병이 퍼지는 것을 방지하기 위해 일회용 주사기를 무료로 나누어주었고, 사용한 바늘을 폐기하는 시설도 만들었다. 이런 방법이 지정된 시설 외에서도 활용되었고, 2012년에 실보다 득이 많다는 주장과 함께 바늘 폐기용 쓰레기통이 내가 거주하는 서섹스 주의 비교적 부유한 도시에도 설치되었다. 이 정책이 실효를 거두면서 2012년에 영국은 마약 주사 사용자들 사이에서 에이즈 감염률이 세계에서 가장 낮은 국가에 포함되었다.[60]

피해를 최소화하는 정책을 채택한 다수의 국가는 개인적 용도로 소량의 약물을 소지하는 것을 처벌 대상에서 제외시켰다. 네덜란드와 포르투갈, 아르헨티나, 우루과이, 체코, 멕시코는 약물 사용자를 범죄자로 만드는 대신에 약을 끊을 수 있도록 치료를 제공하는 방향으로 정책을 전환했다.

이런 합법화가 가져올 잠재적 이득은 엄청날 것으로 예상되었다. 우루과이가 2013년에 대마초를 합법화했을 때 이들은 연간 최고 2,500만 파운드가 범죄 네트워크로 흘러들어가지 못하게 막을 수 있다고(비록 4년이 지난 지금 그 효과가 여전히 불분명하지만) 기대했다.[61] 2016년에는 영국 자유민주당이 대마초 합법화로 정부가 매년 10억 파운드의 세금을 더 징수할 수 있다고 주장했다.[62]

미국의 한 주에서 이미 금전적 혜택을 수확하기 시작했다. 2016년까지 대마초의 생산과 판매를 허가한 미국 4개 주(백악관의 반대에도 불구하고 워싱턴 D.C.를 포함해) 콜로라도와 알래스카, 오리건, 워싱턴 중 하나다. 미국에서는 이미 전체 주의 거의 절반이 의료용으로 대마초를 합법화하고 있었다('의료적'이라는 표현의 정의는 어느 정도 유동성을 가지고 있다. 저널리스트 휴고 리프킨드는 이런 사실을 2012년에 로스앤젤레스의 베니스 해변을 산책하다가 알게 되었다. 녹색 수술복을 입은 한 남성이 스케이트보드를 타고 지나가다가 그의 질병에 대해 물어보고 딱 한 가지 치료제를 제시했다. 그것은 대마초였고, 처방전당 50달러를 요구했다[63]). 콜로라도에서는 2014년 초에 법이 발효되었고, 2016년 초에는 대마초가 연간 10억 달러 규모의 산업으로 발전했다. 2015년에 이 주는 대마초 관련 세금과 기타 요금으로 1억 3,500만 달러를 거둬들였다. 이는 주류세로 징수한 금액보다 약 3배 많은 액수다. 허가 제도는 매우 엄격하게 운영되고 있다. 주 당국에서 추적할 수 있게 재배한 모든 식물 개체마다 전자칩을 심어야 하고, 대마초의 효능과 오염물질 유무를 검사하면서 이 주는 구매자들이 안심하고 사용할 수 있도록 품질 유지에 힘쓰고 있다.[64, 65] 덴버의 한 경찰은 대마초 합법화에 대한 견해를 묻는 질문에 "하늘이 무너지지 않았습니다"라고 짧은 한마디로 정리했다. 그는 합법화 이후 범죄율이 감소했고, 하락세가 지금도 지속되고 있다고

덧붙였다.[66]

그러나 콜로라도의 모든 상황이 밝고 달콤하기만 하다고 생각해서는 안 된다. 주에서 합법화했다고 해도 연방법은 대마초를 여전히 불법 마약류로 분류하고 있다. 적용되는 법이 다른 까닭에 콜로라도 경찰은 어느 법을 따라야 하는지 몰라 혼란스러워 했고, 은행이 대마초 생산자와의 거래를 극도로 꺼려하면서 약물 관련 사업체들은 은행 계좌를 열기가 매우 어려워졌다. 사업 확장을 위해 대출을 받기란 불가능에 가까웠다.[67]

비범죄화의 효과

이런 법적 제재 완화가 약물 사용의 증가를 가져올 수 있다고 예상되었지만 포르투갈에서 2001년에 처벌 대상에서 제외시키면서 비非범죄화한 후에 취학 연령 아이들의 사용률이 실제로 하락했고, 대마초가 합법인 네덜란드나 이를 비범죄화한 미국의 주에서는 이웃 국가나 주에 비해 대마초 흡연이 더 이상 확산되지 않았다. 콜로라도의 경우 젊은이들의 사용률이 미국의 다른 주보다 여전히 제일 높기는 하지만 감소하고 있는 추세다.[68] 세계보건기구의 보고서가 지적했듯이 "세계적으로 약물 사용은 …… 불법 약물로 지정하고 엄중한 정책을 시행하는 국가들의 약물 사용률이 진보적인 정책을 시행하는 국가들보다 낮지 않다는 사실로 보아 단순히 약물 정책과 연관이 있다고 보기 어렵다."[69]

대마초 생산의 비범죄화는, 일각에서 희망하듯이, 불법적인 경로를 통해 거래되는 약물에 대한 수요를 크게 감소시켰고, 이와 함께 범죄조직의 수입과 힘도 함께 줄어들었다. 《타임》지 기사에 따르면 멕시코에서 미국으로 들어오는 대마초의 적발 물량이 2011년에 1,250톤에서 2014년에는 950톤으로 감소했고, 멕시코 내에서는 하락폭이 더 커서 2014년에 664톤으로 전년 대비 32퍼센트가 하락했다고 한다. 멕시코에서 폭력으로 인한 사망도 하락했는데 2011년에 거의 2만 3,000건이던 것이 2014년에는 1만 5,649건을 기록했다.[70]

자유시장을 기반으로 대마초의 생산과 판매를 허가하는 콜로라도의 정책은 이 문제에 접근하는 한 가지 방법일 뿐이다. 노벨 경제학상 수상자 5명이 포함된 런던 정경대학의 약물 정책 경제전문가 단체Expert Group on the Economics of Drug Policy가 작성한 2014년 보고서는 다음과 같이 제안했다.

> 대마초를 합법화하는 방법에 대해 논의하면서 영리를 추구하는 기업을 우선 대상으로 가정하는 경향이 있다. 그러나 주류산업을 모델로 삼아 대마초를 합법화하는 것은 (계속 금지시키는 것에 이어) 두 번째로 안 좋은 선택이다. 산업은 공격적인 마케팅을 사용해 소비를 크게 부추기고 미성년자의 흥미를 끄는 강력한 유인물을 제공하는 상업화를 통해 성장한다. 제도적으로 사용을 합법화해도 문제를 유발하는 사용의 증가를 완전히 예방하기 어렵다. 그러나 선구적인 사법 제도는 비영리 제도와 전매를 포함해 대안이 되는 접근방식을 고려할 필요가 있다. 합법화 논의에서 양측 모두 문제가

복잡하고 불확실성의 범위가 넓다는 사실을 받아들여야 한다. 그러나, 아아, 이런 겸손이 부족하구나.[71]

마약과의 전쟁을 종결하면 개발도상국에 이익을 가져다줄 수 있다. 농부들은 양귀비나 코카나무, 대마나 이와 유사한 식물 재배를 그만두는 대가로 개발지원금을 신청할 수 있지만, 이런 지원금을 받기 위해서는 먼저 키우던 식물을 제거해야 하고, 그래서 약속된 지원금을 받기도 전에 이들의 한 해 수입이 사라져버린다. 이것만으로도 피해를 입기에 충분하지만 여기서 끝이 아니다. 식물을 죽이는 데 사용되는 약물이 지역 환경을 파괴한다. 콜롬비아인 농부 와일더 모라 코스타가 말했듯이 "환경이 고통 받고, 식수가 오염되고, 물고기가 폐사합니다."[72]

농부들이 키우는 이런 많은 식물들은 치료약으로 사용할 수 있고, 외국 정부가 이들을 없애는 대신에 구입하는 방안을 고려한다면 적법하게 이들을 활용할 수 있다. 이렇게 하면 정부가 한 지역에서 재배한 수확물을 제거하도록 돈을 지불하는 동안 다른 농부들이 다른 지역에서 이들을 재배하도록 부추기는 웃지 못할 상황을 피할 수 있다. 예를 들면 영국이 아프가니스탄에서 양귀비 제거를 위해 제초제 비용을 지원하는 동안 이들은 현재 약 6,300에이커에 달하는 영국 농지에서 재배되고 있다. 아프가니스탄 농장에서 양귀비를 구매하는 방식으로 지원보다는 거래로 이들의 지역사회에 도움을 주고, 이와 동시에 이들의 수확물이 불법 공급망으로 흘러들어가지 못하게 방지하는 방법이 훨씬 더 타당해 보인다. 현재 영국에서 양귀비 재배에 이용되는 농지는 다른 용도로 쉽게 전환할 수 있고, 이렇게 하면 의심의 여지없이 모두가 승자가 될 수 있다.[73]

약물 정책의 경제 전문가 단체의 2014년 보고서는 마약과의 전쟁의 영향을 매우 비판적인 어조로 요약했다.

> 전 세계적으로 군대식의 강제적인 "마약과의 전쟁" 전략을 추구하면서 엄청나게 부정적인 결과와 부수적인 피해를 양산했다. 여기에는 미국의 대량 투옥과 아시아의 매우 탄압적인 정책, 아프가니스탄과 서아프리카의 정치적 불안, 라틴아메리카의 상상을 초월하는 폭력, 러시아의 에이즈 확산, 전 세계적으로 심각한 진통제 부족과 세계 곳곳에서 벌어지고 있는 조직적인 인권 침해의 확산 등이 있다.[74]

미국의 금주법이 낳은 부정적인 결과를 목격하면서 민주주의 정부 중 극소수만이 술의 제조, 판매, 운송 등을 금지하는 것으로 주류 문제를 가장 잘 해결할 수 있다는 생각을 가지고 있다. 그러나 흥미롭게도 알코올과 약물 남용 사이의 유사점을 깨달은 정부는 그리 많지 않아 보인다. 이들은 위험하다고 여겨지는 모든 약물을 금지하는 방법을 여전히 선호한다.

약물의 합법화가 일부 의도하지 않은 결과를 줄일 수 있는 가운데 안타깝게도 이 정책이 다른 결과를 만들어낼 수도 있다. 앞서 보았듯이 몇몇 미국 주에서 대마초 규제를 완화하면서 미국에서 재배한 양질의 대마초를 입수할 수 있게 되었고, 이에 따라 멕시코에서 밀반입하는 공급량에 대한 수요가 줄어들었다. 모든 상황이 좋아 보인다. 그러나 유엔이 "물질 이동"이라고 부르는 이론과 같은 선상에서 멕시코의 마약 카르텔은 헤로인과 각성제의 일종인 메스암페타민 같은 더 강하고 위험한 약물로 관심을 돌렸다. 그 결과 2008년과 2015년 사이에 캘리포니아의 통관항에서 압수한 메스암페타민의 양이 3배 증가했고, 남서쪽 국경에서의 메스암페타민 압수량이 2014년에 사상 최고치를 기록했으며[75], 헤로인 압수량은 2015년까지 5년간 2배로 뛰었다.[76]

약물 정책의 경제 전문가 단체의 2014년 보고서는 다음과 같은 결론을 내렸다.

> 유엔은 너무 오랫동안 억압적이고 "모든 것에 통용되는" 방식을 고수해왔다. 이제부터는 국가와 지역에 따라 다른 정책을 적용해야 한다는 사고 위에 세워진 새로운 국제 협력 체제의 선도적인 옹호자가 되어야 한다.[77]

앞서 언급했던 전 첩보원 닐 우즈는 자신의 활동이 불러온 악영향에 대해 느낀 바가 컸고, 2015년에 금지에 반대하는 법 집행LEAP, Law Enforcement Against Prohibition의 영국 의장이 되었다. 이 국제단체는 마약과의 전쟁이 어떻게 피해를 야기했는지에 대해 직접경험을 통해 얻은 지식을 대중에게 전달하기를 원하는 사람들로 구성되어 있는데, 이들은 경찰과 군대, 교도소, 정보기관에서 근무했던 사람들이다. 우즈는 그가 상황을 개선하지 못했을 뿐만 아니라 그의 일이 실제로 자신이 목격한 고통을 야기하는

데 일조했음을 깨닫고 외상 후 스트레스장애의 한 형태인 "도덕적 부상Moral Damage"이라고 부르는 장애를 얻게 되었다. 그는 헤로인과 같은 마약은 법에 기대기보다는 엄격하게 규제되는 환경에서 중독자들에게 의사의 처방을 받아 제공해야 한다는 결론을 내렸다. "약물 정책은 약물 사용이 아니라 약물 피해를 줄이는 것이어야 합니다."[78]

3장

엉망으로 치닫는 상황을 막을 수는 없는 건가?

UNINTENDED CONSEQUENCES

잘해보려다가 더 망치는 경우

잘해야 한다는 생각에 사로잡혀 결국에는 완전히 반대되는 행동을 하는 경우가 종종 발생한다. 지금보다 한참 더 젊었을 때 친구들과 함께 친구의 친구가 호화로운 저택에서 연 파티에 참석한 적이 있다. 이 파티에 대해 내가 기억하는 것이라고는 집 전체에 크림색 카펫이 깔려 있었고 레드와인이 제공되었다는 것이다. 우리는 움직이다가 서로 부딪히기라도 하면 어떤 끔찍한 결과가 따라올지 잘 알고 있었으나(사실 나는 이런 생각 때문에가 아니었을까 생각한다) 이런 상황은 결국 일어났고, 그날 저녁의 대부분을 카펫을 최대한 원상복구하기 위해 애쓰며 보냈다.[1] 하버드 대학교의 저명한 심리학자 다니엘 웨그너는 이런 종류의 실수를 "역 직관적 오류 counter-intuitive error"라고 했다. 원하지 않는 행동을 하지 않기 위해 지나치게 애쓰다가 오히려 일을 그르친다는 뜻이다.

이와 유사한 문제는 이성과의 만남에서도 발생할 수 있다. 드라마 <섹

스 앤드 더 시티>에 등장하는 네 명의 주인공은 남자를 만날 때마다 습관적으로 지나치게 따져보고 분석하지만 않았다면 어렵지 않게 행복한 애정 관계에 정착할 수 있었다. 그저 상황을 흐름에 맡기고 어떤 결과가 나오는지 지켜보면 되었다.

부모라면 자신들이 반대하는 자녀의 연애에 개입하는 것이 얼마나 위험한지를 잘 알 것이다. 로미오와 줄리엣의 이야기가 고통스러운 진실을 보여주는 대표적인 예다. 두 가문은 젊은 연인을 떨어뜨려놓기 위해 온갖 방해를 하면서 오히려 역효과를 낳았다. 이들의 개입으로 사춘기 시절의 열병에 불과할 수 있었던 사랑이 죽음을 불사하는 열정적인 사랑으로 바뀌었는지도 모른다. 그리고 자연스럽게 시들해질 수 있었던 관계가 비극적인 결말로 끝을 맺었다. 콜로라도에서 남녀 140쌍을 대상으로 진행한 연구는 부모의 개입이 실제로 이런 효과가 있다는 사실을 보여주었는데, 관계를 끝내려는 외부의 압력이 증가할수록 상대를 향한 감정의 강도가 증가했기 때문이다.[2]

연애 중인 사람들에게 지나치게 압박을 가하는 것이 이들을 더욱 가까워지게 만들 수 있다면 혼자인 사람들의 경우에는 상황이 정반대일 수 있다. 우리는 흔히 친구가 없는 사람들은 사회적 기술이 부족해서 그렇다고 쉽게 넘겨짚는다. 그러나 혼자인 사람들의 사회적 기술이 사람들과 어울리기 좋아하는 사람들보다 실제로 더 나을 수 있음을 보여주는 조사가 있다. 실험에서 이들에게 어떤 가상의 상황을 들려주었을 때 혼자인 사람들이 표정과 어조를 정확하게 파악하는 능력이 더 뛰어났다. 그러나 관계를 맺고 유지하는 데 문제가 있는 사람들이 이 과제를 제대로 수행하지 못하는 경향이 있다고 말하며 이들에게 부담을 안겨주면 이들은 천성적으로 사교적인 사람들보다 못한 모습을 보여주었다. 많은 경우 능력보다는 수행불안이 문제가 되는 것처럼 보인다.

혼자인 사람들은 이성을 만나고 싶은 마음이 너무 간절해서 일을 망치지 않기 위해 과도하게 몰입하고, 그러다보니 생각과 추측이 많아지면서 피하려고 애썼으나 안타깝게도 결국은 일을 망쳐버리고 만다. 한 가지 해결책은 '초조함을 신남으로 재해석하고, 두려움을 기대로 바꾸는 것'이다. 달성하기 어려운 목표일 수 있지만, 혼자인 사람들에게 까다로운 사회적 상황을 처리할 능력이 있으며 그저 이를 실천하기만 하면 된다는 깨달음을 심어주는 데 확실히 도움이 된다.[3]

다니엘 웨그너는 이런 종류의 압박을 "정신적 부담mental load"이라고 불렀다. 우리의 생각이나 행동을 억압하려는 노력으로 정신이 큰 스트레스를 받을 때 우리는 우리가 원하지 않는 바로 그 방식으로 반응한다.[4] 옆에서 지켜보는 사람의 눈에는 이것이 (고통스러운 상황이 아니라면) 우스꽝스럽게 보일 수 있다. 영국의 시트콤 <폴티 타워즈Fawlty Towers>의 주인공으로 호텔을 운영하는 베이즐 폴티는 "미식가의 밤" 에피소드에서 완벽한 본보기를 보여주었다. 그는 자신이 계획한 "미식가의 밤" 행사가 토키 사회의 명사들의 관심을 끈 것에 매우 만족했다. 그러나 최대한 예의를 갖추어 행동해야 한다는 부담감이 너무 큰 나머지 실수를 연발했고, 파티는 시작부터 의도한 바와는 다른 방향으로 전개되었다. 파티에 초대

받은 홀 부인은 키가 매우 작았고, 아첨꾼인 베이즐은 작다는 단어를 언급하는 것조차 끔찍한 무례가 될 것이라는 생각에 사로잡혔다. 이전에 무심코 "작은" 부인이라고 부른 적이 있는 그는 이 실수를 되풀이할 경우 용서받을 수 없음을 알았다. 그래서 그녀에게 음료를 권할 때 잔의 크기를 물어보면서 어찌할 바를 몰라 정신이 나간 사람처럼 탭댄스를 추었다. "큰 잔으로 드릴까요? 아니면…… 아니면…… 그다지 크지 않은 것으로 드릴까요?" 이날 밤 파티는 이때부터 악화일로를 걸었다.

스포츠는 이런 문제에 특히 취약하다. "입스yips"는 골퍼들 사이에서 잘 알려진 현상이다. 드라이브나 퍼팅 등 공을 칠 때 동작을 부드럽게 하는 데 지나치게 집중하다가 중요한 순간에 팔에 경련 등의 신체적 문제가 발생해 공을 엉뚱한 방향으로 보내버린다. 토미 아머가 처음 사용한 용어로 그는 1927년 US 오픈 챔피언이었다. 우승 후 1개월밖에 지나지 않아 쇼니 오픈에 출전한 그는 한 홀에서 23타라는, 프로 골퍼로서는 믿기지 않는 최악의 기록을 세웠다. 이때 그는 입스 때문이었다고 불평했다.

골프에서 가장 불명예스러운 입스 사례는 1996년 US 마스터스에서의 불운한 최종 라운드일 것이다. 주인공은 그렉 노먼이었다. 18개의 홀을 돌며 경기를 치르는 동안 세계 1위였던 그는 영국의 닉 팔도에게 6타 앞서고 있었다. 그는 3일간 멋진 경기를 선보였지만 최종 라운드를 시작하면서 컨디션 난조를 보였고, 8개 홀을 도는 동안 팔도와의 격차가 3타로 줄어들었다. 이후로 《스포츠 일러스트레이티드》가 당시의 상황을 묘사했던 것처럼 다음 4개의 홀에서 그렉 노먼은 생애에서 가장 끔찍한 경기를 했다. 9번 홀에서 형편없이 친 칩샷이 핀 근처에도 가지 못했고, 결국 1타를 잃었다. 10번 홀에서는 간단한 오르막 칩샷을 제대로 성공하지 못했고, 다시 8피트 거리의 퍼팅도 놓쳤다. 11번 홀에서도 3피트 퍼팅에 실패하면서 두 선수는 동타가 되었다. 그리고 12번 홀에서 더블보기를 범했고, 연속으로 총 5타를 잃었다.

노먼이 마지막 퍼팅을 끝냈을 때 6타차로 앞섰던 그는 5타차로 뒤지게 되었다. 닉 팔도는 자신의 승리에 당혹스러워 했고, 승리를 결정짓는 마지막 퍼팅을 한 후에 노먼을 길게 꼭 안아주며 말했다. "오늘 같은 일이 일어나다니 참담하네요. 정말 유감입니다."[5]

이런 현상은 골프에만 국한되지 않는다. 농구에서는 이를 "브릭brick"이라고 부르며, 일반적으로 "보틀링bottling" 또는 "쵸킹choking"이라고 알려져 있기도 하다. 꿈을 이루기 위해 달려나갈 때 가장 일어나서는 안 되는 순간에 나타난다. US 마스터스 골프 선수권 대회에서 승리를 염원하며 퍼팅을 하든, 윔블던에서 우승하기 위해 서브를 넣든, 유러피안컵 결승전에서 승부차기를 하든, 직장에서 중요한 발표를 하든 입스가 도사리고 있다. 축구에서는 특히 승부차기에 나선 선수들이 이런 현상으로 낭패를 보기도 한다. 경험 많은 프로 선수들이 11미터 거리에서 골을 성공시키지 못하는 이유를 달리 무엇으로 설명할 수 있을까? 1994년 월드컵에서 그때까지 가장 활약이 돋보였던 로베르토 바조가 승부차기에서 힘껏 찬 공이 골대를 훌쩍 넘어가버렸고, 결국 브라질이 우승 트로피를 거머쥐었다. 유러피안컵에서 우승하면서 성공적인 축구 경력을 쌓기를 간절히 바랐던 존 테리는 2008년 대회 결승전 후반에 찬 페널티킥이 골대를 맞고 튕겨져 나가는 불운을 겪었다. 아르헨티나 대표선수였던 리오넬 메시는 2016년에 코파아메리카 결승전의 승부차기에서 실축했다. 역대 최고의 축구선수로 추앙받던 그는 속상한 나머지 곧바로 대표팀 은퇴 선언을 했다(그러나 몇 달 후에 마음을 바꾸었다).

영국 탁구 챔피언이었던 매슈 사이드는 저서 『바운스Bounce』에서 자신의 경험담을 들려준다. 그는 2000년 시드니 올림픽을 목표로 수개월 동안 훈련했고, 운은 필요 없어 보였다. 심리상담도 받았고, 영양사와 생리학자의 조언도 충실히 따랐다. 오스트레일리아에 도착해서는 국제무대에서 활동하는 선수 두 명이 특별히 그의 훈련 파트너가 되어주었고, 이들이 연습하던 훈련장은 올림픽에서 사용될 경기장 바닥을 그대로 재현해놓기까지 했다. 당시 29세였던 매슈는 이번이 올림픽에 출전할 수 있는 마지막 기회라고 여겼고, 메달을 딸 수 있다는 현실적인 희망을 품었다. 그리고 그의 첫 번째 경기가 열리는 날이 찾아왔다. 이날에 대해 그는 다음과 같이 말했다.

> 프란츠가 서브를 넣으면서 경기가 시작되었다. 가볍고 강하지 않은 톱핸드 톱스핀이었다. 받아치기에 어려운 공이 아니었다. 평소처럼 공격하기에 아무런 문제가 되지 않았다. 그런데 이상하게도 내 행동은 굼떴다. 발은 얼어붙은 것처럼 제자리에서 움직이지 않았고, 공을 향해 휘두르는 라켓이 완전히 낯설게 느껴졌다. 내가 되받아 친 공은 테이블에서 2피트 이상을 빗나갔다.[6]

시간이 지날수록 상황은 더 나빠지기만 했다. 그는 “내 움직임은 때로는 둔했고, 때로는 부자연스러웠으며, 능숙하고 일관되게 기술을 구사하지도 못했다”라고 했다. 매슈는 21 대 8과 21 대 4로 완전히 치욕적인 패배를 당했다. 경기가 끝난 뒤에 그의 코치가 위로의 말을 건넸다. “쵸킹 때문이었어.”[7]

일과 연애도 이런 압박에서 자유롭지 못하다. 영국에서 2014년에 방영된 텔레비전 쇼 <어프렌티스Apprentice>에서 참가자 중 한 명이었던 마크 라이트는 자신의 팀을 대표해 매우 중대한 발표를 하면서 조리 있게 의견을 전달하지 못했다. 대중연설에 꽤 익숙했음에도 이런 일이 일어났다. 이후에 그는 “잘하고 싶은 마음이 너무 간절해서 오히려 감정 조절에 실패하고 말았죠”라고 말했다.[8] 앨런 슈거는 이를 일시적인 문제로 보았고 마크를 탈락시키지 않았다. 그리고 그는 이 시리즈의 우승자가 되었다. 연애에서의 완벽한 본보기는, 진심으로 안타깝지만, (짐작건대 사람들과 대화하는 방법에 대해 조금은 안다고 여겨지는) 조직행동 분야의 데클랜 피츠시몬스 교수일 것이다. 그는 52세가 되었을 때 자녀를 낳지 않은 것을 후회하며 상황이 달라질 수 있었던 순간을 떠올렸다. “6년 전 밤에 제게 딱 어울리는 여성에게 한 시간이라는 짧은 시간 동안 엉망인 말들만 늘어놓았죠. 그녀가 제게 완벽한 여성이었기 때문이었어요.” 며칠 뒤에 그 여성은 다른 남성을 만났고, 그 사람과 결혼하면서 더는 어쩔 도리가 없게 되었다.[9]

어라? 생각 없이 했더니 더 잘되네?

스포츠나 일, 연애만이 아니다. 우리는 성공하기 위해 극도의 압박감을 받는 모든 상황에서 쵸킹의 위험에 놓인다. 쵸킹은 음악가나 미술가, 외과의사, 배우 등 사실상 모든 분야의 사람들에게 골칫거리이다. 또 첫 데이트에서 첫 마디를 건네거나 결혼식에서 축사를 할 때 우리를 덮칠 수도 있다. 뭐라고 설명하기 힘든 불가사의한 현상으로 최고의 기량을 가진 사람들에게도 얼마든지 일어날 수 있다. 매슈 사이드가 말했듯이 "수천 시간의 연습을 통해 쌓아 올린 복합적인 운동능력이 허공으로 사라지는 것 같다."[10]

나는 쵸킹이 집단적으로 발생할 수 있다고 생각한다. 2016년 유럽 축구 선수권대회에서 잉글랜드가 아이슬란드와 16강에서 맞붙었을 때 잉글랜드의 압도적인 승리가 점쳐졌다. 그러나 2 대 1로 지고 있는 상황에서 잉글랜드 선수들의 움직임은 갈수록 악화되었고, 지속적인 패스 미스와 프리킥 실축 등 평소와는 전혀 다른 기량을 보여주었다. 마치 패하면 망신을 당할 것이 빤한데 경기를 역전시킬 수 있는 시간이 얼마 남지 않았다는 사실을 인지하면서 선수 전체가 쵸킹을 경험하고 있는 것처럼 보였다. 축구에서 짧은 패스는 가장 단순한 동작이라고 할 수 있다. 하지만 압박감이 심해지자 잠결에도 할 수 있는 프로 축구선수들이 이 간단한 동작조차 제대로 수행하지 못했다. 실패에 대한 두려움이 이들을 몰락의 길로 이끌었다.

이와 대조되는 경기는 아마도 2005년에 치러졌던 리버풀의 전설적인 유러피안컵 경기일 것이다. 결승전에서 AC 밀란과 대결했던 리버풀은 3 대 0으로 뒤진 채 전반전을 마무리했지만 후반전에 적극적인 공세를 펼치면서 경기의 분위기를 가져왔다. 6분 동안 3골을 넣었고, 승부차기에서 승리하며 우승했다. 잃을 것이 없었던 이들은 두려움이 없어지면서 경기 전략을 멋지게 수행했다. 반대로 AC 밀란은 중간 휴식시간에 승리를 확신하며 미리 축포를 터트렸고, 후반전에 경기를 엉망으로 풀어나갔다.

왜 이런 일이 생기는 것일까? US 마스터스에서 그렉 노먼은 엄청난 부담을 느꼈다. 그는 1위 자리를 지켜야 하는 위치에 있었고, 과거에 닉 팔도와 비슷한 입장에서 선두를 따라잡고 승리한 적도 있었다. 반면 닉은 부담이 전혀 없었기 때문에 완전히 편안한 마음으로 경기에 임할 수 있었다. 그는 심지어 최종 라운드가 열리는 날 아침에 TV로 모터스포츠 경기를 시청하느라 골프 코스에 30분 늦게 나타나기까지 했다. 그는 그저 경기장에 들어서서 평소처럼 (훌륭하게) 골프를 쳤지만, 그렉 노먼은 이 능력을 완전히 상실한 사람 같았다. 팔도의 코치였던 데이비드 리드베터는 이날의 노먼의 상태를 "그의 평소 모습이 아니었다. 공 앞에서 아주 많은 시간을 서 있었다. 샷을 할 때마다 6, 7초 정도를 더 보내는 것 같았으며, 안절부절못하면서 지금까지 한 번도 본 적 없는 모습으로 돌아다녔다"라고 묘사했다.

운동선수들은 흔히 무아지경에 도달했을 때 가장 좋은 경기력을 보인다고 말한다. 이는 최상의 정신상태로 잡생각을 하지 않고 경기에 집중하면서 능력이 빛을 발할 수 있게 해준다. 타이거 우즈는 "제 몸이 모든 것을 알아서 하고, 저는 그저 비켜서 있을 때" 가장 좋은 골프 경기를 한다고 말했다. 그렉 노먼의 문제는 생각이 너무 많았던 것에 있었다.

타이거 우즈가 깔끔하게 요약한 상태를 스탠퍼드 대학교 신경과학자인 러셀 폴드렉 교수가 좀 더 전문적인 언어로 설명했다. 그는 우리가 새로운 기술을 학습할 때 뇌의 전전두엽이 활성화되지만, 기술을 완전히 익히고 나면 기저핵 같은 뇌의 다른 부위에서 이를 관장하면서 행동에 대해 생각하지 않고도 자동적으로 움직이게 된다고 말했다.[11]

예를 들어 운전을 배우고 있다고 상상해보자. 내게는 이것이 길고 복잡한 과정이었다. 적정한 강도로 클러치를 밟으며 가속페달에서 발을 부드럽게 뗀 다음에 기어를 바꾸기 위해 정신을 집중해야 했다. 그리고 이 모든 행동을 하는 동안 내내 도로에서 시선을 떼면 안 되고, 운전대도 조작해야 했다. 나는 내가 절대로 운전에 숙달될 수 없을 거라고 생각했다. 게다가 라디오까지 들으면서 이 모든 일을 동시에 해내야 한다니! 정말 터무니없다고 여겼다. 그러나 종국에는 이 모든 조작에 능숙해졌고, 이제 이 기술은 내 뇌의 더 깊은 곳에 자리하면서 필요한 순간마다 변속 과정을 기억해내지 않고도 반 무의식적으로 기어를 바꾸게 되었다.

일류 테니스 선수에게 어떻게 멋진 스트로크를 구사했는지를 물어보면 이들은 딱히 설명해주지 못할 것이다. 생각하지 않고 반 무의식적으로 행하면서 몸이 수없이 많은 시간에 걸친 훈련의 결과로 자동적으로 반응한다. 이런 행동을 이론적으로 설명하기란 불가능한데, 의식이 다루기에는 서로 연관된 변수들이 너무 많기 때문이다. 의식이 통제권을 가지게 되면 실패는 불가피하다.

그렉 노먼이 안고 있던 부담이 뇌의 더 깊은 부분으로 접근하기 어렵게 만들었다. 다년에 걸친 연습으로 쌓인 내재된 기술은 사라진 것처럼 보였고, 그래서 동작에 대해 많이 생각하다 보니 공을 치기 전에 시간을 지체하게 되었다.

최고의 자리에 오르기까지 끝없이 연습에 매진했던 일류 선수들이 정말 중요한 순간에 이들을 이끌었던 의욕 때문에 방해를 받는다는 점은 잔혹한 아이러니가 아닐 수 없다.

이 지독한 현상을 피해가기 위해 할 수 있는 일은 무엇일까? 타이거 우즈가 말한 것처럼 "비켜서서" 자연스럽게 흘러가는, 모든 것이 수월하게 느껴지는 그런 상태에 도달할 수 있을까? 우리는 스누커snooker(당구 게임의 일종으로 22개의 공을 사용하며 순서대로 쳐서 포켓에 넣는 경기다-옮긴이) 세계 챔피언 스티브 데이비스가 말했듯이 "삶의 전부일 때 마치 아무것도 아닌 것처럼 경기한다"고 스스로를 설득하며 부담을 덜어낼 수 있는 어떤 메커니즘이 필요하다. 축구선수들의 경우 "경기장으로 나가서 즐기는 거야"라고 자신을 다독이기도 한다. 2002년에 생애 첫 동계올림픽 결승전을 앞두고 영국의 스피드 스케이트 선수인 세라 린제이는 "그저 스피드 스케이트일 뿐이야"라고 되뇌는 방식을 사용했다. 많은 골프 선수들이 자신들만의 신뢰할 만한 방법을 가지고 있다. 어떤 선수들은 퍼팅할 때 호흡에 집중하거나 전설적인 샘 스니드처럼 의식이 지나치게 개입하지 못하도록 노래를 흥얼거리기도 한다.[12] 깊게 숨을 들이마시면 몸이 이완되고, 짧은 기도만으로도 스트레스를 완화시켜줄 수 있다. 수많은 축구선수들이 승부차기나 프리킥 상황에서 공을 차기 전에 성호를 그리는 이유도 이 때문이다.

안타까운 일이지만 나의 축구 경력은 잉글랜드 미드 서섹스 리그Mid-Sussex League의 3부 팀에서 활약한 것이 최고였다. 하트필드의 주전 선수로 뛰었는데 그나마도 중앙 수비수가 부족해서 그 자리를 채우게 된 것이었다. 비록 큰 무대는 아니었지만 부담감은 여전히 컸고, 이를 다루는 나만의 방식은 (무의식적이기는 했지만) 샘 스니드와 유사했다. 운전대를 잡고 경기장으로 향하면서 나는 듣기 좋은 경쾌한 음악을 들었다(특별히 좋아하는 곡은 영국 밴드 XTC의 <Senses Working Overtime>이다). 이렇게 하면 음악이 머릿속에 박혀서 경기를 하는 동안 지나치게 분석하지 않고 최소한 일부라도 "흘러가는" 상태에 도달할 수 있다.

흥미롭게도 어떤 운동선수들은 쵸킹을 경험한 적이 없을 뿐만 아니라 강한 압박을 받을 때 실제로 경기력이 향상되는 것처럼 보인다. 럭비선수인 조니 윌킨슨을 떠올려보자. 그는 2003년 럭비 월드컵 결승에서 26초를 남기고 오스트레일리아를 상대로 우승을 결정짓는 드롭골을 성공시켰다. 데이비드 베컴의 경우 2001년 월드컵 경기에서 추가시간에 완벽한 프리킥을 선보였고, 그가 찬 공이 그리스 골키퍼를 지나 골망을 흔들었다.

이 같은 이른바 위기 수행능력clutch performance을 분석한 조사는 이런 선수들이 특유의 성공 전략을 가지고 있음을 밝혀냈다. 여기에는 의도적으로 눈앞의 과제에 집중하는 것과 이를 위해 엄청난 노력을 쏟아붓는 것, 실패에 대한 생각을 떠올리지 않는 것이 포함된다.[13] 실제로 내가 운동장 트랙에서 나쁘지 않은(뭐, 봐줄 만한 정도다) 성과를 올렸을 때를 돌이켜보면 간간이 위기 수행능력을 잘 소화해냈음을 알 수 있다. 그리고 이 능력이 정점을 찍었던 때는 졸업반이던 해에 뛰었던 800미터 결승전이었다. 운동경기에서 나는 언제나 들러리 역할을 했지만, 이번만큼은 상황을 바꾸어보기로 결심했다. 선두로 달리는 선수 뒤에 붙어서 달리다가 결승선을 300미터 앞두고 전력질주를 해 모든 사람들을 놀라게 하면 예상을 뒤엎을 수 있다고 생각했다. 나는 이 계획대로 실행하기 위해 많은 노력을 기울였고, 놀랍게도 모든 것이 완벽하게 따라주면서 전혀 예상 밖의 승리를 거머쥘 수 있었다. 아, 위기를 멋지게 돌파한 이 기쁨이여!

선택 사항이 많아지면 선택이 더 어려워진다

현대의 삶이 선사하는 멋진 선물 중 하나는 아주 많은 영역에서 아주 많은 선택권이 주어진다는 것이다. 200년, 300년 전만 해도 우리는 가까운 곳에 사는 사람들 중에서 배우자를 선택했다. 그러나 여행이 쉬워지고, 소셜 데이팅 앱인 틴더Tinder, 페이스북, 그리고 (캣 러버스 데이팅Cat Lovers Dating, 크라운 데이팅Clown Dating, 글루텐 프리 싱글즈Gluten Free Singles,

Muddymathches.co.uk, 톨 싱글즈Tall Singles, Shortersingles.co.uk, 그리고 4개의 사랑 때문에 번민하는 스타트렉 팬들을 위한 웹사이트를[14] 포함해) 온갖 성향을 만족시켜주는 인터넷 데이트 주선 업체가 성행하면서 지금은 그 대상이 수백만 명으로 늘어났다.

이렇게 기회가 많아졌음에도 우리 주변에는 항상 자신에게 딱 맞는 사람을 찾기 위해 필사적인 친구들이 존재한다. 어쩌면 더 많아진 기회가 실제로 이들이 동반자를 찾는 데 방해가 되는 것인지도 모른다.

한때는 주어진 것에, 그것이 무엇이든, 만족하는 것 외에 달리 선택의 여지가 없었던 삶이 존재했다. 지금은 너무나 많은 삶의 부분에서 선택할 수 있는 것들이 넘쳐난다. 나는 사과를 살 때 가장 신선하고 과즙이 풍부한 것을 고르려고 한다. 그러나 선택의 폭이 지나치게 넓어지면 이것만으로도 골치가 아플 수 있다.

나는 음반 애호가이고, 음반들을 샅샅이 살펴보는 것은 시간을 보내기에 좋은 방법이다. 그러나 한번은 음반이 담긴 박스가 한가득 차 있는 창고로 걸어 들어갔을 때 그 광경을 목격하고 심장이 가라앉는 것처럼 느껴졌다. 내 안의 일부는 그 안에 어떤 보석 같은 음반이 숨겨져 있을지 보고 싶어 했고, 또 다른 일부는 아무리 애써도 일부밖에 살펴볼 수 없다는 생각에 침울해졌다. 음반을 찾아보는 데 한두 시간 정도는 할애할 수 있지만, 이렇게 많은 음반이 있는 곳에서는 며칠을 보내도 다 살펴보지 못할 것이다. 십중팔구 나는 아무거나 내키는 대로 대충 훑어보고, 관심을 가질 만한 음반을 발견하지 못하면 그만 포기하고 떠날 가능성이 높았다. 만약 대여섯 개의 상자만 있었다면 열심히 뒤져보았겠지만, 너무 많은 선택 앞에서는 즐거움이 노동으로 변해버린다.

오래된 음반을 뒤지는 모습이 마음에 잘 와 닿지 않는다면 근사한 레스토랑에 마련된 우아한 테이블에 앉아있다고 상상해보자. 먼저 음료를 주문한 다음에 메뉴판을 건네받는다. 그런데 이것이 커도 너무 크다. 전화번호부만큼 두껍고, 생각할 수 있는 모든 요리가 다 포함되어 있다. 당신은 열의를 가지고 메뉴판을 펼쳐 훑어보기 시작하고, 이들이 제공하는 멋진 요리들에 경탄한다. 그러나 페이지를 넘길 때마다 더 색다르고 맛있어 보이는 요리들이 등장하면서 곧 이들이 제공하는 수많은 요리에 압도당하고 만다.

처음에는 꼼꼼히 살펴보다가 시간이 지날수록 점점 더 대충대충 읽어보게 되고, 마침내 읽지도 않고 휙휙 넘겨버린다. (물론 이것은 이미 포화상태에 이른 시장에서 경쟁하는 수많은 렌터카나 중고차 업체들이 "ABC 카ABC Cars"나 "A-B 카A-B Cars," "알파 카 하이어Alpha Car Hire" 또는 이런 비슷한 이름을 회사명으로 선택하는 이유다. 이들은 고객이 굳이 "유어 카 하이어Your Car Hire"까지 살펴보지 않는다는 사실을 알고 있다.) 지쳐버린 당신은 종업원이 주문을 받으려고 돌아왔을 때 메뉴판을 덮은 채 테이블에 올려놓고 종업원에게 추천을 부탁한다. 원하는 요리를 선택할 수 있다는 점은 감사한 일이지만, 선택할 수 있는 것이 너무 많으면 이것이 오히려 짐이 된다.

《가디언》에 TV 프로그램들에 대한 글을 기고하는 데버라 오르는 "선택할 수 있는 프로그램이 엄청나게 많고, 보고 싶을 때 언제든지 볼 수 있으면서 시청하는 시간이 실제로 줄어들었다"라고 한탄했다.[15] 존 케이는 레나타 살레츨의 저서 『선택이라는 이데올로기』에 대한 서평에서 프랑스에 있는 동안 맛있는 잼을 만들어 판매하는 매종 에르반Maison Herbin을 방문한 경험을 이야기했다. 그는 100종류가 넘는 잼을 앞에 두고 무엇을 골라야 할지 몰랐고, 30종류 정도로 선택의 폭을 줄이는 데까지 성공하기는 했지만 결국에는 지쳐서 아무것도 구입하지 않고 상점을 나왔다고 했다.[16]

컬럼비아 대학교의 사회심리학자인 쉬나 아이엔가와 스탠퍼드 대학교 심리학자인 마크 레퍼는 이런 결과에 익숙하다. 2002년에 색다른 잼과 관련된 선택 실험을 진행하면서 이미 경험했기 때문이다. 이들은 고급 식료품점에 시식대를 만든 다음에 시간대에 따라 6종류나 24종류의 잼을 제공했다. 종류가 24개일 때 더 많은 사람들이 관심을 보였지만(6종류일 때 40퍼센트였다면 이때는 60퍼센트였다) 이것이 실제 구매로 이어졌는가는 또 다른 문제였다. 관심을 보였던 사람들은 모두 할인쿠폰을 받았지만, 시식대에 24종류의 잼이 진열된 경우 145명 중 4명만이 잼을 구입했다면 6종류가 진열된 경우 104명 중 31명이 구입했다.[17]

그러나 슈퍼마켓에 엄청나게 많은 종류의 식료품들이 판매되고 있기 때문에 이런 결과는 논리가 부족하다는 주장도 존재한다. 나는 어려서부터 피넛버터와 마멀레이드 샌드위치를 특히 좋아했는데, 공교롭게도 우리 동네의 세인스버리 마트에서는 43종류의 피넛버터(또는 이와 유사한 제품)를 판매한다. (마멀레이드는 어머니가 수년간 만들어주고 있으며, 세인스버리에서 파는 제품은 결코 어머니의 마멀레이드 맛을 따라올 수 없다.) 선택장애에 놓인 고객들을 위해 마켓에서 자신들이 가진 모든 뛰어난 조사 방법을 동원해 약 6종류로 선택의 폭을 좁혀주는 것은 어떨까?

그러나 사실 이 두 사례는 상황이 매우 다르다. 시식대를 거쳐갔던 사람들은 어쩌면 그날 아침 색다른 잼을 구매할 의사가 없었음에도 색다르고 맛있어 보여서 선택했을지도 모른다. 반면 내 경우는 신속하게 장을 보기 위해 이미 무엇을 사야 하는지 결정하고 목록을 만들어놓은 상태다. 내가 원하는 상표의 피넛버터가 내가 생각하는 가격으로 판매되고 있다면 구매를 주저할 이유가 없다. 그러나 몇 주 전에 피넛버터를 사러 세인스버리에 갔을 때 내가 좋아하는 브랜드가 특별행사를 하면서 벌써 품절되는 일이 있었다. 결국 나는 가격과 맛이라는 측면에서 가장 불만이 적을 만한 제품을 찾기 위해 상당한 시간을 써야 했다.

많은 고객들은 자신이 특별히 선호하는 브랜드를 가지고 있다. 따라서 슈퍼마켓이 고객들 각자의 선호도에 부합하는 제품을 제공하지 못하면 이들은 다른 브랜드의 제품을 구매하는 대신에 다른 장소(다른 슈퍼마켓일 가능성이 상당히 높다)로 발길을 돌릴지도 모른다. 이런 생각 때문에 미국의 슈퍼마켓들이 제품의 개수를 늘렸고, 보통 상점에서 구매할 수 있는 제품의 개수가 1975년에 8,948개에서 2008년에는 거의 4만 7,000개로 많아졌다.[18] 테스코가 2015년에 실제로 영국 지점에서 품목당 제품의 종류를 줄이기 시작한 것으로 보아 이제는 선택의 폭이 정점을 찍은 것 같다. 이 당시에 9만 개의 품목들에는 기본 기능만 있는 자체 브랜드에서부터

팬이 탑재되거나 돌 모양의 타사 브랜드까지 228개의 방향제가 포함되어 있었다.[19] 그러니 합리적 개선의 여지가 존재한다고 할 수 있겠다.

선택의 문제가 슈퍼마켓에서만 발생하는 것은 아니다. 미국의 의료보험제도는 환자들에게 대체 가능한 치료법과 치료 제공 기관의 목록을 효능과 비용, 부작용에 대한 상세한 정보와 함께 제공하도록 한다. 보통 선택할 수 있는 대상이 20~30개이고, 여기에 약품까지 추가되면 많게는 50개까지 늘어날 수 있다. 그러나 앞서 보았듯이 선택할 수 있는 것이 너무 많으면 이들을 하나하나 제대로 평가하려는 의욕이 사라진다. 뉴욕 대학교 보건의료정책학과의 브라이언 엘벨이 말했듯이 많은 사람들이 눈앞에 놓인 이런 의료 선택 항목들을 보고 부담감을 느끼면서 최고의 선택을 하지 못한다.[20] 초콜릿에서부터 레스토랑의 와인 리스트까지 온갖 것들을 대상으로 다수의 선택 연구가 진행되었고, 선택의 폭이 더 좁을 때 실제로 더 현명한 선택을 하게 된다는 사실을 보여주었다. 적정 개수는 6개 정도였다. 이보다 더 많으면 사람들은 쉬운 방법(레스토랑의 경우 오늘의 요리를 주문하거나 종업원에게 추천을 부탁하는 등)을 선택하거나 결정을 나중으로 미루면서 아예 선택을 하지 않을 가능성이 높았다.

애인 후보자의 선택의 폭을 최대화하는 것이 목적인 스피드 데이트speed dating(애인을 찾고 있는 독신 남녀들이 여러 사람들을 돌아가며 잠깐씩 만나볼 수 있게 해주는 이벤트다-옮긴이)에서조차 이 넓은 선택의 폭 때문에 실제로 선택이 더 어려워지는 경향이 있다. 어느 심리학 연구논문에 따르면[21] 우리가 편하게 다룰 수 있는 수준보다 더 많은 선택지를 마주했을 때 장기적인 관계에 실제로 더 중요하게 작용하는 특성보다 (예를 들면 외모 같은) 피상적인 요소들에 더 초점을 맞춘다고 한다. 이렇듯 선택의 폭이 지나치게 넓으면 도움이 되지 않지만,[22] 이것이 우리가 직면한 현실이다. 신경제사고 연구소Institute for New Economic Thinking의 에릭 바인하커는 뉴욕시에서 소비자들이 매일 마주하게 되는 선택지가 100억 개라고 추산했다.[23] 우리는 이 미로 속에서 미쳐버리기 전에 길을 찾는 방법을 강구할 필요가 있지만, 우리가 사용하는 방식이 항상 최고의 결과를 가져오지는 않는다.

전형적인 사례로 관광지에서 서로 마주보고 위치한 두 개의 매우 유사한 레스토랑을 생각해볼 수 있다. 초저녁에는 두 레스토랑 모두 손님이 없다. 첫 번째 관광객 한 쌍이 식사할 곳을 찾다가 임의적으로 레스토랑 하나를 선택한다. 다음 한 쌍은 한쪽 레스토랑이 다른 레스토랑보다 그나마 인기가 있어 보이기 때문에 동일한 레스토랑을 선택한다. 그렇게 계속 흘러가다가 저녁 중반쯤이 되면 한 레스토랑은 문 앞에 긴 줄이 서 있고, 다른 레스토랑은 파리만 날리는 상황이 된다. 이런 선택 방식은 비능률로 이어진다. 한 레스토랑의 요리사들이 죽을 듯이 일하는 동안 다른 레스토랑 요리사들은 할 일 없이 우두커니 서 있기만 하고, 종국에는 어느 관광객 한 쌍이 임의적으로 결정한 선택 때문에 문을 닫게 될지도 모른다.

실제로 아내와 내가 휴가차 미국 보스턴을 방문했을 때 아침을 먹을 만한 장소 두 곳 중에서 하나를 선택해야 했다. 우리는 망설임 없이 손님이

한 명도 없는 레스토랑이 아닌 문 앞에 줄이 서 있는 곳을 선택했다. 설명을 좀 덧붙이자면 빳빳한 하얀 식탁보가 깔린, 손님이 없는 레스토랑은 아침식사를 먹기에는 불필요할 정도로 고급스러워 (그리고 비싸) 보였고, 첫 손님이 되기에는 (나라면 아침에 일어나자마자 할 수 있을 것 같지 않은) 어느 정도의 노력이 필요해 보였다. 이런 선택 방식은 모든 영역에서 불균형을 가져오고, 무언가가 인기를 얻으면 그저 그 인기로 인해 더 큰 추진력을 얻게 된다. [비건vegan(철저한 채식주의자로 고기는 물론 우유, 달걀도 먹지 않고 오직 식물성 음식만 먹는다-옮긴이)인 딕스는 단지 선택하는 것에 익숙하지 않다는 이유로 비건 레스토랑에서 어려움을 겪는다고 말했다. 제일 맛있는 요리를 선택하지 못할지도 모른다는 두려움이 일반 레스토랑에서는 거의 한 번도 경험해 본 적 없던 압박감을 가져온다. 그는 "일반 레스토랑에서 친구들과 밥을 먹을 때 나는 '선택의 횡포'를 면할 수 있다고 농담을 하고는 했는데, 이 말이 사실이었어"라고 말했다.]

선택의 고통을 줄여볼까?

그렇다면 우리는 이런 모든 선택에 어떻게 대처할 수 있을까? 아주 흔하게 사용되는 방법은 동일한 범주로 묶어 배치하는 것이다. 슈퍼마켓에 가면 다행스럽게도 모든 피넛버터가 여기저기 흩어져 있기보다는 한 장소에 모여 있다. 일반적인 레스토랑에서 메뉴는 30개의 요리가 죽 나열

되어 있는 대신에 육류와 어류, 파스타, 라이스 등의 범주로 나누어서 손님이 먼저 대여섯 개로 분류된 음식의 종류 중에서 원하는 것을 선택한 다음에 구체적인 요리를 결정할 수 있게 구성되어 있다.

또 다른 해결책은 목록이 가진 힘을 활용하는 것이다. 나는 최근에 슈롭셔에서 휴가를 보내기 위해 그 지역의 근사한 별장들을 찾아보았다. 그런데 인터넷의 발달이 이런 조사를 훨씬 더 버겁게 만들었다. 과거에는 휴가를 계획할 때 몇 개의 여행안내 책자를 우편으로 받은 다음에 페이지를 휙휙 넘겨보면서 가장 적절한 상품을 고르고 예약하면 끝이었다. 그러나 지금은 선택 가능한 상품들이 어마어마하게 많아지면서 가격과 위치, 시설, 인테리어, 전망, 주차장 등 온갖 요소들을 고려해 가능한 제일 좋은 별장을 찾아야 하는 부담감이 더 커졌다. 일부는 매일 저녁에 가정식 요리를 문 앞까지 배달해주는 서비스를 추가하면서 가격을 올리기도 한다. 모든 별장을 전부 확인해보기란 불가능에 가깝고, 내가 선택한 곳보다 원하는 장소에 조금 더 가깝고, 살짝 더 고급스러운 욕실이 있거나 2층 발코니에서 더 멋진 경치를 감상할 수 있는 별장이 존재할 가능성이 얼마든지 남아있다.

결국 열두세 개의 별장 중에서 선택해보려고 하지만 어느 곳도 완벽하게 마음에 들지 않고, 조금만 더 찾아보면 이상적인 별장이 나타날지도 모른다는 생각을 가지게 된다. 이때부터 트립어드바이저TripAdvisor 같은 웹사이트가 진가를 발휘한다. 원하는 조건들을 지정하면 이런 사이트가, 예를 들어 가장 적합한 70개의 별장 목록을 생성하고, 이 목록은 흔히 인기순으로 나열된다. 끝나지 않을 것 같은 검색을 70개의 목록으로 줄여 주었을 뿐만 아니라 순서대로 정렬되어 있기 때문에 제일 위에서부터 시작해 10개를 살펴보고, 이 중에서 가장 마음에 드는 곳을 선택하면 된다. 게다가 뒤로 갈수록 원하는 조건에서 점점 더 멀어지기 때문에 나머지들을 살펴보지 않아도 안심할 수 있다는 이점은 덤이다. 이런 웹사이트들의 인기는 더 빨리 결정하고, 결정 과정에 들어간 노력이 덜할수록 더 행복하다는 결론을 내렸던 심리학자 클라우드 메스너와 미카엘라 밴커의 2011년 연구가 사실임을 보여준다.[24]

이런 이유로 나는 대형 중고음반매장에 들어갈 때마다 선택을 제한하는 방법을 사용한다. 제한 시간을 두고 (또는 함께 쇼핑하는 친구에게 이를 부탁하고) 특정 구역을 정해놓은 다음에 음반을 살펴보기 시작한다. 최고의 보물은 바닥에 아무렇게나 놓여 있는 상자 안에서 발견된다는 사실을 모르는 바는 아니지만, 이제는 내 무릎을 위해 이를 포기해야 하는 나이가 되었다. 매장이 앨범을 장르별로 분류해놓아서 내가 휴대폰에 저장해놓은 (더 비트The Beat의 두 번째 음반이나 잘 알려지지 않은 <하우스 오브 러브House of Love> 같은) 특별히 갖고 싶은 앨범 목록을 참고하고 이들부터 찾아볼 수 있다면 더없이 좋을 것이다.

《데일리 텔레그래프》의 음식 기고가인 다이애나 헨리는 자녀들과 함께 결정을 내려야 할 때 선택의 문제에 직면했었다. 그녀는 선택할 수 있는 음식이 너무 많을 경우 그녀의 "열 살 된 아이가 지친 표정을 지으며 자신이 제일 좋아하는 음식(파스타와 참치, 옥수수)을 달라고 한다"는 사실을 깨달았다. 또 넷플릭스나 DVD, TV, 인터넷 방송에서 제공하는 수많은 영상물들 중 무엇을 볼지 고르느라 금요일 밤 가족모임이 엉망이 될 수도 있었다. 그래서 이제 그녀는 선택할 수 있는 것들을 미리 알아본 다음에 음식과 영상물 개수를 각각 세 가지로 줄여놓는다.[25]

일상생활에서 매일 하는 활동에 기본적으로 선택하는 것이나 규칙을 정해놓으면 일을 더 수월하게 할 수 있다. 예를 들면 이렇다. 샌드위치를 고를 때 (진심으로 하는 말인데 샌드위치에 넣는 재료 중 최고인) 앞서 언급했던 피넛버터와 마멀레이드처럼 기본적으로 선택하는 것이 있거나, 매주 지정한 시간에 건강을 위해 달리기를 하거나, 평소 특정한 장소에 주차를 하는 식이다(내 아내는 자리가 아무리 많아도 익숙하지 않은 주차장에 주차하는 것을 끔찍이 싫어한다. 나는 가장 편리한 자리를 찾기 위해 주차장을 빙빙 돌며 모든 주차공간을 확인하느라 얼마든지 절약할 수 있었던 시간을 허비해버린다).

음악 스트리밍 및 미디어 서비스 제공 업체인 스포티파이Spotify 사용자들은 이들이 제공하는 뛰어난 음악 선곡에 익숙할 것이다. 검색창에 가수나 제목만 치면 3,500만 개 이상의 곡들 중에서 하나를 몇 초 만에 들을 수 있다. 그러나 무슨 음악을 듣고 싶은지 잘 모르는 사람들에게는 그다지 유용하지 않으며, 바닥에서부터 천장까지 CD가 선반에 빽빽하게 꽂혀 있는, 상상할 수 있는 가장 큰 음반매장에서 들을 만한 음악을 골라야 하는 때처럼 매우 두렵게 느껴질 수 있다. 이런 선택의 문제를 해결하기 위해 스포티파이는 이용자가 스스로 찾아야 하는 '검색' 모델에서 청취 목록과 추천 플레이리스트를 토대로 이용자들이 좋아할 만한 새로운

음악을 선택하는 데 도움을 주는 '발견' 모델로 방식을 바꾸고 있다.[26]

때로는 정부기관들도 지나치게 많은 선택이 가진 부정적인 측면을 해결하려고 노력하지만 안타깝게도 항상 성공으로 이어지지는 않는다. 영국에서 아직까지 해결되지 않은 한 가지 문제는 높은 전기료다. 에너지 회사들이 제공하는 가정용 요금제 종류가 너무 많아서 고객들은 어떤 요금제가 가장 적합한지를 판단하는 데 어려움을 겪고 있다. 실제로 2012년에 소비자 단체인 위치Which는 1,440가지가 넘는 요금제가 있다는 조사 결과를 발표했다.[27] 납부 비용을 온라인 계좌를 사용하는가와 어느 지역에 거주하는가, 고정가격인가, 만약 그렇다면 그 기간은 언제까지인가, 언제 계약했는가, 지불 방법은 무엇인가에 따라 달라질 수 있다. "혼란 마케팅confusion marketing"이라고 알려진 이 전략은 최적의 조건을 찾기 어렵게 만들어서 많은 고객들이 시도할 엄두조차 내지 못하게 만든다. 같은 해에 영국 에너지 규제기관인 가스·전력시장 규제국Ofgem, Office of Gas and Electricity Markets에서 에너지 회사들이 요금제를 단순화하도록 조치를 취했다. 그러나 이 조치는 회사들이 가장 저렴한 요금제를 대폭 축소하고, 취약 계층을 위한 특별 할인을 폐지하면서 역효과를 낳았고, 결국 많은 소비자들이 지불하는 비용이 증가했다.[28]

문제는 과민반응

이쯤이면 과도한 부담과 선택에 대처할 수 있는 전략으로 무장했기를 바라지만 우리의 뒤통수를 강타하는 상황은 얼마든지 존재한다. 가수 바브라 스트라이샌드의 저택 사진 때문에 벌어진 사건이 이를 아주 분명하게 보여주는 사례다.

바브라의 문제는 2002년에 캘리포니아 해안지대를 따라 발생한 해안 침식 현황을 기록하기 위해 캘리포니아 해안 기록 프로젝트California Coastal Records Project가 진행되면서 시작되었다. 사진작가 케네스 애들먼이 해안을 따라 찍은 1만 2,000장의 사진 중에 우연히 절벽 꼭대기에 지어진 그녀의 저택도 포함되었다. 다른 사진들과 함께 그녀의 저택 사진도 프로젝트의 웹사이트에 올라왔는데 스트라이샌드 측에서 이를 문제 삼아 사진 삭제를 요구했다. 그리고 사진작가와 사진을 올린 웹사이트를 상대로 즉각 5,000만 달러의 소송을 제기했으나 2003년 12월에 법원은 문제의 사진이 사생활을 침해하지 않는다는 판결을 내렸다. 이 소송은 언론의 엄청난 주목을 받았고, 단지 바브라의 저택을 보기 위해 이 프로젝트의 웹사이트를 방문한 사람들이 42만 명에 달했다. 이후에 밝혀진 바에 따르면 소송을 제기하기 전 그녀의 저택 사진 조회수는 6건이었고, 이 중 2회는 그녀의 변호사가 조회한 것이었다. 이후로 어떤 정보를 숨기거나 삭제하려다가 오히려 사람들의 관심을 끌게 되는 이런 종류의 의도하지 않은 결과에 그녀를 기리며 "스트라이샌드 효과Streisand Effect"라는 명칭이

붙었다.

10년 뒤에 가수 비욘세도 스트라이샌드 효과를 경험했다. 그녀는 2013년 아메리칸 슈퍼볼 하프타임 공연에서 최선을 다해 노래하고 춤을 추었고, 사람들은 그녀의 공연에 열광했다. 특히 버즈피드BuzzFeed는 자신의 웹사이트에 비욘세의, 이들의 표현을 빌리자면, "격정적인" 모습을 담은 사진 33장을 공개했다. 그러나 비욘세의 홍보회사인 슈어 미디어Shure Media의 생각은 달랐고, 버즈피드에 "현재 귀사의 웹페이지에 올라온 사진 몇 장이 부적절해 보이기 때문에 다른 사진으로 변경해줄 것을 정중히 요청합니다"라는 내용의 이메일을 보냈다. 불행히도 버즈피드는 이 이메일과 함께 홍보회사에서 "최악"이라고 지정한 사진 7장을 공개했고, 전 세계 언론이 이 논란에 관심을 가지고 기사화하면서 훨씬 더 많은 사람들이 비욘세 측에서 감추고 싶어 한 사진들을 보게 되었다.[29]

2014년에 성격이 불같은 영국의 인디밴드 더 폴The Fall도 감추고 싶은 무언가가 있었는데, 이들의 바람과는 반대로 음반회사에서 매년 열리는 영국 레코드 스토어 데이UK Record Store Day에 발매했던 앨범이었다. 이들은 자신들의 홈페이지에 분명하게 의견을 피력하면서 "이들의 행동은 불법이고 사기다"라고 주장했다. 음반회사는 이에 개의치 않고 계획대로 진행했고, 예상보다 거의 두 배 많은 주문이 밀려들면서 이들의 앨범은 (규모가 제한적이기는 해도) 스트라이샌드 효과를 톡톡히 보았다. 음반사의 판매 매니저는 비꼬는 말투로 "자신들의 홈페이지에 레코드 스토어 데이 발매에 대해 언급해준 더 폴에게 잊지 말고 감사해야 한다. …… 세상에 나쁜 광고란 존재하지 않는다"라고 썼다.

민감한 문제에 이른바 '정보누설금지명령super-injunction'을 적용하면 스트라이샌드 효과를 피할 수 있다고 생각하는 사람들이 있을 수 있다. 이는 강력한 법적 효력을 가지고 있으며, 내용 자체를 발설하지 않는 것뿐만 아니라 이런 명령이 존재한다는 사실도 언급해서는 안 된다. 2011년 5월에 라이언 긱스의 변호사들은 TV 리얼리티 쇼인 <빅 브라더Big Brother>에 출연했던 이모젠 토머스의 책에 유명 축구선수와의 불륜 사실이 포함되어 있다는 사실을 알게 되었다. 이 책은 출간을 앞두고 있었고, 긱스는 그때까지 행복한 결혼생활을 유지하고 있다고 알려져 있었다. 이에 긱스 측은 법원으로부터 정보누설금지명령을 받아낼 수 있었지만, 이 사실에 분노한 영국 뉴스 매체들은 작은 힌트를 남기면서 에둘러 표현했고, 종국에는 그의 이름이 트위터를 통해 밝혀지고 말았다. 그러나 다른 길은 존재하지 않는다는 듯이 긱스의 변호사들은 멈추지 않고 트위터를 고소하려고 했으나 이에 실패했고, 7만 5,000명 이상의 트위터 사용자들이 긱스가 불륜남임을 폭로했다.

사람들은 공분했고, 이 문제가 국회에서 언급되기도 했다. 면책특권을 이용해 기소당할 걱정이 없었던 존 헤밍 하원의원이 국회에서 긱스의 이름을 말했고, 이로 인해 더 많은 사람들이 그의 불륜 사실을 알게 되었다. 한편 이모젠 토머스의 홍보 담당자인 맥스 클리퍼드는 이모젠이 책에서 불륜에 대해 밝힐 생각이 전혀 없었다고 했다. 그는 "그가 정보누설금지명령 신청을 하지 않았다면 이 관계에 대해서 어느 누구도 알 수 없었을 것입니다"라고 말했다(맥스 클리퍼드의 경력은 소녀와 젊은 여성들을 성추행한 혐의로 8년의 징역형에 처해지면서 2014년 5월에 끝이 났다).[30] 이 말이 사실이라면 깁스는 자신이 감추고 싶은 사실에 오히려 엄청난 노력을 쏟아부어 가며 스스로에게 스포트라이트를 비춘 꼴이 되고 말았다.

라이언 깁스의 변호사들이 언제 멈추어야 하는지를 알았다면 상황이 악화되는 것은 막을 수 있었을지도 모른다. 그만두어야 할 때를 모르는 것이 의도하지 않은 결과를 더욱 부추기는 확실한 방법처럼 보이는데, 2014년에 미용사와 고객 사이에 일어났던 작은 분쟁이 지나치게 확대된 사건이 여기에 속한다. 재니스 쿠는 미용사인 드루 칼턴에게 360파운드를 내고 붙임머리 시술을 받았다. 그러나 그녀는 결과에 만족하지 못했고, 아침에 침대에서 막 일어난 사람처럼 부스스해 보인다며 그 자리에서 불만을 제기했다. 칼턴은 그녀에게 미장원에서 나갈 것을 요구했고, 그녀는 인터넷에 비판적인 글을 남겼다. 이에 칼턴은 미장원 페이스북에 다수의 분노에 찬 글을 마구 게시하며 대응했다. 그는 쿠를 "이 연극성 인격장애histrionic personality disorder(다른 사람의 관심이나 애정을 이끌어내기 위해 과도하게 노력하거나 감정을 표현하는 증상이다-옮긴이)를 가진 정신 나간 늙은 마녀!!"라고 했고, 이 외에 입에 담기 힘든 다른 말들도 올렸다. 그 결과 쿠는 엄청난 정신적 충격을 받았다고 주장하며 경찰에 그를 신고했고, 언론이 이 문제에 관심을 보였다. 어느 것도 미장원의 평판을 높이는 데 도움이 되지 않았다. 훗날 칼턴은 "저는 제 사업을 지키고 싶었을 뿐이에요. 지금은 제 행동이 오히려 해가 되었음을 깨달았죠"라고 인정했다.[31]

과잉반응이 얼마나 더 심각한 결과를 가져올 수 있는가는 2007년에 발생한 이른바 "베이비 피Baby P" 사건이라고 알려진 아동학대 사건에서 잘 볼 수 있다. 태어난 지 17개월밖에 되지 않았던 (법원에서 "베이비 피"라고 불렸던) 피터 코넬리는 엄마와 엄마의 남자친구, 남자친구의 형제에 의해 수개월간 끔찍한 학대를 당한 끝에 결국 숨을 거두었다. 소식이 전해지자 전국이 분노로 들끓었고, 언론은 피터의 담당 사회복지사인 마리아 워드와 아동복지센터장인 샤론 슈스미스에게 관심의 초점을 맞추었다. 이들을 향해 비난이 쏟아졌고, 시위대와 정치인들은 행동을 촉구했다. 당시 신문사《썬》의 편집자였던 리베카 브룩스는 샤론 슈스미스의 해고를 청원하는 캠페인을 준비했고, 얼마 지나지 않아 TV로 생중계되었다 (샤론 슈스미스는 이후에 해링게이 의회를 상대로 낸 부당해고 소송에서 승소했다. 판사는 판결문에서 그녀가 "즉각적인 희생양"이 되었다고 말했다[32]).

이 분노에 찬 행위의 결과는 어땠을까? 사회복지 서비스는 이번 일을 계기로 개선되었을까? 불행하게도 상황은 더 심각한 방향으로 흘러갔다. 사회복지사들이 줄줄이 일자리를 떠나면서 남아있는 복지사들이 담당해야 하는 사례들이 훨씬 더 많아졌고, 그 결과 각각의 사례에 할애하는 시간이 줄어들었다. 늘어난 업무량에 더해 자신이 담당하는 아이를 보호하지 못했다는 비난을 받을지도 모른다는 두려움이 사태를 악화시키면서 사회복지사들은 "위험부담이 없는" 접근방법을 택하기 시작했다. 매년 양육시설로 보내지는 아이들의 수가 수천 명 더 늘어났다. 만화 캐릭터인 딜버트Dilbert(1990년대에 미국인들에게 큰 인기를 끌었던 연재만화로 회사에서 일어나는 일들을 신랄하게 풍자했다-옮긴이)는 늘어나는 업무량에 혹사당하며 이렇게 말했다. "내게는 더 많은 일을 처리할 수 있는 무한한 능력이 있지. 내 결과물이 빵점에 가까워도 상관없다면 말이야." 어린이 안전에 대한 노력은 모든 사람들이 원하는 것과 반대되는 결과를 낳았다. 격렬한 항의가 있은 다음 해에 영국에서 부모에 의해 살해된 아이들의 수가 25퍼센트 이상 증가했고, 다음 3년간 이 수치는 더 높아졌다. 피터 코넬리의 비극적인 죽음에 대해 비난하고 손가락질하는 행위가 끔찍한 재앙을 가져온 것이다.

이런 식의 반응을 이해하지 못하는 바는 아니지만, 서로를 비난하고 책임을 전가하는 상황은 불가피하지 않다. 특히 항공산업은 이런 일에 능숙하게 대처하는 모습을 보여주었다. 1940년대에 B-17 폭격기가 잇달아 추락했는데, 모두가 비행기가 착륙할 때 조종사가 스위치를 잘못 누르면서 발생했다. 이들은 날개플랩wing flap(항공기의 양력揚力을 일시적으로 높이기 위하여 날개에 다는 장치로 항공기가 이착륙할 때 많은 양력을 얻을 수 있도록 날개 모양을 바꾸는 장치이다-옮긴이) 스위치를 올려야 하는데 착륙장치 스위치를 올렸다. 이들은 훈련을 잘 받은 조종사들이었고, 이런 실수를 하면 안 되었다. 그러나 사망한 조종사들을 비난하거나 남아있는 조종사들에게 더 잘하라고 다그치는 상황은 일어나지 않았다. 대신에 이들이 이런 실수를 한 정확한 이유를 밝히기 위한 조사가 이루어졌다. 문제는 두 스위치의 위치와 형태에 있었다. 둘이 옆에 나란히 붙어 있었고 모양도 동일해서 헷갈리기 너무 쉬웠다. 그래서 착륙장치 스위치에 작은 바퀴를

부착했고, 플랩 장치는 날개 모양으로 만들었다. 이후로는 이런 종류의 사고가 다시 발생하지 않았다.[33]

개인에게 책임을 물으며 노골적으로 비난하는 경향은 기업 세계에도 존재한다. 그러나 여기서는 비난거리보다는 동기부여와 관련된 이야기를 하겠다. 끊임없이 높은 수익 창출을 추구하는 기업들은 더 열심히 일하도록 책임을 져야 하는 위치에 있는 직원들에게 점점 더 많은 상여금을 제공하고 있다. 이런 상여금이 회사에 더 높은 수익을 올려주려는 동기를 부여해준다는 주장이 일반적이다. 그러나 100년도 더 전에 실시했던 조사에 따르면 성공에 지나치게 큰 보상을 주는 것이 더 적게 줄 때보다 성과 수준이 못함을 알 수 있다.

2009년 인도에서 실시한 실험이다. 참가자들이 다양한 게임에 도전해서 "매우 우수한" 성과를 올리면 4나 40, 400루피(400루피는 참가자들의 월 평균 임금에 해당했다)를 보상으로 받았다. 창의력과 기억력, 신체능력을 시험했고, 각 분야는 6종류의 게임으로 구성되었다. 기억력 게임에는 "사이먼Simon(장치에 불이 들어온 순서를 기억하고 그대로 되풀이하는 게임이다-옮긴이)"과 "마지막 세 숫자 기억하기" 등이 포함되어 있었고, 신체능력에는 참가자들이 손재주를 발휘해 장치 안의 미로를 따라 공을 굴리는 게임인 미로에서 공 균형 잡고 "굴리기"가 포함되었다. 부채꼴 모양의 금속 9개를 주고, 이들을 배치해서 틀 안에 맞추도록 하는 게임도 있었다. 4분 안에 완료하면 상금의 절반을 받고, 2분 안에 끝내면 전액을 가져갈 수 있다. 상금 액수가 가장 적을 때 29퍼센트가 4분 안에 들어왔고, 25퍼센트가 2분 안에 완수했다. 중간 액수일 때는 성적이 조금 더 좋아서 43퍼센트가 4분 안에 끝냈고, 33퍼센트가 2분 안에 마쳤다. 그러나 한 달 임금에 해당하는 상금을 받는 경우 높은 상금이 주는 부담이 역효과를 가져왔다. 4분 안에 완수한 참가자는 10퍼센트밖에 되지 않았고, 2분 안에 끝낸 사람은 아무도 없었다. 가장 많은 상금이 제공될 때 가장 좋은 기량을 보여준 게임은 단 하나도 없었다.

왜 이런 결과가 나오는 걸까?

연구자들은 이런 결과가 나온 이유에 대해 몇 가지 견해를 내놓았다. 먼저 스포츠 선수들에게서 나타나는 '쵸킹' 현상이 있다. 특정 과제를 해낼 때 주어지는 보상이 지나치게 크면 그만큼 압박감도 커지면서 기량을 제대로 발휘하지 못하는 것이다. 다음으로는 엄청난 보상이 약속되면 사람들의 마음이 실제로 수행해야 하는 과제가 아닌 보상에 자연스럽게 초점이 맞춰지는 경향을 들 수 있다.[34]

1970년대에 진행되었던 또 다른 연구에서 스탠퍼드 대학교의 마크 레퍼와 그의 동료들은 참가자들을 모집해 게임을 했다. 초반에는 그저 재미를 위해 하다가 이후에 성공에 따른 보상 제도를 도입했다. 그런 다음에 보상 제도를 다시 없애자 참가자들은 놀이에서 더 이상 즐거움을 얻지 못했다. 보상 제도의 도입으로 재미있던 게임이 노동으로 바뀐 것이다. 인센티브 제도를 일에 적용하면 일 자체에서 얻을 수 있는 본질적인 만족감이 사라지면서 사람들은 그저 보상을 받기 위해 일한다는 느낌을 가질 수 있다. 이들의 동기가 일이 아니라 보상이 되고, 보상을 받기 위해 원칙을 무시하거나 편법을 사용하려는 유혹에 빠지기도 한다. 유혹에 흔들리지 않는 사람들에게도 보상이 도움이 아닌 방해물이 될 수 있음이 증명되고 있다. 1993년에 작가 알피 콘은 《하버드 비즈니스 리뷰》에 다음과 같이 기고했다.

> 생산성과 관련된 연구에서 지난 30년 동안 최소한 24개 이상의 연구가 과제를 완수하거나 성공시킨 대가로 보상이 주어질 때 보상이 전혀 주어지지 않는 경우보다 성과가 떨어진다는 사실을 명확히 보여주었다. 연구 대상은 남녀노소로 다양했고, 암기에서부터 창조적 문제 해결, 콜라주 만들기까지 다양한 과제가 포함되었다. 일반적으로 더 정교한 인지력과 개방적인 사고력이 요구될수록 보상을 받기 위해 일할 때 성과가 더 떨어진다.[35]

그러나 이런 조사를 통해 배울 수 있는 교훈들은 무시되기 일쑤였다. 하버드 경영대학원의 브라이언 홀과 서던캘리포니아 대학교의 케빈 머피는 조사를 통해 2003년 이전의 10년 동안 주가에 따라 경영진에게 주는 총 배당금이 10퍼센트에서 거의 70퍼센트로 상승했음을 발견했다.[36]

금융권에서 이런 종류의 금전적 혜택을 받은 사례를 몇 개만 들어보자. 은행들이 암초에 걸렸던 2008년에 바클리스Barclays 투자은행의 경영자

밥 다이아몬드는 650만 파운드의 보너스를 받았고, 스코틀랜드 로얄은행Royal Bank of Scotland의 경영자 프레드 굿윈은 286만 파운드, HBOS의 기업대출 책임자였던 피터 커밍스는 180만 파운드를 챙겼다. 이미 후하게 받고 있는 기본급에 추가로 더해진 금액이었다. 금융위기가 불러온 참사로 인해 납세자들의 주머니에서 나간 비용은 상상을 초월할 정도로 어마어마했다. 바클리스에 수십억 파운드의 융자금과 담보가 제공되었고, 스코틀랜드 로얄은행에 200억 파운드가 지원되었으며, HBOS는 영국 산업은행인 로이드 뱅크의 도움으로 구제되었다. 이 외에도 이 세 은행에 200억 파운드의 정부지원금이 추가로 투입되었다. 2010년 말까지 정부가 은행들에 쏟아부은 지원금 총액은 1,240억 파운드였고, 납세자들의 부채액은 5,120억 파운드로 추산되었으며, 이는 영국 정부의 연간 총수입보다 100억 파운드 모자란 금액이다.

보너스 제도가 2008년 금융위기를 일으킨 유일한 원인은 아니다. 그러나 2009년에 영국 재정청이 금융위기를 분석하고 대책을 제시하기 위해 작성한 터너 리뷰는 "부적절한 인센티브 제도가 금융위기에 일조한 행위를 부추기는 역할을 했다는 강력하며 확실하다고 여길 만한 사례"가 있고, 보너스 정책으로 "일부 경영진과 트레이더trader(주식이나 채권 매매 시 자신이 직접 거래하거나 시세를 예측하면서 고객 간의 거래를 중개하는 사람을 말한다-옮긴이)가 과도한 위험을 감수하게 만드는 인센티브가 생겨나고, 당시에는 수익을 올리는 것처럼 보였지만 결과적으로는 조직에 그리고 몇몇 경우에는 시스템 전체에 해를 끼친 활동에 막대한 보수를 지급하는

결과가 발생했을" 가능성이 있다는 결론을 내렸다.[37]

《파이낸셜 타임스》의 칼럼니스트 팀 하포드는 문제점과 해결책을 다음과 같이 요약했다.

> 모든 인센티브 제도의 기본 원칙은 중요한 모든 것을 측정할 수 있는가이다. 이것이 불가능하다면 강력한 금전적 인센티브는 근시안적이고 편협한 사고방식과 노골적으로 기만하는 행위를 만들어낼 것이다. 복잡하고 다면적이며 정교한 균형 유지가 필요한 일을 처리하는 최상의 방법은 유능한 사람을 고용하고, 현행 임금 수준에 맞춰 보수를 지급하며, 최선을 다해 노력해달라고 요청하는 것이다.[38]

금융위기라는 찬물을 한 바가지 맞고 기업들이 정신을 차렸을 것이라고 믿는 사람들도 일부 있었지만, 이런 믿음에 곧장 역습이 가해졌다. 런던의 주요 은행 8곳의 고위급 직원 1,265명이 2010년에 보너스로 평균 180만 파운드를 받았다.[39] 그러나 마침내 메시지가 전해진 것 같다. 2016년에 영국에서 가장 신뢰받고 수익성이 좋은 투자회사 중 하나인 우드포드 투자관리Woodford Investment Management의 창업자가 다음과 같은 이유로 보너스 지급을 멈추겠다고 말했다.

> 보너스와 성과 사이에 관련성이 부족하고, 광범위한 학문적 증거가 이를 뒷받침해준다. 많은 연구가 보너스가 동기부여의 역할을 하지 못한다는 결

론을 내놓았는데, 이미 이들을 당연히 받는 것으로 여기고 있기 때문이다. 행동 연구도 보너스 지급이 단기적인 의사 결정과 잘못된 행위로 이어질 수 있음을 보여준다.[40]

물론 보상 문제는 거대한 금융계에만 국한되지 않는다. 많은 부모들이 이들이 가진 유혹과 잠재적 위험에 대해 잘 알고 있을 것이다. 내가 아는 한 엄마는 아이에게 배변훈련을 시키기 위해 보상으로 장난감 자동차를 주었다. 그러나 그녀의 아이는 눈치 빠르게 기회를 포착했고, 한동안 이 기회를 이용하는 데 성공했다. 마침내 배변훈련이 끝났을 때 아이의 수중에는 곰인형과 책, 장난감 벽돌, 그리고 이들을 모두 넣을 수 있는 가방이 있었다. 아이의 부모는 동생들에게는 이 방식을 되풀이하지 않기 위해 조심했다.

부모가 자녀에게 주는 다른 종류의 보상도 부정적인 측면을 가지고 있다. 많은 부모들이 중요한 시험에 통과하면 보상을 해주는데 이는 단기 목표를 달성하는 데에는 효과가 있어 보인다. 그러나 학습 자체가 가진 본질적인 혜택보다는 보상에 더 집중하게 만들고, 목표를 달성할 때 느끼는 만족감은 중요하지 않다는 메시지를 전해주며, 성인이 되어서 충동구매와 도박, 재정적 문제를 야기할 수 있는 물질주의에 빠져들게 만든다.[41]

일 자체에서 만족을 찾을 수 있다면 외적 보상은 불필요하다. 우리는 종종 "꿈의 직업"에 안착하고, 아무것도 바라지 않고 행복하게 일할 수 있다고 말하는 사람들의 이야기를 듣는다.

톰 소여는 유사한 문제에 다른 관점을 가지고 있었다. 폴리 이모가 그에게 오후에 울타리 페인트칠을 하라는 벌을 내렸고, 그는 흰 구슬을 주겠다며 짐을 구슬려 보았지만 결국 실패한다. 그 뒤에 그곳을 지나가던 벤과 다음과 같은 대화를 나눈다.

"뭐야, 벤, 너구나! 네가 온 줄도 몰랐어."

"난 수영하러 가는 길이야. 너도 갈래? 아니다. 넌 일을 해야지, 그렇지? 물론 그럴 거야!"

톰은 벤을 잠시 바라보다가 말했다. "일이라니? 뭐가?"

"지금 하고 있는 그게 일 아니야?"

톰은 페인트칠을 멈추고 무심하게 답했다.

"뭐, 그럴 수도 있고, 아닐 수도 있지. 내가 아는 거라고는 이 톰 소여에게 딱 맞는다는 거야."

"말도 안 돼. 지금 그 일이 좋다는 거야?"

톰은 다시 붓을 부지런히 움직이며 말했다.

"좋으냐고? 뭐, 좋아하지 않을 이유가 없어 보이는데. 울타리를 칠할 수 있는 기회가 매일 있는 것은 아니잖아?"

이 한마디에 상황이 뒤바뀌었다.[42]

벤과 다른 소년들은 그의 꾐에 넘어갔고 페인트칠에 합류했다. 페인트

칠만이 가진 고유한 혜택이 있음을 암시하면서 친구들을 설득하는 데 성공한 톰은 울타리 세 면을 말끔하게 칠하고 남은 오후를 기분 좋게 보낼 수 있었다. 마크 트웨인은 다음과 같이 말을 이어갔다.

> 만약 톰이 이 책의 저자처럼 위대하고 현명한 철학자였다면 그는 이제 무엇이든 강제성을 가지면 일이고, 강제성 없이 하는 것은 놀이라는 이치를 이해했을 것이다. 이것이 조화를 만들거나 디딜방아를 찧는 것은 노동이지만, 볼링을 치거나 몽블랑에 오르는 것은 오락인 이유다. 잉글랜드의 부유한 신사들은 명예를 위해서라면 기꺼이 어떠한 대가도 없이 여름 내내 네 마리 말이 끄는 사륜마차를 몰고 20~30마일을 달릴 수 있지만, 임금을 주며 일하라고 하면 그만둬버릴 것이다.[43]

나는 십대 때 2년 동안 여름방학마다 이스트엔드오브런던의 가족센터를 새단장하는 일을 도와주면서 이 진실을, 즉 어떠한 대가도 바라지 않고 기꺼이 하는 일의 즐거움을 깨달았다. 다른 사람들과 함께 일하고 이들과 친분을 쌓아가면서 2년간 최고의 여름방학을 보냈다. 이 경험을 통해 나는 자신감을 키우고 다수의 사람들과 우정을 지속적으로 이어갈 수 있었다. 어떠한 물질적 보상도 따르지 않았지만, 일 자체가 주는 본질적인 보상은 엄청났다.

과도한 부담과 지나치게 많은 선택, 잘못된 인센티브는 모두 우리가 가장 이루고 싶어 하는 일을 망치는 길로 이끌 수 있지만, 이런 위험을 인지하는 것만으로도 이를 모면하는 방향으로 첫 걸음을 내딛었다고 할 수 있다. 우리는 종종 집이나 직장에서 우리가 문제에 접근하는 방식을 살펴보고, 의도하지 않은 결과가 목표 달성에 방해가 되는지 어떤지를 알아보게 될지도 모른다. 지금까지 항상 한 가지 방법만 사용했다고 다른, 심지어 직관에 반대되는 접근방식을 고려할 가치조차 없다는 뜻은 아니다. 이들이 더 나은 결과를 가져올 가능성은 얼마든지 존재한다.

4장

왜 역효과가 나는 걸까?

UNINTENDED CONSEQUENCES

역사적으로 보는 뒷통수 맞기

로마제국이 지배하던 시대로 시간여행을 떠나보자. 자국의 기술자들이 건설한 훌륭한 도로망을 이용해 로마 군대가 국경지대로 진군한다. 이 도로망은 2,000년이 지난 지금도 여전히 유럽 대륙의 수많은 주요 도로의 기초가 되고 있다. 산야를 횡단하는 험한 길이 아닌 시원스럽게 뚫린 넓은 도로를 따라 군대를 이동할 수 있는 이점은 설명이 따로 필요 없을 만큼 자명하다. 고대 로마의 전략가였던 베게티우스에 따르면 로마 군인들이 이런 길을 따라 군장을 갖추고 하루에 최장 18마일(약 29킬로미터)을 행군할 수 있었다고 한다. 길에는 정확한 위치를 알려주는 이정표가 설치되어 있었다.

그러나 도로는 군대의 전유물이 아니다. 누구나 사용할 수 있을 뿐만 아니라 로마 군대가 사용하든, 이들의 적군이 사용하든 상관이 없다. 그래서 서기 60년에 잉글랜드의 고대 켈트족이었던 이세니족의 여왕 보아디

케아가 로마제국에 저항해 반기를 들면서 강력한 10만 대군을 이끌고 로마인들이 만든 길을 따라 카물로두눔Camulodunum(현재의 콜체스터)에서 런던까지, 그리고 여기서 다시 베르누라미움Vernulamium(현재의 세인트올번스)까지 진격할 수 있었다. 그녀는 자신이 지나는 곳마다 방화와 살인을 저질렀다. 이들의 진격 속도가 너무나 빨라서 론디니움Londinium(고대 로마시대에 런던을 부르던 이름이다-옮긴이)은 미처 대응할 준비를 못 하고 잿더미가 되고 말았다. 현대 런던의 특정 지역을 깊게 파보면 무자비한 파괴로 인해 붉은 재가 두껍게는 25센티미터까지 쌓인 층을 발견할 수 있는데, 이는 보아디케아의 분노를 보여주는 흔적이다.

로마의 기술이 부메랑 효과를 낳아 론디니움을 불태우기는 했지만, 양측 모두가 좋은 의도를 가지고 있을 때도 참사가 일어날 수 있다. 실제로 국제관계에서 발생하는 오해는 로마 시대보다 더 이전에도 존재했다. 이스라엘의 다윗 왕은 암몬인들의 왕이 서거했다는 소식을 듣고 조의를 표하기 위해 사절단을 파견했다. 그러나 암몬인들은 이에 의심을 품으면서 자신들을 염탐하고 도시를 전복시키려는 음모라고 생각했다. 다윗의 사절단은 그 시대의 전통에 따라 멋진 수염을 기르고 있었는데, 암몬 당국은 손님들을 체포한 다음에 남성들의 수염을 한쪽만 깎고, 옷을 엉덩이 부분까지 잘라내는 식으로 자신들의 불쾌한 감정을 드러냈다. 이스라엘을 모욕한 암몬인들에 분노한 다윗 왕은 결국 암몬을 공격했고, 암몬인들은 3만 대군으로 맞섰으나 1년간의 전쟁을 치른 후에 패배했다. 도시는 약탈당하고 거주민들은 학살당했다. 애도를 표하려고 했던 다윗 왕의 좋

은 의도가 종국에는 참사로 이어진 사례다.[1]

역사적으로 예상치 못한 후폭풍이 문제가 된 경우는 수없이 많다. 100년 전 아일랜드 전체가 영국의 일부였던 때 영국 정부는 이들에게 자치권을 허용하는 방안을 모색하고 있었다. 다수의 아일랜드인이 이 정책에 반대했고, 이를 저지하기 위해 얼스터 의용군UVF, Ulster Volunteer Force이라는 단체를 조직해 무력투쟁도 불사했다. 1913년 말에는 조직원 수가 9만 명이 넘었다. "나의 적의 적은 나의 친구다"라는 원칙을 고수했던 독일 정부는 상황을 더욱 악화시키기 위해 3만 5,000자루의 소총을 이들에게 몰래 지원해주었다. 그러나 1년도 지나지 않아 1차 세계대전이 발발했고, 얼스터 의용군 전원이[2] 독일에 맞서 싸우기 위해 영국군에 지원했다. 이때 이들 중 다수가 독일로부터 지원받았던 총을 가지고 참전했다.

수십 년 후에 미국은 아프가니스탄에서 동일한 정책적 실수를 저질렀다. 1973년에 소련은 아프간의 왕을 끌어내리고 공산정권을 설립한 무함마드 다우드 왕자를 지지했다. 독일이 아일랜드에 그랬듯이 CIA는 자신들의 적의 적을 지원하기 시작했는데 그들이 바로 이슬람 극단주의 조직이었다. 이런 조직들의 저항은 성공을 거두고 있었고, 소련은 1979년에 이 나라에서 공산정권이 무너지는 사태를 막기 위해 아프가니스탄을 침공했다. 싸늘한 냉전이 지속되던 중에 미국은 자신들이 용맹한 친구라고 여겼던 이들을 지지해주기 위해 지원금을 늘려가며 미화 30억 달러를 이 지역에 쏟아부었다. 이 지원금 중 거의 절반이 근본주의자이자 무자비한 이슬람 게릴라 조직 무자헤딘의 지도자 굴부딘 헤크마티아르의 금고 속으로 흘러 들어갔다.[3] 미국은 헤크마티아르의 잔혹성을 특히 마음에 들어 했는데, 이런 성정이 소련에 대항할 때 유용하게 작용할 것이라고 보았기 때문이다.

그러나 헤크마티아르와 무자헤딘이 미국에 전적으로 의존하지는 않았다. 이들은 마약 밀매로도 엄청난 자금을 축적했는데, 미국이 눈을 감아주는 가운데 아프가니스탄의 아편 생산은 1982년 250톤에서 1991년 2,000톤으로 늘어났다. 1980년대 후반에 CIA는 무자헤딘을 위해 자금을 조달하고 신병을 모집하는 무크탑 알키다마트MAK를 통해 또 다른 이슬람 극단주의자를 지원했는데 그가 바로 오사마 빈 라덴이었다.[4] 이 조직은 뉴욕 시 브루클린에 거점을 두고 외부 세계에서 아프가니스탄으로 자금과 무기, 병력을 조달했고,[5] CIA가 소련을 상대로 아프가니스탄에서 비밀리에 진행 중인 전쟁 덕분에 주요 공급자로 자리를 잡게 되었다. CIA가 아프간 전사들의 훈련과 재정 지원에 점점 더 많은 노력을 기울이고 자원을 투입하면서 1989년 2월 말에, 아프가니스탄 공산주의 정부가 이후로 3년 동안 더 저항하기는 했지만, 소련은 결국 철수할 수밖에 없었다.[6]

전쟁에서 승리한 아프간 전사들은 관심을 다른 곳으로 돌렸다. 그리고 1993년 2월에 뉴욕 시의 세계무역센터 폭탄 테러를 자행하면서 이들의 의도가 명백해졌다. 쌍둥이 타워 중 하나의 지하 주차장에서 폭탄 트럭이 폭발했다. 두 타워 중 하나가 무너지면 그 여파로 나머지 하나도 무너질 것이라는 계산이 깔린 공격이었다. 이 테러는 목적 달성에 실패했지만 6명이 사망했다. 이후에 폭파범 대부분이 굴부딘 헤크마티아르와 연관이 있었고, CIA가 지원했던 자금으로 훈련을 받았다는 사실이 밝혀졌다. 미국의 적의 적은 미국의 적이 될 수도 있다는 점이 분명해졌다. CIA 내부 보고서는 "이들에게 자금을 지원하면서 우리가 세계무역센터에 폭탄 공격을 가했다고 말해도 무방한 상황이 만들어졌다"라고 결론을 내렸다.[7]

상황은 점점 더 악화되었고, 결국 미국이 자금을 지원하고 훈련했던 또 다른 인물 오사마 빈 라덴이 굴부딘 헤크마티아르가 실패했던 계획을 다시 실행에 옮겨 2001년 9월 11일에 세계무역센터를 파괴하는 데 성공했다. 3,000명에 달하는 무고한 시민들이 사망하면서 끔찍한 후폭풍을 몰고 온 사례로 기록되었다.

서구사회의 개입이 역효과를 낳은 국가는 아프가니스탄만이 아니다. 2003년에 서방 연합군이 이라크를 침공했다. 이들의 두 가지 주요 목적은 이라크의 대량살상무기를 파괴하고, 사담 후세인 정권을 무너뜨리는 것이었다. 계획대로 사담 후세인은 권력을 상실했지만, 훗날 밝혀졌듯이 대량살상무기는 존재하지 않았다. 시아파가 이끄는 정부가 후세인의 수니파 정부를 대신했고, 《뉴요커》의 기사에서 언급했듯이 (주로 수니파 무슬림으로 구성된) 군대가 효과적으로 해체되면서 약 25만 명의 "군사훈련을 받은 무장하고 분노한 남성들이 …… 예상치 못한 모욕감과 함께 일자리를 잃었다."[8] 이것만으로도 위험한 상황이 연출되기에 충분했는데, 2011년에 미국이 이라크에서 철수했을 때 당시 이라크 총리였던 누리 알말리키는 지속해서 수니파 신자들을 무자비하게 탄압했다. 이 과정에서 이들 다수가 급진적인 사상을 마음에 품게 되었고, 새로운 이슬람 과격단체에 합류했다. 이 단체가 바로 ISISIslamic State of Iraq and Syria로 이들은 서구 열강이 떠나고 생긴 공백을 힘들이지 않고 채워나갔다.[9] 이 시기에 미국 대통령이었던 버락 오바마는 2015년에 "ISIS는 이라크 알카에다에서 생겨난 결과물이며, 미국의 침공이 이들의 세력 확산에 일조했다. 이는 의도하지 않은 결과의 본보기로 총을 쏘기 전에 먼저 조준을 잘해야 하는 이유다"라고 인정했다.[10] 2006년에 《마더 존스Mother Jones》지에 발표되었던 이라크 전쟁의 결과를 조사한 연구는 이 전쟁이 전 세계에 영향을 미치면서 테러 공격 건수가 세계적으로 607퍼센트 상승하고, 이로 인한 사망자 수가 237퍼센트 증가했음을 보여주었다.[11]

이 외에도 현대에 역풍을 맞은 사례를 쉽게 찾아볼 수 있다. 세 번째 사례로 2008년경에 세계에서 가장 위험한 국가 중 하나가 된 소말리아를 살펴보자. 소말리아는 20년간 내전에 시달렸고 40만 명이 사망했다. 남부는 알카에다와 연관이 있는 잔혹한 무장단체 알샤바브Al-Shabaab가 지배했고, 해적들이 처벌받지 않고 활동하면서 소말리아 해안을 지나가는 선박을 공격하고 납치했다. 2008년에만 해적들에게 지급한 몸값이 미화로 총 5,000만 달러 이상으로 추산된다.

어떻게 이런 끔찍한 상황이 발생하게 되었을까? 알샤바브는 2006년 6월에 수도 모가디슈를 장악했던 이슬람 법정 연합ICU, Islamic Courts Union의 군사조직으로 출발했다. 소말리아의 심상치 않은 상황을 우려하던 미국의 부시 행정부는 알샤바브의 영향력이 줄어들기를 바라며 이웃 국가를 침략하도록 비밀리에 에티오피아에 압력을 가했고, 실제로 2006년 12월에 이 사태가 발생했다. 이슬람 법정 연합은 얼마 버티지 못하고 곧 와해되기는 했지만, 이 일격으로 알샤바브 극단주의자들이 자신들을 둘러싼 침략자들에 저항하며 전면으로 나서게 되었다. 옥스퍼드 대학교에서 아프리카 정책을 가르치는 데이비드 앤더슨 교수는 2011년에 다음과 같이 말했다.

> 서구의 개입은 의도는 좋으나 한참 부족한 지식으로 형편없이 시도된 경우가 많았다. 에티오피아의 소말리아 침략을 지원한 미국은 사태를 더욱 악화시켰을 뿐이다. 에티오피아의 침략은 과격단체들이 타국의 간섭에 맞서 힘을 합쳐야 하는 이유를 제공했다. 이로 인해 알샤바브는 더욱 강력한 집단으로 성장했고, 서구사회가 정치권력을 되찾고 정상국가로 복구하길 바랐던 정치인들의 위상을 약화시켰다. 현재 상태는 그 어느 때보다도 이런 바람과 동떨어져 있다.[12]

되돌아보면 미국이 "나의 적의 적은 나의 친구"라는 생각으로 아프가니스탄의 탈레반과 리비아의 지도자 카다피, 이라크의 사담 후세인에게 재정 등의 지원을 아끼지 않았다가 이들을 훗날 자신을 물어뜯기 위해 달려드는 조직이나 정권으로 성장시켰다는 사실은 실로 충격적이다. 실제로 어떤 결과를 초래하게 될지에 대한 충분한 이해 없이 이 같은 개입이 너무 자주 발생하는 것처럼 보인다. 앞서 오바마 전 대통령이 말했듯이 정부는 총을 쏘기 전에 먼저 신중히 조준해야 한다. 존 헐스먼과 라라 팔레이는 서구가 연루된 이라크 전쟁에 대해 "간단히 말해 서방국가는 분석의 첫 번째 지적 장애물에 걸려 넘어졌다. 우리는 타인의 입장에서 생각하는 데 실패했다"라고 논평했다. 또 이런 끔찍한 상황을 피하는 방법을 제시한 토머스 에드워드 로런스의 조언을 인용하며 "이들(지역 주민들)을 경험하고 이들이 가진 적대감을 이해한다면 거의 모든 경우에 이들의 태도와 행동을 예측할 수 있다"라고 덧붙였다.[13] 서방국가들은 이라크가 실제로 민족성과 종교를 기반으로 수니파와 시아파, 쿠르드족으로 나누어져 있음을 인식하지 못하고 계속해서 이 지역이 어떤 모습이어야 하는지에 대한 자신들의 관점을 내세우려 하는데, 이런 식으로는 어떠한 해결책을 내놓아도 장기적인 성공을 장담할 수 없다. 오스만 제국이 메소포타미아를 통치했을 때 이들은 이 지역을 바스라와 바그다드, 모술 세 구역으로 나누었고, 각각 시아파와 수니파, 쿠르드족이 다스리게 했다. 헐스먼과 팔레이는 "이 지역 사람들의 입장에 서서 이들이 세상을 바라보는 방식을 분석하고 배우지 못한다면 이들이 어떤 결정을 내리고, 도움을 받아들이며, 개혁을 수용하고, 합의를 인정할지, 그리고 이들이 가진 희생자가 될지도 모른다는 두려움을 짐작할 수 없다"라고 결론을 내렸다.[14]

전쟁, 경제제재, 보이콧

상황을 제대로 분석하고 총을 쏘기 전에 목표물을 신중히 조준하는 것은 어떤 행동을 실행에 옮기기 전에 당연히 취해야 하는 행위다. 그러나 이보다 더 좋은 방법은 행동을 취해야만 하는 모든 상황을 예방하는 것이다. 손무는 고전 병법서인 『손자병법』에서 진정으로 위대한 장군은 싸우지 않고 이긴다고 했다. 탁월한 전투 능력을 갖춘 자보다 한 수 위인 것이다.[15] 만약 미국 정부가 납치된 항공기가 하늘을 나는 폭탄이 될 수 있음을 미리 알았더라면 9·11 테러가 발생하기 전에 보안 수준을 한층 더 높여 세계무역센터에 가해진 공격을 막을 수 있었을 것이다. 아프가니스탄 침공은 불필요했을지도 모르고(이라크 침공도 그랬을 가능성이 매우 크다), 그랬다면 20만 명 이상이 목숨을 잃지도 않았고[16], 미화 1조 7,000억 달러 이상을 절약할 수도 있었다.[17]

누군가는 경험을 통해 지혜를 얻는다고 생각할지도 모른다. 그러나 1948년 건국 이래 지속해서 분쟁에 휘말리고 있는 이스라엘 같은 국가들조차 이런 문제의 심각성을 파악하는 데 실패했다. 이스라엘의 정보국장이었던 아론 파카쉬는 헤즈볼라 같은 조직을 직접적으로 공격하는 행위가 "이들을 더욱 혁신적으로 성장하게 만듭니다. …… 우리가 이들을 진화시키고 있는 것이죠"라고 말했다.[18] 이런 공격은 적의 세력을 격감시키기보다는 백신을 맞은 것처럼 면역력을 증진해주는 효과가 있다. 헤즈볼라는 단순한 군사조직에서 발전해 레바논 (그리고 이후에는 팔레스타인) 사회에 깊숙이 침투해 영향력을 행사하게 되었다. 이들은 집을 다시 짓고, 배관 보수 등의 일상적인 문제를 해결하면서 사실상 지방의회와 자선단체가 결합한 조직의 형태를 갖추었다. 저자인 조슈아 쿠퍼 라모는 "레바논의 폭격당한 모든 집이 재건축 기금을 통해 새로 지어졌고, 파괴된 모든 학교가 미래의 헤즈볼라 투사들을 양성하는 교육시설을 만드는 기회가 되었다"라고 했다.[19]

경제제재는 공격성을 덜어낸 또 다른 형태의 압박으로 국제사회의 분노를 샀던 다수의 국가가 다년간 이런 조치의 대상이 되었다. 이들 중에는 이라크(1990년)와 아이티(1991년), 리비아(1992년), 소말리아(1992년), 르완다(1994년), 아프가니스탄(1999년), 에티오피아와 에리트레아(2000년)가 포함되었다.[20]

사담 후세인이 1990년 8월 쿠웨이트를 침공한 후에 유엔은 후세인을 축출하기 위해 이라크와의 거래에 전면적인 제재를 가했다. 그러나 이 경제제재는 후세인 정권을 무너뜨리는 데 실패했을 뿐만 아니라 일반 대중에 치명적으로 암울한 영향을 미쳤는데, 유니세프는 이라크의 어린아이들 50만 명이 영양실조로 사망했다고 추정했다. 이라크의 쿠웨이트 점령은 1991년 1월에 미국이 주도하는 다국적군이 투입되면서 끝났다.

1991년 9월 군사 쿠데타가 발생한 후에 아이티에 시행한 경제제재도 어린아이들에게 악영향을 미쳤다. 서반구에서 이미 가장 가난한 국가 중 하나였던 아이티는 3년간의 경제제재로 영양실조에 걸린 5세 미만 아이들의 비율이 27퍼센트에서 50퍼센트 이상으로 증가했고, 이 결과로 수천 명의 아이가 사망한 것으로 추산된다. 이 외에도 운송과 전력 공급, 의료 서비스 등을 포함한 일상의 모든 측면이 영향을 받았다. 예방 가능한 질병도 다시 발병했다. 예를 들면 홍역 예방접종률이 감소하면서 1년 동안 홍역으로 인한 사망률이 1퍼센트에서 14퍼센트까지 치솟았다. 반면 경제제재로 타격을 받을 것으로 예상했던 쿠데타 지도부는 부와 권력을 동원해 자신들을 보호했다. 이들이 암시장에서 필요한 물품을 구매하는 동안 이미 가난에 허덕이고 있던 일반 시민들이 경제제재로 실질적인 고통을 받았다.[21]

남로디지아(현 짐바브웨)가 1965년 일방적으로 독립을 선언한 후에 영국이 남로디지아에 경제제재를 가했을 때도 비슷한 결과가 나왔다. 백인 지배계급은 거의 영향을 받지 않은 가운데 안 그래도 가난한 흑인들의 삶은 더욱 힘들어졌다.[22]

경제제재는 제재가 가해지는 국가에서 중앙집권이 강화되고 인권 침해가 심해지면서 부패를 악화시키는 경향도 있다.[23] 또 특정 인물이나 지배층을 겨냥했다고 해도 이런 사례들의 거의 절반에서 여전히 반인도주의적 결과가 동반되었다. 이란 학생들이 테헤란의 미국 대사관을 습격해 미국인 52명을 444일간 억류했던 1979년 테헤란 인질 사태 이후에 미국은 이란에 연이은 제재를 가했다. 의료 장비와 농기구, 인도주의적 지원은 특별히 계속 허락되었지만, 공급자 대부분이 미국과의 마찰을 우려해 위험을 무릅쓰려고 하지 않았다. 2014년에 런던 재보험 시장의 경영자 100명 이상을 대상으로 실시한 조사는 이란으로 수송하는 인도주의

적 지원 물자를 보험에 가입시키기를 꺼린다는 사실을 보여주었다. 조사에 응했던 어느 대상자는 기업실사가 이를 "지나치게 까다롭게" 만들었다고 설명했다.[24]

전쟁 선포나 경제제재 시행까지 가지 않고도 못마땅하게 여기는 정권이나 국가에 보이콧을 통해 여전히 불만을 나타낼 수 있다. 이런 식으로 록밴드 U2는 수년간 인권 유린이 심각하다는 이유로 콘서트 투어를 하지 않는 국가 리스트를 가지고 있었다. 그러나 2010년에 이런 식으로는 바라는 결과를 얻을 수 없다고 결정하면서 보이콧 리스트의 상위권에 포함되었던 터키를 방문했다. 이스탄불 콘서트를 찾은 5만 명의 팬들은 보노가 평화와 민주주의, 인권을 노래할 때 함께 따라 부르면서 이들에게 고마움을 표현했다. 터키의 소설가 엘리프 샤팍이 말했듯이 다른 형태의 제재와 마찬가지로 문화적 보이콧도 흔히 정부보다는 국민에게 더 큰 영향을 준다. 터키와 러시아, 파키스탄, 이스라엘 등의 국민들은 다른 견해를 가진 사람의 말을 들을 필요가 있고, U2의 이스탄불 콘서트는 보노가 자기 생각을 공개적으로 공유하는 기회가 되었다. 보이콧으로 인해 외부의 관점이 차단되면 탄압적인 세력이 미사여구로 자신들을 포장하면서 우물 안의 개구리 격인 사회가 만들어질 수 있다.

가수 스팅은 문화적 보이콧에 대해 "이들은 역효과를 낳습니다. 보이콧 대상이 된 국가들에서는 생각과 예술이 자유롭게 교환되지 못하고, 그 결과 사회는 더 폐쇄적이고 병적으로 의심이 많으며 배타적으로 변합니다"라고 말하면서 이 같은 문제점을 지적했다. 록밴드 라디오헤드의 톰

요크도 이에 동의한다. 이스라엘에서 콘서트를 하는 것에 대한 비판에 직면했을 때 그는 콘서트를 거부하면 "사람들을 화합할 수 없습니다. 대화를 종용하거나 서로를 이해하도록 설득할 수 없어요"라고 했다.[25] 엘리프 샤팍은 U2의 터키 콘서트 개최를 환영하며 이들의 방문을 터키 정부에 대항하는 사람들에게 힘을 실어줄 기회로 보았다. 그녀는 보이콧에 대해 이렇게 말했다. "우리는 더 효과적으로 비판하는 방법을 찾아야 해요. 팔레스타인과 유대인 예술가들이 서로 협력하는 모습을 보는 것이 멀리서 보이콧하는 것보다 더 큰 영향력을 발휘합니다. 그곳에 가서 사람들을 만나고, 언론매체와 인터뷰하고, 다른 견해를 확산시키는 것이 더 좋은 방법이에요."[26]

1960년대 초에 시작된 남아프리카에 대한 문화적 보이콧이 아파르트헤이트의 폐해를 더욱 심화시켰음은 의심의 여지가 없다. 지나치게 개괄적인 접근 방식으로는 원하는 결과를 가장 효과적으로 얻을 수 없다. 폴 사이먼이 보이콧을 깨고 훗날 그의 명음반으로 기록될 <그레이스랜드Graceland>(1986)의 수록곡 중 일부를 남아프리카에서 녹음하기로 결정했을 때 예술계는 분노했다. 남아프리카의 흑인 음악가들을 고용하고 현행 임금의 3배를 더 지급했지만, 그는 사방에서 쏟아지는 비난을 피할 수 없었다. 그러나 이 앨범이 큰 성공을 거두면서 연주에 참여한 음악가들과 남아프리카의 흑인음악이 훨씬 더 많은 대중에게 알려지게 되었다. 이 앨범은 1,600만 장이 팔리면서 폴 사이먼의 가장 성공적인 대표 앨범으로 자리를 잡았고, 가수 레이디스미스 블랙 맘바조와 기타리스트 레이

피리 등 그가 고용했던 남아프리카 예술가들이 자국을 넘어 세계무대로 진출할 수 있는 발판이 되었다. 이런 식으로 이들은 남아프리카에서 무슨 일이 벌어지고 있는지를 훨씬 더 효과적으로 알릴 수 있었다. 앤드류 뮬러는 2012년에 잡지 《언컷Uncut》에 "사이먼이 남아프리카 음악을 세상에 알리면서 아파르트헤이트가 지속되었다는 주장은 터무니없으며, 오히려 폐지를 앞당기는 데 조금은 일조했다는 주장이 더 일리가 있어 보인다"라고 썼다.

전쟁과 경제제재, 보이콧. 이들에게는 모두 의도하지 않은 결과가 따라붙는다. 그러니 정의를 바로 세우고 갈등을 봉합하는 해결책이 부정적인 조치보다는 긍정적인 조치에 있다고 봐야 하지 않을까?

악화일로의 역효과

1948년 이스라엘이 팔레스타인 땅에 국가를 건설한 순간부터 지금까지 두 나라 사이에는 물리적 충돌이 끊이지 않고 있다. 팔레스타인은 유대인들 때문에 부당하게 자신들의 생활터전을 잃었다고 생각한다. 1990년대에 이 끝날 것 같지 않은 분쟁을 해결하기 위한 새로운 움직임이 있었고, 양쪽 모두를 원조해주는 것이 협상을 원활하게 만들고 긴장을 완화하는 데 도움이 되리라고 생각했다. 그래서 이 지역에 지원을 아끼지 않고 쏟아부었다. 1990년대에 르완다나 보스니아, 다른 인도주의적 위기에 놓인 지역들에 비해 팔레스타인과 이스라엘에 더 많은 원조를 해주었다. 팔레스타인은 1993년과 1999년 사이에 미화 27억 달러를 지원받았고, 이스라엘은 미국으로부터 매년 연평균 약 30억 달러를 받았다. 이 자금은 1993년과 1995년 오슬로 협정을 지원하기 위한 돈이었는데, 이 협정은 가자 지구와 웨스트 뱅크 지역에 "공정하고 지속적이며 포괄적인 평화적 합의"가 이루어지기를 희망하며 노르웨이 정부의 중재로 팔레스타인해방기구PLO와 이스라엘 대표가 만나 협의한 합의다. 팔레스타인이 자치국가로 인정받는 데 필요한 도움을 줄 목적으로 지원이 이루어졌고, 팔레스타인해방기구의 지도자 야세르 아라파트를 통해 전달되었다. 이는 아라파트에게 개인적인 이해관계를 제공함으로써 협상이 교착상태에 빠졌을 때 그가 협상을 중단하지 않고 끝까지 이어갈 이유를 제공했다.

팔레스타인의 12만 명이 국제사회의 지원을 받아 일자리를 얻었는데, 이들은 팔레스타인해방기구를 통해 임금을 받았고, 그래서 자신들의 생계를 팔레스타인해방기구에 의지할 수밖에 없었다. 이는 당시 취업이 지독하게 힘든 시기에 웨스트 뱅크와 가자의 거의 절반에 가까운 거주민들이 팔레스타인해방기구에 의존했다는 의미다. 그러나 팔레스타인해방기구는 대부분의 일자리를 아라파트에 충성하는 파타Fatah(팔레스타인해방기구PLO 산하의 최대 조직이다–옮긴이)의 조직원들에게 나누어주었고, 파타와 연계된 단체들은 막대한 자금 지원을 받았지만, 반대파를 포함한 다른 단체들은 아라파트에 의해 배제되었다. 평화협정이 팔레스타인 사람들의 경제적 발전을 막으면서 팔레스타인의 거대한 소수집단은 삶이 개선되기는커녕 국제사회의 지원에도 불구하고 더 가난해졌다. 2000년에 시행한 조사는 가자 주민의 50퍼센트와 웨스트 뱅크 주민의 43퍼센트가 실제로 오슬로 협정 이후로 생활수준이 하락했다고 느끼고 있음을 보여주었다.[27] 결과적으로 1990년대가 막을 내릴 때쯤 생계를 꾸리지도 못하고 팔레스타인해방기구로부터도 외면당한, 불만에 찬 수많은 젊은 남성들이 하마스와 이슬람 지하드 같은 무장단체에 가입했다.

결국 7년이라는 긴 시간 동안 엄청난 노력과 막대한 자금을 쏟아부었음에도 2000년 9월에 팔레스타인은 이스라엘에 대한 공격을 재개했다. 협정이 깨진 것은 물론이고, 이후로 5년 동안 1,000여 명의 이스라엘인과 3,200여 명의 팔레스타인인이 사망했다.[28]

문제의 지역으로 흘러 들어간 지원이 사태를 수습하기보다는 수많은 팔레스타인을 소외시켰고, 이것이 이스라엘에 대한 뿌리 깊은 적개심을 부활시키는 결과로 이어졌다.

오슬로 협정과 같은 국제사회의 개입이 역효과를 가져온 사례가 다른 지역에서도 있었는데, 아프리카에서 발생한 처참한 민족 학살은 중동에서 발생한 문제를 새 발의 피처럼 보이게 만들었다. 우간다 남서쪽 모퉁이와 탄자니아 서쪽에 위치한 르완다는 그 면적이 미국의 매사추세츠 주와 비슷하거나 영국 웨일스보다 약 1.25배가 더 크다. 이 국가에서는 수년 동안 두 민족 집단 사이에 긴장상태가 고조되었다. 이들은 인구의 85퍼센트를 구성하는 후투족과 나머지 15퍼센트의 대부분을 차지하는 투치족이다. 르완다의 민족 분열은 1933년에 민족적 배경이 명시된 신분증을 발급하면서 촉발되었다. 수년간 르완다의 정치적 통제권은 투치족이 쥐고 있었다. 그러나 1959년에 후투족의 반란으로 투치족 체제가 전복되었고, 이때부터 투치족을 향한 민족 차별적 박해가 시작되었다. 1990년까지 60만 명 이상의 투치족이 해외로, 주로 우간다와 다른 인근 국가들로 도피했다.

1980년대 후반 커피 가격의 폭락과 연속된 가뭄으로 르완다 경제는 지독한 침체를 겪고 있었다. 커피가 주요 수출 품목이었던 르완다의 외화 수익이 1987년에서 1991년 사이에 절반으로 떨어졌다. 엎친 데 덮친 격으로 우간다로 도피했던 일부 투치족 난민들이 투치족 난민의 귀향을 목적으로 르완다애국전선RPF, Rwandan Patriotic Front을 형성하고 1990년부터 르완다 북쪽 지역에서 게릴라전을 지휘하기 시작했다.

후투족 극단주의자와 몇몇 언론이 폭력적인 반투치족 정서를 조장했고, 1994년 4월 후투족 출신의 온건파 쥐베날 하브자리마나 르완다 대통령이 암살되면서 일촉즉발의 상황으로 치달았다. 하브자리마나가 (이웃 국가인 부룬디의 새 대통령과 함께) 타고 있던 전용기가 르완다의 키갈리 공항에 착륙하던 중 두 대의 미사일 공격을 받아 격추되었다.

이 사건이 발생하고 곧바로 르완다 총리와 다른 후투족 온건파 지도자들이 살해되었고, 후투족은 투치족을 향한 적개심을 드러내며 이들을 완전히 쓸어내기 위해 학살을 자행했다. 이 학살은 끔찍할 정도로 성공적이었다. 몇 주 안에 최소한 80만 명의 투치족이 남녀노소 할 것 없이 잔인하게 살해되었다. 이는 투치족 인구의 약 4분의 3에 해당한다. 이에 더해

광분한 무리를 막으려고 했던 사람들도 예외 없이 죽음을 맞이했다.

국제사회의 지원이 이 끔찍한 상황을 촉발하는 데 일조했다는 사실은 비극이 아닐 수 없다. 1990년대 초에 서양의 지원단체들이 르완다의 경제문제에 도움을 주려고 시도했고, 르완다가 민주화를 위해 노력하고 인권과 법을 존중하는 방향으로 나아갈 것을 요구했다. 다당제가 도입되면서 인종차별적인 후투족 정치 정당이 구성될 수 있었다. 이들은 투치족과의 타협을 극렬히 반대했다. 국제사회는 르완다가 자신들의 요구를 이행하지 않는다고 느꼈고, 미국은 인도주의적 지원을 제외한 모든 도움을 중단했으며 세계은행과 EU도 약속한 재정 지원을 취소하겠다고 위협했다. 한발 물러서는 것 외에 다른 도리가 없었던 하브자리마나 대통령은 1993년 8월에 아루샤 협정Arusha Accords이라고 부르는 합의문에 서명했다. 이 협정의 목적은 르완다애국전선을 르완다 군대에 편입시키고 정부에 이들의 자리를 마련해주면서 게릴라전을 종식하는 것이었다.[29] 그러나 상황이 개선되지 않으면서 1994년 초에 다시 한 번 지원이 축소되었고, 하브자리마나 대통령은 르완다애국전선이 국가와 군대 운영에 참여하게 해줄 수밖에 없었다. 극단주의자들로 구성된 후투족 정당들은 이에 맹렬히 반대했고, 투치족에게 보복하기 위해 이들의 학살을 계획하고 준비했다.

1994년 4월에 대통령이 암살되면서 아루샤 협정으로 성장하기도, 위협받기도 했던 반대파는 투치족은 물론이고 자신들에게 대항하는 사람은 누구든 학살하기 시작했다.

르완다 대학살을 막기 위해 국제사회가 무엇을 할 수 있었는지는 논란의 여지가 있지만, 좋은 의도로 맺어진 협정이 1994년의 몇 주 동안 벌어졌던 끔찍했던 비극을 일으킨 원인을 일부 제공한 것처럼 보인다.

지원은 중동과 르완다의 정치적 문제를 해결하는 데 실패했는데, 국제통화기금IMF과 세계은행, 미 재무부는 이런 방식이 역효과를 낳을 가능성이 있음을 실제로 잘 알고 있었다. 한국과 말레이시아 같은 동아시아의 경제적 성공에 영감을 받아 이들은 라틴아메리카와 사하라 사막 이남의 아프리카 국가들에 해준 지원이 경제개혁을 통해 경제 성장을 이룩하면서 가난에서 벗어날 수 있기를 바랐다. 하버드 대학교 경제학 교수인 대니 로드릭은 "빈곤국들이 굴복했던 끝이 없는 어리석은 정책적 판단 목록을 보면서 제대로 교육을 받은, 선의를 가진 경제학자라면 누구나 경제학의 명백한 진리를 표명하는 것이 정당하다고 느낄 것이다. 그것은 거시적 차원의 부채를 정리하고, 사업에서 국가를 배제하며, 시장에 완전한 자유를 허용하는 것이다"라고 했다.[30] 그래서 1990년에 IMF와 세계은행, 미 재무부는 경제적 어려움에 직면한 국가들을 지원하는 10가지 정책을 채택했는데, 이것이 이른바 "워싱턴 컨센서스Washington Consensus"다. 이렇게 명명한 이유는 세 기관의 소재지가 모두 워싱턴 DC이기 때문이다.

지금쯤이면 독자들도 이야기가 어디로 흘러가는지 감이 잡힐 것이다. IMF의 감독하에 케냐가 목화와 수입의류에 대한 무역장벽을 낮추자 값싼 수입품과 중고 의류가 밀려들어왔다. 미국은 다른 국가들에게는 매우 신속하게 자유시장을 요구하면서도 자국의 목화 생산자들에게 기꺼이 보조금을 지급했고, 그렇게 함으로써 케냐와 다른 국가에 생산비보다 40퍼센트 낮은 비용으로 수출할 수 있었다. 케냐의 목화산업은 경쟁에서 밀려나면서 완전히 무너졌고, 1990년대 말쯤에는 케냐의 목화 생산량이 1980년대 생산량의 20분의 1로 줄어들었다.[31] 섬유산업의 무역장벽이 아프리카의 다른 지역에서 단계적으로 철폐되면서 그 결과로 대륙 전반에 걸쳐 25만 개 이상의 일자리가 사라졌다.[32]

이런 문제들은 섬유산업에만 국한되지 않았다. 2003년에 가나 국회가 가금류에 대한 수입 관세율을 올려서 자국의 농부들을 보호하려고 했다. 이것이 세계무역기구WTO의 규칙에 어긋나지는 않지만, IMF는 지원국들을 대표해 가나 정부에 항의했고, 가나는 계획을 철회해야 했다. 이로 인해 자국의 보조금을 받는 유럽산 수입품들이 가나 시장으로 쏟아져 들어왔고, 가나의 가금류 수입량은 2000년에 1만 4,000톤에서 2011년에는 15만 5,000톤 이상으로 증가했다. 이번에도 역시 국제사회가 지역 경제에 큰 피해를 줬고, 지원국들의 목적과 반대되는 결과를 얻었다.[33, 34] 그리고 사하라 사막 이남의 국가들 전체에 걸쳐서 도움이 될 것으로 예상했던 워싱턴 컨센서스로 인해 1인당 국내총생산GDP이 1990년에서 2001년 사이에 실제로 연간 평균 0.1퍼센트씩 감소했다.[35]

노벨 경제학상 수상자인 조셉 스티글리츠가 2004년에 말했듯이 빈곤국을 돕기 위한 최선의 전략에 대한 "의견 일치는 존재하지 않습니다. 워싱턴 컨센서스가 해답이 될 수 없다는 사실만 제외하면 말이죠."[36]

지원과 관련된 문제는 여기서 끝나지 않는다. 지원을 받는 국가의 공직자들을 항상 온전히 신뢰할 수 있는 것은 아니기 때문이다. 2004년에 미국 상원위원회에서 노스웨스턴 대학교의 제프리 윈터스 교수는 개발을 위해 조성된 세계은행 기금 중 미화 약 1,000억 달러가 오용되었다고 주장했다. 잠비아의 경제학자 담비사 모요는 "아프리카 지원이 가난한 사람들을 더욱 가난하게 만들고, 성장을 더욱 더디게 만들었다는 증거가 명백하다"고 결론지었다.[37]

물론 제대로 계획되어 혜택을 가져다주는 지원의 가치를 부정할 생각은 조금도 없다. 깨끗한 식수와 식량, 질병 관리, 전력 공급, 교육 지원이 다양한 구호단체 등을 통해 때로는 대규모로, 때로는 소규모로 이루어지면서 아프리카의 많은 지역사회에 도움을 주었다. 성공을 거둔 지원의 특징 중 하나는 지역 정부를 건너뛰고 필요한 사람들에게 직접 제공했다는 것이다. 이런 식으로 비효율적인 분배와 정부의 횡령이나 정치적 이익을 위해 오용되는 문제를 제거할 수 있다.

그러나(언제나 "그러나"가 존재하는 것 같지 않은가?) 이런 종류의 직접적인 지원도 역효과를 가져올 수 있다. 담비사 모요는 말라리아가 풍토병인 아프리카 지역에 좋은 마음으로 10만 개의 모기장을 기부한 어느 서양 단체의 사례를 들었다. 의도는 좋았으나 기존의 모기장 제작업체가 곤경에 처할 수 있음을 계산에 넣지 않은 것이 문제였다. 이 회사의 직원이 10명이고, 각각이 15명 이상의 친척을 돌봐야 한다고 가정해보자. 모기장이 시장에 넘쳐나면서 회사는 폐업하고, 150명의 삶이 더욱 가난해지게 된다. 이것이 다가 아니다. 공짜 모기장이 망가져서 새것으로 교체해야 할 때 그 지역에 모기장을 공급해줄 제작업체가 더는 존재하지 않으면서 사람들은 해외 원조에 더욱 의존하게 된다.[38] 학생인 크리스티나 필드는 서양의 자선단체가 지원한 중고 의류로 사람들이 얼마나 많은 도움을 받고 있는지를 보기 위해 말라위를 방문했을 때 이런 사례를 직접 목격했다. 그녀는 수령자들이 매우 감사해하는 가운데 무료 의류가 지역 섬유산업에 악영향을 미쳤다는 사실을 깨달았다.[39]

5장

과학적 진보는 언제나 좋은가?

UNINTENDED CONSEQUENCES

이것도 진보인가?

빅터 프랑켄슈타인이 보여주었듯이 과학적 진보에는 부정적인 측면이 있을 수 있다.

실제로 과학은 초창기부터 상당히 많은 역효과를 낳았다. 서기 9세기로 돌아가보자. 영생의 열쇠를 찾는 데 열중했던 중국의 연금술사들은 끊임없이 다양한 물질을 조합하는 실험을 했다. 한번은 초석과 유황, 목탄을 혼합하는 실험을 했는데, 그 결과물이 화약이었다. 이후로 이 폭발성 물질은 세계 곳곳에서 광범위하게 활용되었다. 이 물질이 가진 파괴력을 재빠르게 간파한 당시의 중국 정부는 "8각형의 마법적이며 위풍당당한 바람과 불의 대포"나 "9개의 화살이 심장을 꿰뚫고 마법같이 치명타를 입히는, 불과 함께 우레와 같은 소리를 내뿜는 장치" 같은 그럴듯한 이름을 붙인 무기를 생산하는 공장을 세웠다. 이 새로운 무기 제작에 대한 열정이 대단해서 1160년경에는 황실 병기청이 이 같은 무기를 연간 320만 개나 생산했다. 영생하는 방법을 찾던 연금술사들은 오히려 엄청나게 많은 생명을 단축시키는 물질을 만들었다.

혼합물이 불안정하고 살짝만 자극을 가해도 쉽게 폭발했기 때문에 화약은 저장하는 것만으로도 매우 큰 위험이 따랐다. 16세기와 17세기에 군비경쟁이 치열해지면서 화약 수요가 치솟았고, 런던이 화약 거래의 중심에 있었다. 그러나 아무리 조심해도 폭발사고가 끊이지 않았다. 예를 들면 1583년 4월 페터레인에서 발생한 폭발사고로 다수의 주택이 파괴되었고, "가공할 만한 거대한 화약 폭발"로 교회 두 곳의 유리창이 산산조각이 났다. 150야드(138미터) 떨어진 세인트 앤드류 교회와 0.25마일 떨어진 링컨스 인의 예배당이었다. 1650년에 로버트 포터는 다음 날 운송할 화약 20배럴(3,180리터)을 타워스트리트에 위치한 자신의 상점에 보관했는데, 화약이 폭발하면서 15채의 주택이 파괴되고, 100채 이상이 피해를 보았으며, 67명이 사망했다. 화약 저장으로 인해 문제가 생긴 도시는 런던만이 아니었다. 16세기에만 더블린과 베니스, 델프트, 바젤, 룩셈부르크, 라이덴에서 큰 폭발사고가 있었다.[1]

화약 생산은 훨씬 더 위험하다. 1838년 5월 콘월의 화약공장에서 폭발이 있고 난 뒤에 한 신문은 다음과 같은 기사를 실었다.

> 이달 10일 화요일 아침에 펜린 인근의 케널 화약공장에서 가장 끔찍한 폭발사고가 발생했다. 제분기 5대가 폭파되었고, 폭발로 날아간 지붕 일부가 공장에서 1마일 떨어진 곳에서 발견되었다.

그나마 이 사고로 사망한 인원이 한 명이었다는 사실이 불행 중 다행이었다.[2]

이후 화약과 마찬가지로 위험한, 생명을 앗아가는 폭발물이 개발되었다. 1864년에 나이트로글리세린을 제조하던 스웨덴의 공장에서 폭발이 일어나면서 6명이 사망하는 사건이 발생했다. 사망자 중 한 사람의 이름은 에밀 노벨이었다. 그의 형인 알프레드 노벨은 이런 종류의 사고가 재발하지 않게 다양한 형태의 폭발물을 실험하여 1867년에 어마어마한 파괴력을 가졌지만 아무 때나 폭발하지 않는 다이너마이트의 제조법을 알아냈다. 발명 과정에서 그가 목숨을 잃는 불상사는 발생하지 않았다. 그는 다이너마이트의 위력이 무시무시할 만큼 치명적이라서 전쟁 행위를 억제할 수 있을지도 모른다는 바람을 가졌다. 알프레드의 말을 빌려 "황금빛 평화를 지킨다"는 것이었다. 1876년에 비서와 나눈 대화에서 그는 "대대적으로 파괴할 수 있는 무시무시한 능력을 갖춰서 전쟁을 일으킬 생각조차 할 수 없게 만드는 물질이나 기계"를 만들기 원했다고 말했다.[3] 그리고 이후에는 "두 개의 군대가 서로를 전멸시킬 수 있는 날이 오면 모든 문명국이 두려움에 전쟁을 포기하고 군대를 해산시키게 될 것이다"라는 견해를 밝히기도 했다.[4] 그러나 그의 전기를 집필한 헤르타 E. 파울리는 "야만적인 국가가 등장하면 그때는 어떻게 되는가?"라고 씁쓸하게 되물었다. 또 "전쟁에 대한 공포심을 끌어올려 전쟁을 막는다는 이론은 인류 역사상 엄청난 오류를 가진 생각 중 하나다"라고 지적했다.[5]

노벨에 앞서 불과 몇 년 전에 미국의 발명가 리처드 개틀링도 매우 인도주의적인 의도를 가진 연구를 진행했다. 그는 남북전쟁에서 군인들의 가장 큰 사망 원인이 실제 전투가 아니라 캠프에서 얻은 질병임을 발견했고, 전쟁을 치르는 데 필요한 군인의 수를 줄일 수 있는 기계가 문제를 해결해줄 것이라고 믿었다. 그래서 그는 "발사 속도가 전쟁에서 일당백의 효과를 내고, 대군이 필요 없어지게 만들면서 군인이 전투에 투입되거나 질병에 노출되는 기회를 크게 감소시키는" 총기 개발에 착수했다. 1862년에 그는 바퀴 위에 장착된 기관총으로 1분에 150발 이상을 쏠 수 있는 개틀링포를 개발했는데, 이 무기는 수년간 전투에 투입되어 적에게 치명상을 입혔다. 그러나 개틀링이 깨닫지 못한 사실이 하나 있었는데, 이 무기를 소유한 군대가 소유하지 못한 상대와 싸울 때 전자에게 엄청난 이점을 준다는 점이었다. 이 기관총은 유럽이 단순한 형태의 무기로 무장한 수많은 토착민을 살육하고 식민 제국을 건설하는 데 큰 도움을 주었다.

오빌 라이트도 유사한 희망을 품고 있었다. 그리고 그의 열망의 대상은 비행기였다. 그는 적군의 위치를 훨씬 더 정확하게 파악할 수 있는 공중 정찰이 가능해지면 전투를 훨씬 더 효율적으로 할 수 있기 때문에 비행기가, 그의 말을 빌리자면, "전쟁을 종식시킬" 것이라고 믿었다. 그러나 이번에도 이 강렬한 바람은 산산이 조각났다. 비행기는 그가 바란 대로 공중 정찰의 목적으로만 사용되지 않았고, 코번트리와 드레스덴, 히로시마, 나가사키, 그리고 세상의 수없이 많은 지역의 비극적인 역사가 이를 입증해준다.

다른 발명들 역시 미묘하면서도 극적인 방식으로 역효과를 가져왔다. 예를 들어, 냉장고는 초창기에 유독한 암모니아를 냉각수로 사용했는데, 더 안전한 대체재를 찾던 발명가 토머스 미즐리가 일명 프레온가스로 불리는 염화불화탄소CFC를 발명했고, 이 화합물은 깨끗한 냉매로 여겨지며 1960년대부터 암모니아를 대신했다. 그러나 1980년대 후반에 그동안 안전하다고 여겨졌던 이 대체재가 지구를 지켜주는 오존층을 파괴하면서 전 세계에 끔찍한 결과를 가져올 가능성이 있다는 사실이 명확해진 뒤, 1995년 국제사회는 염화불화탄소의 사용을 금지했다. 그리고 많은 경우 염화불화탄소와 거의 유사한 화학물질이지만 오존을 파괴하는 염소가 없는 수소불화탄소HFC로 대체되었다. 그러나 이제는 너무나 익숙한 반전이 일어났는데, 수소불화탄소도 이산화탄소보다 수천 배 더 강력한 온실가스를 배출해 환경에 큰 해를 끼친다는 사실이 밝혀졌다. 결국 2016년에 덜 해로운 다양한 대체재를 사용하면서 수소불화탄소 사용을 단계적으로 금지하는 합의가 이루어졌다.

인간과 자연

인간과 자연과의 싸움에서 우리는 흔히 우리가 충분히 노력하면 자연이 우리의 뜻에 따라줄 거라고 생각하는 경향이 있다. 그러나 자연은 다양한 방식으로 반격을 가하는 강력한 상대다. 2013년 크리스마스 직후에 많은 영국인이 자연의 힘 앞에서 인간이 얼마나 무력해질 수 있는지를 깨달았다. 폭풍우가 영국을 강타하면서 100년 만에 가장 높은 한 달 강수량을 기록했다. 잉글랜드 남서쪽의 17만 에이커(688제곱킬로미터)에 달하는 서머셋 평원이 특히 심한 타격을 받았다. 고대에 바다였던 이 지역의 대부분은 해수면보다 기껏해야 최대 4미터밖에 높지 않았는데 로마시대 이후로 인공적으로 물을 빼서 경작지로 사용해왔다. 몇 개의 강이 이 지역을 가로지르고 있지만, 주변의 콴톡힐스와 멘딥힐스에서 흘러 내려오는 엄청난 양의 빗물을 감당할 수 없었고, 둑이 터지면서 1만 7,000에이커에 달하는 농지가 물에 잠겼다. 상황이 점점 더 악화되면서 한 달 동안 무려 600개의 집이 침수되고, 교통이 마비되었다. 마을은 고립되었고, 2월 중순에는 브리지워터의 일부가 침수되었다. 지역 주민들은 해결책을 요구했고, 물이 더 빨리 흐를 수 있게 강바닥을 준설하자는 주장이 가장 많은 힘을 얻었다. 이 당시 총리였던 데이비드 캐머런은 이런 요구에 수위가 충분히 낮아지면 준설 작업에 착수하겠다고 약속했고, 실제로 3월 말에 강물을 40퍼센트까지 더 수용할 수 있게 만들겠다고 공언하며 파레트 강과 톤 강에서 작업을 시작했다.

누군가는 자연이 악독한 짓을 저질렀지만 결국 인간이 승리했다고 생각할지도 모른다. 그러나 흔히 그렇듯이 분명해 보인다고 반드시 옳은 해결책은 아니다. 데이비드 캐머런은 영국 환경국의 우려 섞인 목소리를 듣지 못한 것처럼 보였다. 이 단체는 "준설 공사, 해야 하는가, 말아야 하는가?"라는 제목의 발표에서 집수구역에 모여드는 물을 감당하기에는 강의 수용력이 지나치게 낮다고 지적했었다. 강의 유수량이 갑자기, 예를 들면, 평소보다 3배 늘어난다면 준설 작업으로 유수량을 40퍼센트 증가시킨다고 해서 범람을 예방하는 데 크게 도움이 되지 않을 것이다. 이 작업으로 유속이 빨라지면서 하류에 자리 잡은 도시의 상황이 악화될 수 있다는 더 심각한 문제도 존재한다. 도시가 있는 곳에는 다리도 있다. 증가한 강물에 온갖 잔해들이 섞여 빠른 속도로 다리에 도달하면 인공적으로 만들어진 병목구간에 강물이 집중적으로 몰리면서 수위가 높아진다. 그러면 다리의 안전이 위협을 받고, 도시가 물에 잠길 가능성이 커진다. 이런 일이 발생하면 상류의 평원에서 홍수가 발생할 때보다 훨씬 더 큰 경제적 피해를 야기하고 시민들의 생명이 위태로워진다.

언덕에서 흘러 내려온 빗물은 자연스럽게 강을 따라 바다로 흘러간다. 이런 사실을 제대로 인식하지 않은 채 굴곡진 부분을 불편하다는 이유로 직선으로 만들거나 유속을 더 빠르게 만드는 식으로 어설프게 손보려고 하다가는 다른 문제들을 너무 쉽게 초래할 수 있다. 그러므로 앞서 진행했던 몇몇 공사를 원상태로 돌려놓는 것이 답이 될 수도 있다. 지구의 벗Friends of the Earth이라는 환경단체를 이끌었던 토니 주니퍼는 강물의 자연스러운 흐름을 방해해 문제를 일으키고 수 세대에 걸쳐 고지대 관리를 잘못해오면서 이런 범람에 일조했다는 의견을 내놓았다. 《가디언》에 기고한 글에서 그는 "태우거나 물을 빼내거나 연료로 사용하기 위해 토탄을 파내 이탄토를 제거하면 영국의 언덕과 산을 덮고 있는 많은 대습원이 빗물을 모으고 머금는 거대한 스펀지로서의 기능을 제대로 발휘하지 못한다"라고 썼다.[6] 토탄 제거를 중지하는 것에 더해 언덕에 (양을 방목해 풀을 뜯어 먹게 하기보다는) 다시 숲을 조성해서 나무뿌리가 빗물을 빨아들여 강으로 흘러 들어가지 않게 막는 것이 이런 지역을 개선하는 현명한 방법이다.

서머셋에서 홍수가 발생하고 2년밖에 지나지 않은 2015년 12월 잉글랜드 북부에 기록적인 폭우가 내리면서 컴브리아와 요크셔의 도시들이 심각한 홍수로 고통을 겪었다. 랭커셔 동부의 웰리는 칼더 강이 범람하면서 물에 완전히 잠겼고, 요크와 리즈의 도시 일부에서는 사람들이 대피해야 했다. 변전소의 홍수 방어시설이 뚫리면서 광범위한 지역에 걸쳐 정전이 발생했고, 그레이터맨체스터의 M62 고속도로에 싱크홀이 생겼으며, 태드캐스터의 와프 강을 건너는 18세기 다리가 휩쓸려 내려갔다. 이런 일을 방지하기 위해 지난 20년 동안 영국 정부가 이 지역의 홍수 예방 사업에 자금을 지원해주었으나 헛수고가 되고 말았다.

이 와중에 한 도시가 물난리를 겪지 않고 살아남았는데 흥미롭게도 정부가 이 도시의 홍수 예방 사업 신청을 거절했었다. 노스요크셔의 피커링은 노스요크 황야의 물이 다량으로 흘러들어오는 가파른 협곡 아래에 위치하며, 1999년에서 2007년 사이에 4번이나 홍수가 난 적이 있었다. 이 중 가장 최근에 일어났던 홍수의 피해를 복구하는 데 700만 파운드가 들어갔다. 환경국은 향후 발생할 수 있는 홍수로부터 마을을 안전하게 지키기 위해 2,000만 파운드를 투입해 도시 중심을 통과하는 콘크리트 벽을 세우는 방안을 고려했었다. 그러나 이 계획은 마을의 미관을 해칠 뿐만 아니라 재무부의 비용편익분석 검사를 통과하지 못하면서 없던 이야기가 되었다. 잇따른 홍수와 정부의 계획안 거절 후에 주민들은, 피커링 지역 시민 협회Pickering and District Civic Society 의장인 마이크 포터의 말을 빌리자면, "화가 머리끝까지 났고" 스스로 해결책을 모색하기로 했다. 그리고 마을을 둘러싼 황야 지대가 과거에는 빗물을 훨씬 더 오랫동안 머금고 있었다는 지역 환경운동가의 말을 듣고 다수의 대학교수들과 협력하며 옛날 방식을 채택하기로 결정했다.

지방 단체들은 전문가의 조사에 따르면서 환경국과 삼림위원회, 환경식품농무부와 협력해 자신들의 계획을 실행에 옮겼다. 시내에 통나무와 나뭇가지를 이용해 167개의 "물이 새는" 댐을 만들었는데, 평소에는 물이 흘러 지나갈 수 있지만, 급류가 생기면 유속을 낮춰준다. 작은 도랑에는 야생화 뭉치로 만든 187개의 다른 차단물을 설치했고, 4만 그루의 나무를 심었다. 인근의 바이랜드 수도원에서 중세시대에 수도사들이 사용했던 방법에서 영감을 얻어 일종의 제방도 만들었는데, 이 제방은 홍수로 불어난 물을 최대 12만 세제곱미터까지 저지시키면서 지하배수로를 통해 조금씩 배출될 수 있게 해주었다.

이 "흐름 늦추기Slowing The Flow" 계획은 2015년 9월에 완성되었다. 폭풍우가 닥치기 겨우 3개월 전이었다. 이 방법은 피커링을 통과하는 강물의 최고 유속을 20퍼센트 감속시키면서 마을이 물에 잠기지 않고 주민들이 평소처럼 생활할 수 있게 해주었다. 이 홍수 예방 사업의 비용은 얼마였을까? 콘크리트 벽을 세우는 데 들어가는 비용의 10분의 1인 200만 파운드 정도에 지나지 않았다. 또 2007년의 홍수 피해 복구에 사용된 비용의 4분에 1이 조금 넘었을 뿐이다. 금전적 이득만 있는 것이 아니다. 마을 주민들은 홍수로 인한 정서적 트라우마를 겪지 않아도 되었다.[7] 다른 지역에 도입된 홍수 예방 사업이 큰 실패를 맛본 가운데, 2,000만 파운드짜리 벽이라는 피커링의 "확실한" 해결안을 거부한 일은 이 마을이 필사적으로 새로운 계획을 세우게 했다. 그리고 이 계획은 저렴한 비용으로 성공을 거둔 사례가 되었다.

글래스고와 서머셋에서 유사한 계획이 성공을 거두었고, 요크셔에 있는 포터릭 카의 자연보호구역 공사가 2007년에 동커스터 남부를 보호해주었다. 도시의 북부가 침수된 가운데 남부는 피해를 입지 않았다.[8] 이는 확실해 보이나 실제로는 상황을 악화시킬 수 있는 방법을 채택하는 대신에 좀 더 세심한 접근법을 고려해야 함을 보여주는 한 가지 사례다. 인위적인 해결책을 찾기보다는 그저 시골 지역의 환경을 제대로 보존하는 것만으로도 굉장한 효과를 볼 수 있다. 예를 들면 토탄 늪지는 90퍼센트가 물로 채워질 수 있기 때문에 정원용 퇴비로 사용하거나 전력을 얻기 위해 토탄을 채취하지 않고 그대로 놓아두는 것만으로도 물이 인근의 강으로 곧장 흘러 들어가지 않게 막아준다. 언덕에 나무를 심고, 황야에서 야생화인 헤더를 태우지 않는 등의 다른 조치들도 물이 강으로 흘러 들어가는 것을 저지한다.

내셔널 트러스트National Trust는 이런 방식에 담긴 지혜를 이해하는 것처럼 보인다. 2016년 8월 이 단체는 레이크 지방에서 목양을 위해서만 사용되는 땅을 다른 용도로 활용하기 위해 손드웨이트 농장 300에이커를 사들였다. 그리고 이곳을 이들이 이미 관리 중인 다른 땅과 합칠 계획을 세웠다.

> 우리는 더 넓은 풍경을 관리하는 방법에 대한 "큰 그림"을 그릴 수 있으며, 이를 통해 건강한 토양 공급과 천연수 관리, 더 많은 자연 서식지 형성, 대중의 접근성 유지에 초점을 맞출 수 있다. 그리고 우리는 농장을 이용해 어떻게 더웬트 강 상류의 유속을 늦출 수 있는가를 탐구하면서 강이 범람해 케직과 코커마우스 같은 하류의 마을을 덮치는 상황을 방지하는 데 일조할 것이다.[9]

식물의 반격

과학 지식이 계속해서 확장되면서 과학의 발전과 활용에 대한 윤리적 문제가 그 어느 때보다 중요해졌다. 최근의 사례 하나를 들어보자. 비록 영화 <쥬라기 공원>이 복원이 가진 잠재적 위험성을 보여주고는 있지만, DNA의 해독을 넘어 실제로 합성하는 가능성이 열리면서 일부 과학계는 이른바 "멸종 생물 복원"을 실현하는 연구에 착수하고 있다. 공룡을 다시 지구상으로 불러오기에는 멸종된 지 너무 오래된 것처럼 보인다. 반면에 매머드나 아메리카 나그네비둘기passenger pigeon, 태즈메이니아 주머니늑 대처럼 최근에 멸종해서 사용 가능한 DNA가 아직 남아있는 동물들은 복제에 성공할 가능성이 상당히 크다. 그러나 무분별하게 무언가를 새로운 서식지로 가져오는 행위는 문제를 일으킬 수 있다.

빅토리아 시대의 영국이 이에 관한 풍부한 사례를 제공한다. 산업혁명과 대영제국의 세력 확산으로 막대한 부가 쌓이면서 근사한 사유지에 독특한 멋을 더하는 시도가 크게 유행했다. 그중 하나가 정원에 영국의 다른 지역에서는 볼 수 없는 식물을 가꾸는 것이었다. 조셉 후커와 존 베이치 같은 식물 채집가들은 이국적인 식물을 수집하기 위해 세계 곳곳으로 원정을 떠났고, 정원사들은 가장 근사한 최신 식물을 자랑하기 위해 경쟁했다. 후커가 히말라야에서 수많은 진달래속 식물들을 들여왔다면, 베이치는 일본을 방문한 최초의 식물 채집가 중 한 사람이었다. 필리프 폰 지볼트도 일본 식물을 수집했는데, 1850년에 런던의 로열 보타닉 가든에 자신이 수집한 다수의 식물을 보냈다. 이 중에는 호장근이라는 이름으로 알려진 폴리고넘 지볼디Polygonum sieboldii도 포함되어 있었다.

이 식물은 대략 6피트(1.8미터)까지 자라는 장식용 식물로 정원을 꾸미기에 안성맞춤이었기 때문에 영국 내의 상업용 정원에서 순식간에 큰 인기를 끌었다. 그러나 당시에는 이 식물이 정원뿐만 아니라 안정성이 중요한 철도 등 주변 환경에 얼마나 큰 영향을 미칠 수 있는지 몰랐다. 살기 좋은 새로운 서식지에서 아무런 제약도 받지 않으면서 이 식물의 뿌리가 엄청나게 빠른 속도로 쑥쑥 자랐고 주택의 토대나 도로 표면 등 거의 모든 것을 뚫고 성장할 수 있음을 증명했다. 일단 자리를 잡고 나면 제거하는 일은 불가능에 가깝다(그리고 제거 비용도 굉장히 비싸다). 이 식물은 성가신 존재로 전락했고, 주택 인근에서 자랄 경우 주택 가격을 떨어뜨리거나 판매 자체를 어렵게 만들 수 있다. 부동산 가격에 미치는 영향을 포함해 현재 연간 약 1억 6,600만 파운드가 이 식물이 더는 확산되지 못하게 통제하는 비용으로 들어가고 있다. 그러나 이를 실제로 근절하기 위한 예상 비용이 15억 파운드로 추산되면서 영국 환경식품농림부는 이 같은 시도를 할 계획이 없다고 발표했다. 이 식물을 수입해 심는 생각은 끔찍한 결과를 가져왔고, 이제는 어떻게 손쓸 도리조차 없어진 것 같다.

히말라야 물봉선 역시 비슷한 시기에 영국에 들여온 또 다른 외래종으로 이들도 영국 환경에 지나치게 잘 적응했다. 3미터까지 성장하고, 다른 식물들은 잘 자라지 못하는 그늘진 장소에 심기 적합한 이 식물이 영국의 강기슭을 잠식하고 토종 식물을 몰아내면서 보라색 꽃을 피운 이들의 모습은 이제 익숙한 풍경이 되었다.

호장근과 히말라야 물봉선이 영국으로 수입되었다면 영국에서 타국으로 건너간 식물도 있다. 오스트레일리아 남동부 식민지로 이주한 영국인들은 기이하게도 머릿속에서 블랙베리를 떨쳐버릴 수 없었는지 고국에서 블랙베리 나무 몇 그루를 가져왔다. 블랙베리 나무를 정원에 심어본 사람이라면 다음에 벌어질 상황을 잘 알 것이다. 이들이 통제권을 벗어나 마구 퍼져나가기까지는 오랜 기간이 걸리지 않았고, 지금도 여전히 진행 중이다. 뾰족한 가시가 있어 뚫고 지나가기 힘든 빽빽한 덤불을 형성하는 능력만으로도 문제가 되기에 충분한데 여기에 더해 돼지나 토끼

같은 작물에 해를 입히는 침입자들의 보호막 역할도 한다. 19세기 초반에 오스트레일리아로 수입된 가시금작화도 특히 태즈메이니아와 빅토리아 주의 일부 지역에서 큰 골칫거리가 되었다. 오스트레일리아 정부는 오늘날 외래종 잡초가 자국 전체 식물의 15퍼센트를 차지한다고 추산한다. 또 이 때문에 농부들이 잡초 방제에 쓰는 비용이 연간 15억 호주달러이고, 농업생산 손실액이 연간 25억 호주달러라고 보고 있다.[10] 오스트레일리아 정부가 이 문제를 심각하게 받아들이면서 새로운 외래종의 침입을 막기 위해 이 나라로 들어오는 모든 방문객은 철저한 소지품 검사를 통과해야만 입국이 허락된다.

미국으로 건너간 식민지 이주자들도 매우 비슷한 행동을 했는데, 블랙베리와 가시금작화를 포함해 다양한 식물을 고국에서 들여왔다. 그리고 오스트레일리아에서처럼 다수의 식물이 재빠르게 새로운 환경에 적응했다. 19세기 초에 장식용 식물로 유럽에서 들여온 보라색 털부처꽃은 순수해 보이는 겉모습과는 다르게 연간 약 32만 에이커를 잠식하며 미국 전역으로 퍼져나갔다. 털부처꽃은 토종 식물을 경쟁에서 몰아낼 수 있는 습지를 좋아하고, 늪거북과 다양한 종의 오리 같은 야생동물의 먹이를 감소시키면서 이들의 생명을 위협한다. 털부처꽃으로 인해 미국 경제가 지불해야 하는 비용이 연간 미화 4,500만 달러다.

캘리포니아 일부 지역은 노란별 엉겅퀴에 대한 특히 안 좋은 이야기를 가지고 있다. 19세기 중반 골드러시 기간에 동물 사료에 섞여 들어온 것으로 추정되는 이 식물은 진정한 깡패 식물이다. 흔히 밀집된 형태로 4피트(122센티미터) 이상 성장하며, 땅속으로 8피트까지 파고들 수 있는 뿌리는 토양에서 모든 수분과 영양분을 빨아들이면서 주변 식물들을 고사시킨다. 덤불은 1제곱미터당 2만 9,000개의 씨를 생산할 수 있으며, 이 중 95퍼센트가 바람을 타고 멀리까지 날아가 싹을 틔운다.[11] 그 결과 한때 방목을 했던 캘리포니아의 초원 3만 평방마일 이상이 완전히 엉망이 되었다.[12] 미국으로 유입된 잡초들이 현재 캘리포니아 주 전체에 맞먹는 지역을 장악하고 있으며, 이로 인해 미국 경제가 연간 300억 달러라는 막대한 비용을 치르고 있다.[13]

그렇다면 동물은 어떨까?

지금까지는 식물의 사례들만 살펴보았지만, 동물들도 문제를 일으키기는 마찬가지다. 미국과 오스트레일리아로 들여온 토끼와 돼지, 고양이, 개는 모두 야생으로 퍼져나갔고, 곰쥐와 집쥐 같은 우연히 유입된 종들도 환경에 엄청난 영향을 미쳤다. 미국에서는 쥐들이 곡물을 포함해 연간 190억 달러 이상의 재산 피해를 주고 있으며, 배의 바닥짐에 섞여 그레이트 레이크에 의도치 않게 유입된 콰가 홍합과 얼룩말 홍합 같은 수생동물이 성공적으로 번식하면서 제곱미터당 최대 70만 마리의 홍합이 발견되었다. 토종 홍합을 죽이고, 취수관과 필터를 막아 발전소에 피해를 줄 수 있으며, 이로 인한 피해액이 연간 10억 달러로 추산된다. 2005년에 모든 침입종으로 인해 미국이 지불하는 연간 경제 비용이 1,200억 달러에 달하는 것으로 추산되었다.[14]

그러나 식물의 사례처럼 한쪽만 일방적으로 피해를 보는 것은 아니다. 잉글랜드 남동부에서 성장한 나는 어렸을 때 귀여운 청설모가 숲에서 나뭇가지 위를 깡총깡총 뛰어다니던 모습을 명확하게 기억한다. 그러나 내 아이들은 대부분의 잉글랜드 지역에서 청설모의 자리를 빼앗은 회색 다람쥐만 볼 뿐이다. 1870년대에 이국적인 볼거리로 미국에서 들여와 지방의 사유지에 풀어놓은 후로 청설모와의 경쟁에서 매우 성공적으로 살아남은 회색 다람쥐는 현재 그 비율이 청설모 한 마리당 100마리가 존재하는 것으로 추정된다.[15]

안타깝게도 사실상 모든 국가가 유사한 상황을 경험했다. 독일에서는 한 사람이 생태학적 재난을 가져왔는데, 바로 헤르만 괴링이었다. 누군가는 그가 1934년에 히틀러 치하의 제3제국 삼림감독관으로서 행한 일이 상당히 무해하다고 생각할지도 모른다. 그 해에 괴링은 사냥꾼들에게 새로운 사냥감을 소개하려는 취지로 아메리카 너구리 한 쌍을 독일의 숲에 풀어놓았다. 그러나 이 너구리 한 쌍은 사냥꾼들의 눈을 피해 도망쳤고 번식했다. 2차 세계대전의 발발이 이들에게 도움이 되었는데 사냥꾼들이 총을 다른 곳에 사용했기 때문이다. 너구리는 숲에 만족하지 않고 자신들의 활동 영역을 넓혀 주택가로 내려와 생활한다. 안전한 피난처를 찾을 수 있고, 쓰레기통에서 먹이를 금방 구할 수 있기 때문이다. 그러나 겨울이 다가오고 기온이 떨어지면 먹이와 온기를 찾아 집 안으로 침입하기도 한다. 그래서 어느 독일 가족이 휴가를 마치고 집으로 돌아왔을 때 너구리가 굴뚝을 타고 내려와 찬장에 있던 음식을 모두 먹어치운 사실을 발견한 일도 있었다. 2002년에는 독일 중부의 카셀에 위치한 잉그리트와 디터 호프만의 집에 너구리 가족이 침입해 굴뚝에 거주했다. 이 가족은 연기를 피우는 등 이들을 쫓아내기 위한 온갖 시도에도 꿈쩍하지 않았다. 결국 지붕을 뜯어낸 다음에야 이들을 내쫓을 수 있었다. 호프만 부부는 너구리들이 다시 돌아오지 못하게 홈통에 전기가 흐르는 장치를 설치하는 등의 조치를 했다. 독일의 유해동물 전문가들은 너구리가 전국적으로 최소한 백만 마리가 살고 있다고 추정하며, 이들을 영원히 근절시킬 수 없다고 생각한다. 너구리는 이제 발트 해에서부터 알프스까지 넓게 퍼져있고, 멀게는 체첸 공화국에서 목격되기도 한다. 이 모두가 한 남성의 생각 없는 행동이 일으킨 재난이다.[16, 17]

침략종을 처리하기 위해 수많은 다양한 시도가 있었고, 몇몇은 꽤 괜찮은 성공을 거두었다. 1825년에 기니 만에 위치한 프린시페 섬에 우연히 유입되었던 체체파리는 자꾸 졸음이 쏟아지는 수면병을 일으켰고, 300명의 결단력 있는 사람들로 구성된 팀에 의해 1911년에서 1914년 사이에 박멸되었다. 이들은 끈끈이로 덮은 검은색 옷을 입고 섬을 돌아다녔다.[18] 1954년에는 과학자들이 퀴라소 섬에서 나선구더기를 낳는 위험한 파리를 제거하는 실험에 성공했다. 이들은 수컷 파리에 불임 시술을 했는데, 당시에는 이들의 방법을 조롱하는 사람들도 있었다. 그러나 (한 번만 교미하는) 암컷이 생식에 실패하면서 6개월 안에 문제가 해결되었다.[19] 해로운 생물을 제거하는 일에만 집중하다가 일을 그르치는 사람들도 있었다. 내가 유년 시절에 자주 들었던 노래에 담긴 경고에 주의를 기울였다면 일어나지 않았을지도 모르는 일이었다. 벌 아이브스가 부른 <나는 어느 할머니를 알아I Know an Old Lady>는 파리를 삼킨 할머니에 관한 노래다. 의도하지 않은 결과의 고전적인 무용담이라고 할 수도 있겠다. 어느 할머니가 뱃속의 파리를 제거하기 위해 거미를 삼킨다. 다음에는 거미를 잡기 위해 새를 삼키고, 이런 식으로 계속해서 고양이와 개, 소를 삼키다가 마침내 말까지 삼키게 된다. 결국 할머니가 죽음을 맞이하면서 이 이야기는 불행하게 끝을 맺는다. 그녀가 생각을 행동으로 옮기기 전에 앞으로 일어날 결과를 조금만 더 깊이 생각했다면 (노래는 짧지만) 좀 더 오래 살 수 있었을지도 모른다.

안타깝게도 현실에서 이 할머니의 사례를 따르는 일들이 자주 발생한다. 1872년에 자메이카의 사탕수수농장에서 쥐가 골치를 썩이고 있었다. 그래서 쥐를 죽이기 위해 인도에서 몽구스를 데려와 섬에 풀어주었다. 그러나 몽구스는 집쥐는 잘 잡았지만 곰쥐를 잡는 데에는 성공적이지 못했다. 게다가 쥐를 잡는 것에서 그치지 않고 땅에 둥지를 트는 새들과 양서류, 파충류도 사냥했다.[20] 그리고 이제는 매부리 바다거북과 푸른 바다거북의 둥지를 위협하고 있다. 1883년에 하와이에서 정확히 같은 일이 벌어졌고, 섬의 야생동물은 같은 결과를 피할 수 없었다.

뉴질랜드는 1777년에 식량 공급과 사냥을 목적으로 토끼를 들여왔다. 그러나 1880년대에 이들은 토종 야생동물의 서식지를 위협했고, 양 목장에 토끼가 들끓으면서 경제에 심각한 위협을 가했다. 그래서 뉴질랜드 정부는 이들을 잡기 위해 족제비과의 페럿을 데려왔고, 뒤이어 영국에서 담비와 족제비도 데려왔다. 여기서부터 더 큰 비극이 시작되었다. 이런 포식자들은 뉴질랜드에 서식하는 무방비상태의 새와 짐승들을 무자비하게 잡아먹었다.

약 50년 후에 퀸즐랜드의 사탕수수 농장에서 사탕수수를 갉아먹는 딱정벌레 케인비틀cane beetle이 문제를 일으켰다. 역사가 주는 교훈은 외면당했고, 오스트레일리아 설탕 실험국Australian Bureau of Sugar Experimental Stations은 케인비틀을 제거하기 위해 101마리의 하와이 수수두꺼비를 풀기로 결정했다. 그러나 수수두꺼비는 식성이 까다롭지 않아서 작은 뱀이나 쥐, 도마뱀, 심지어 벌까지 잡을 수 있는 것은 거의 무엇이든 망설이지 않고 먹어 치운다. 또 다산성이어서 암컷은 매년 3만 개의 알을 낳고, 수명도 길어서 15년까지 살기도 한다. 이러한 사실만으로는 부족하다는 듯이 이 두꺼비는 독성을 가지고 있고, 이들을 잡아먹으려는 포식자에게 치명상을 입힐 수 있다. 결과적으로 수수두꺼비는 곳곳으로 퍼졌고, 지금은 수억 마리가 오스트레일리아의 10만 평방마일의 지역을 뒤덮고 있다. 그리고 매년 25~40마일씩 계속해서 서쪽으로 확산되고 있다. 이들을 제거하거나 최소한 확산을 억제하려는 엄청난 노력이 있었지만, 막대한 비용이 들어가는 것에 비해 솔직히 효과도 거의 없다. 2010년에 오스트레일리아 정부는 수수두꺼비를 통제하는 방법을 영영 찾지 못할지도 모른다고 인정했다.[21]

어느 할머니의 어리석음을 가장 전형적으로 보여주는 지역은 몽당연필 모양으로 길게 뻗은 매쿼리 섬이다. 길이 34킬로미터에 너비 5킬로미터로 뉴질랜드와 남극대륙 사이의 중간쯤에 위치한다. 세상에서 가장 넓은 바닷새들의 부화 장소 중 하나로 여기에는 다수의 펭귄도 포함된다. 1810년에 유럽인들이 처음 발을 들여놓았고, 이들은 털과 지방을 얻기 위해 곧바로 이 섬에 서식하는 물개와 펭귄을 죽이기 시작했다. 이때 배에서 나온 쥐들이 섬으로 들어갔고, 포식자가 없는 환경에서 아무런 제약을 받지 않고 급속도로 개체수를 불렸다. 이들이 선원들의 식량창고를 쑥대밭으로 만들면서 1820년경에 이들을 퇴치하기 위해 고양이를 데려왔다. 이후 약 50년간 균형이 불안정하게 흔들렸고, 이 과정에서 식량 공급을 위해 토끼를 섬으로 데려와 사육했다. 그리고 필연적으로 일부가 사육장을 탈출했고, 야생에서 개체수가 급격히 늘어나면서 섬의 식물을 파괴했다. 이로 인해 토양 침식이 일어났고, 몇몇 지역은 절벽 전체가 무너질 정도로 상황이 심각했다.

이 문제를 해결하기 위해 1978년에 토끼에게 치명적인 점액종증을 퍼뜨렸는데, 이 무자비한 방법이 성공을 거두면서 10년 안에 개체수가 13만 마리에서 2만 마리로 줄었다. 그러나 토끼를 먹이로 삼았던 야생 고양이들이 토끼 개체수가 줄어들자 토종 새들을 잡아먹기 시작했고, 1980년대 중반이 되었을 때는 이 섬의 바닷새 개체수가 심각한 수준으로 떨어졌다. 결국 고양이와의 전쟁이 선포되었고, 2001년이 되어서야 퇴치 작전이 성공을 거두었다. 여기서 이야기가 끝나지 않는다고 해도 이젠 놀랍지 않다. 고양이가 사라지면서 점액종증 내성을 가진 토끼들이 급증하기 시작했고, 얼마 가지 않아 식물과 토양이 다시 악화되었다. 2006년에 산사태로 펭귄 군락지가 파괴되었을 때 토끼로 인한 토양 침식이 정점에 달했다. 의도하지 않은 결과가 거의 200년 가까이 지속된 후인 2009년에 단편적인 <나는 어느 할머니를 알아>식 접근방법 대신에 침략자들을 포괄적으로 다룰 필요가 있다는 보고서가 발간되었다.[22] 그리고 토끼와 쥐를 섬에서 동시에 박멸하는 프로그램에 2,400만 호주달러의 예산이 책정되었다. 과정은 복잡했다. 헬리콥터에서 독이 든 미끼를 떨어뜨리는 방법과 토끼를 죽이기 위해 칼리시바이러스를 사용하는 방법이 함께 사용되었다. 한편 지상에서는 남아있는 토끼와 쥐를 쫓아내기 위해 사냥꾼들이 특별 훈련을 받은 개들과 함께 움직였다. 다행히도 도망간 개는 없었다. 2011년 말이 되었을 때 이 섬에는 유해 동물들이 완전히 사라졌고, 토종 야생동물들이 회복되기 시작했다.[23]

그러니 파리를 삼켰다면 통제할 수 없는 상황으로 이어지는 행동을 생각 없이 시작하기보다는 기침이 약간 나오는 것을 참아보는 쪽을 고려해 보는 것도 나쁘지 않다. 어떤 조치를 취해야 한다면 먼저 깊이 생각하고 실행에 옮겨야 한다. 물론 이제는 오스트레일리아와 다른 국가들이 깨달았듯이 가장 좋은 계획은 처음부터 파리 잡는 끈끈이를 설치해 애초에 파리를 삼킬 일이 없게 만드는 것이다.

코브라 효과를 조심하라

이런 종류의 문제 해결책으로 박멸이 가장 (잔인하지만) 손쉬워 보인다. 그러나 이 방식을 채택할 때는 "코브라 효과 Cobra Effect(문제를 해결하기 위한 대책이 오히려 사태를 더 악화시키거나 예상하지 못한 역효과를 초래하는 상황을 뜻하는 말이다-옮긴이)"가 일어나지 않도록 신중하게 생각해보아야 한다(이 용어는 독일인 경제학자 호르스트 시버트Horst Siebert의 2001년 저서 『코브라 효과Der Kobra-Effekt』에서 유래된 것 같다. 그러나 실제로 있었던 이야기인지는 불분명하다). 이 명칭은 식민지 인도에서 발생했다고 알려진 사건에서 따왔다. 델리 정부는 수많은 맹독성 코브라가 도시에 출몰해 안전 문제를 일으키자 고민에 빠졌다. 그래서 죽은 코브라를 가져오면 보상을 해주기로 했다. 이 정책은 큰 성공을 거두었고, 얼마 지나지 않아 죽은 코브라가 산처럼 쌓이기 시작했다. 그러나 도시를 돌아다니는 코브라의 수는 조금도 줄어드는 기미가 보이지 않았다. 조사에 착수한 당국은 사업가 정신을 한껏 발휘한 사람들이 코브라 농장을 차렸음을 알게 되었다. 코브라 사육이 야생에서 돌아다니는 코브라를 포획하는 일보다 훨씬 쉬웠기 때문이다. 당연히 정부는 포상금 제도를 폐지했다. 이 조치로 농장에는 쓸모없는 코브라가 넘쳐났고, 사람들은 이들을 그냥 야생에 풀어놓았다. 결과적으로 정부가 행동을 취하기 전보다 상황이 훨씬 더 악화되었다. 이와 매우 유사한 일련의 사건들이 프랑스 식민지 시대의 베트남에서도 발생했는데, 이번에는 포상금을 챙기기 위해 쥐를 사육했다.[24]

스티븐 더브너와 스티븐 레빗은 자신들의 "괴짜경제학Freakonomics" 팟캐스트에서 현대판 코브라 효과에 관해 이야기했다. 스페인 탐험가들이 아메리카에 처음 진출했을 때 이들은 식량을 함께 가져갔고, 여기에는 살아있는 돼지도 포함되어 있었다. 언제나처럼 몇몇이 야생으로 도망쳤고, 아메리카에서 매우 행복하게 정착했다. 이제 이들 수백만 마리가 미국의 숲에서 자유롭게 돌아다니고 있다. 돼지가 활동하는 모습을 본 사람들은 알겠지만, 이들은 뿌리를 먹기 위해 거의 모든 것을 파헤치면서 큰 해를 입힌다.

조지아 주 남서쪽에 있는 미 육군기지에서 약 1,000마리의 야생돼지들은 특히 성가신 존재였다. 포트베팅의 면적은 287평방마일로 서리 면적의 거의 절반에 가까우며, 아름답고 탁 트인 전원풍경에 둘러싸인 기지에는 12만 명만이 거주하고 있다. 2007년에 미군은 돼지들이 피해를 일으키자 돼지 한 마리를 죽일 때마다 포상금으로 40달러를 주겠다고 제안하며 증거로 돼지의 꼬리를 가져오라고 했다. 이 이야기가 어떻게 흘러갈지 짐작하리라고 본다. 이 제도가 시행되고 1년 안에 돼지 1,000마리 이상에 대한 포상금이 지급되었다. 문제가 말끔하게 해결되었을까? 철저하기로 둘째가라면 서러운 미군이다. 이들은 모든 돼지가 사라졌는지 확인하기 위해 추가로 조사를 진행했고, 제도를 시행하기 전보다 기지에 더 많은 돼지가 있음을 알게 되었다. 몇몇 조사를 거쳐 제도가 가진 문제점들이 밝혀졌는데, 상당히 많은 돼지 꼬리가 도살장이나 다른 경로를 통해 입수되었다. 다시 말해 실제로 죽인 돼지의 수가 1,000마리 근처에도 가지 못했다는 뜻이다. 사냥꾼들이 돼지 미끼로 쓰기 위해 지역 구내식당에서 남은 음식을 얻으면서 상황을 더욱 악화시켰다. 이 음식들에는 버터와 고기, 빵, 그리고 다른 영양가 높은 음식들이 포함되어 있었고, 이들은 모두 돼지들이 매우 좋아하는 것들이었다. 돼지들이 미끼를 먹는 동안 사냥꾼들은 가능한 많은 돼지를 총으로 쏘았으나 총알을 피해 도망친 돼지들도 있었다. 돼지는 똑똑한 동물이다. 공짜 음식을 배부르게 먹고 살아남은 놈들은 신중함을 배웠다. 그래서 사냥꾼이 탄 자동차 소리가 가까워지면 몸을 숨기면서 사냥을 더 어렵게 만들었다. 도망친 돼지들은 새롭게 제공된 고단백 식단 덕분에 살을 찌우고 더 건강해졌고, 그 결과 더 많은 새끼를 낳았다. 팟케스트 제작자인 캐서린 웰스가 말했듯이 "모든 사냥꾼이 거대하고 이길 수 없는 두더지 잡기 놀이를 했습니다."[25]

계획을 세울 때는 사람들이 보상 제도에 바라던 대로 반응하리라고 가정하는 대신 보상을 받는 사람의 입장에 서서 생각해보려는 노력이 필요하다. 또 제도가 통제 불가능한 상태가 되기 전에 상황이 어떻게 진행될지도 곰곰이 따져보아야 한다.

지금까지는 해외에서 유입된 외래종이 현지의 생태계를 교란할 수 있음을 보았다. 그러나 외부의 침략자만이 위협이 되는 것은 아니다. 잘못된 조건에서는 오랫동안 자리를 잡고 살아온 대규모 개체도 위험해질 수 있다. 이를 가장 잘 보여주는 끔찍한 사례는 미국의 나그네비둘기다. 머리와 등은 푸른색이 도는 회색이고, 가슴은 포도주 빛깔인 이 새는 시간당 최장 70마일을 비행할 수 있었고, 1800년대 중반에 지구상에서 개체수가 가장 많은 새였을 것이다. 북아메리카의 숲을 뒤덮고 수십억 마리가 서식했다. 한 무리가 300마일을 덮을 수 있고, 날아서 지나가는 데 수일이 걸리며, 하늘을 온통 새까맣게 물들였다. 그러던 이들이 수십 년 안에 멸종했다. 마구잡이식 사냥으로 하루에만 수만 마리가 죽었고, 농사를 위해 서식지인 숲의 나무를 베어내면서 완전히 자취를 감추게 되었다. 야생에서 마지막까지 생존했던 나그네비둘기가 1900년에 총에 맞았고, 신시내티 동물원에서 기르던 마지막 비둘기 마사도 1914년에 죽었다.[26] 믿기지 않는 비극이다. 저장된 DNA를 이용해 이 아름다운 새를 복원해 원하지 않았던 의도하지 않은 결과를 모면할 수 있다면 얼마나 좋을까?

이후로 미국 정부는 야생동물을 더 잘 보호하려는 조치를 단행했고, 1973년에 야생동물 자체뿐만 아니라 이들의 서식지도 보호하는 멸종위기종 보호법ESA, Endangered Species Act을 시행했다. 그러나 보호종으로 지정된 붉은 벼슬 딱따구리의 사례를 보면 이 보호법에도 문제가 있음을 알 수 있다. 이 딱따구리는 대다수가 정부의 소유지에서 자라는 오래된 소나무에 둥지를 튼다. 그러나 노스캐롤라이나 주에서는 많은 수가 사유지의 나무에서 생활한다. 이런 나무들이 법의 보호를 받는다면 땅 주인은 마음대로 자르거나 판매할 수 없다. 벤 콘이라는 이름의 남성은 자신이 상속받은 땅 8,000에이커의 시장가치를 160만 달러로 추정했지만, 지역 대부분이 잘 자란 성목들로 덮여 있었고, 멸종위기종 보호법에 따라 서식지를 보호해야 했기 때문에 실제 가치는 고작 26만 달러밖에 되지 않았다. 이에 그는 600에이커에 달하는 지역의 아직 성숙하지 않은 나무를 모조리 베어버렸다. 이들이 훗날 보호의 대상이 되지 못하도록 취한 조치였다.[27] 실제로 전국 건축업자 연합National Association of House Builders은 회원들에게 "부동산 소유주가 멸종위기종 보호법 문제를 피할 수 있는 가장 확실한 방법은 소유지에서 보호종이 살 수 없는 환경을 유지하는 것이다"라고 조언했다.[28] 다른 토지 소유자들이 벤 콘의 방식을 따르면서 붉은 벼슬 딱따구리의 서식지뿐만 아니라 다른 많은 지역 야생동물의 서식지도 파괴되었다. 미국의 여타 지역에서 검은머리 비레오와 노란 뺨 솔새, 북부 점박이 올빼미, 붉은 참새 부엉이 같은 조류 보호종들의 서식지가 비슷한 이유로 사라졌다.[29] 몇몇 토지 소유주들은 이른바 "총으로 쏘고, 삽질하고, 입을 다문다"는 방식을 따르면서 당국에서 보호종을 발견하고 보호 절차를 밟기 전에 이들을 죽이기까지 했다.[30]

멸종위기종 보호법의 목적은 법의 보호 아래 멸종위기종의 개체수를 회복시켜서 위기종 목록에서 제외하는 것이다. 경제학자 샘 펠츠만은 1973년에 멸종위기종 보호법이 도입되었을 때 목록에는 119종이 있었다고 말했다. 이후 새로운 종들이 점점 추가되더니 2003년에는 1,300종 이상이 보호를 받았다. 그러나 이 30년 동안 목록에서 제외된 종의 수는 39종뿐이었다. 겉으로 드러난 수치보다 현실은 더 실망스럽다. 39종 중에서 15종은 행정상의 이유로 제외되었고, 9종은 멸종되었으며, 나머지 15종만이 회복되었다.[31] 다른 경제학자들이 말한 것처럼 "멸종위기종 보호

법이 실제로는 동물을 보호하기보다 위험에 빠뜨리고 있다는 분명한 가능성"이 존재한다.[32]

서식지를 보호하기 위해 도입된 모든 조치가 이런 식의 결과를 낳는 것처럼 보인다. 1999년 봄에 노스캐롤라이나 주의 규제 감독관이 습지의 물을 빼낼 때 적용할 더 엄격한 규칙을 제안하자 토지 소유주들이 너나 할 것 없이 도랑을 파고 물을 빼내면서 불과 몇 달 만에 평상시의 연간 습지 개발보다 15~20배 더 많은 개발이 이루어졌다.[33]

벤 콘의 사례가 보여주듯이 토지 소유주들은 자신들에게 돌아오는 경제적 이득이 없다는 데 불만을 품었다. 일단 보호구역으로 지정되면 이들은 원하는 대로 땅을 관리할 수 없게 되지만 이에 대한 어떠한 금전적 보상도 제공되지 않는다. 텍사스 어류 및 야생동물 관리국의 전직 관리자였던 샘 해밀턴은 이 점을 잘 인지하고 있다. "보상제도가 잘못되었습니다. 제 땅에 희귀한 광물이 묻혀 있다면 땅값은 오를 거예요. 그러나 희귀한 새가 살고 있다면 땅값은 떨어지죠"라고 말했다.[34]

이런 문제를 해결하기 위해 1990년대 초반에 이른바 "세이프 하버Safe Harbor"라는 개념이 만들어졌다. 이는 토지 소유주들이 선택할 수 있는 계획으로, 정부가 이들에게 미래의 토지 사용을 보장해주고, 토지 소유주들은 둥지를 틀 수 있는 공간을 만들고, 덤불을 제거하고, 벌채 전에 나무들이 오랫동안 잘 자랄 수 있게 해주는 등 보호종의 서식지를 개선하겠다는 약속을 한다.

이런 세이프 하버 합의는 제대로 잘 작동하는 것 같다. 또 올바른 방향으로 나아가는 것도 틀림없어 보인다. 성공 사례에는 노스캐롤라이나 주의 붉은 벼슬 딱따구리도 포함되어 있다. 멸종위기종 보호법으로 사유지에서의 개체수가 연간 9퍼센트 하락했지만 세이프 하버 제도가 도입된 이후로, 비록 처음 6년간 연간 1퍼센트밖에 증가하지 않았지만, 개체수가 증가하기 시작했다.[35, 36]

과학도들의 히포크라테스 선서

앞서 보았듯이 다이너마이트와 개틀링포 같은 몇몇 새로운 발명품은 상당히 해로울 수 있다. 그러나 새로운 기술 자체가 아무런 문제가 없다고 해도 이들의 도입이 여전히 나쁜 영향을 주기도 한다. 아프리카 마을에 깨끗한 물을 공급하는 문제는 아직도 해결되지 않았다. 한때 플레이펌프PlayPump라고 부르는 기구가 기발한 해결책이 될 수 있어 보였다. 1990년대에 개발된 이 기구는 아이들을 위한 회전목마다. 아이들이 놀면서 이 기구를 돌리면 지하수를 물탱크 안으로 끌어올리고, 우물에서 두레박에 달린 줄을 감아올리는 힘든 노동을 하지 않아도 된다는 것이 이 기구의 장점이었다. 하나에 8,700파운드(기존의 수동펌프를 설치하는 비용보다 4배 더 비싸다)로 상당히 비쌌지만 2008년경에는 1,000개가 넘는 플레이펌프가 아프리카 전역에 설치되었고, 대부분이 기존의 수동펌프를 대체했다. 그러나 시간이 지나면서 효율성이 떨어진다는 사실이 드러났다.

아이들이 돌리기에는 지나치게 무거웠던 것이다. 매일 2,500명에게 물을 공급할 수 있다고 했지만 알고 보니 이것이 가능하기 위해서는 이 기구를 하루에 27시간 사용해야 했는데, 가장 활력이 넘치는 아이들조차 할 수 없는 일이었다. 실제로 성인이(물론 주로 여성이다) 이 작업을 해보려고 했지만, 아이들에 맞춰 설계되었기 때문에 성인이 사용하기에는 너무 낮았고, 이전의 수동펌프보다 더 힘들었다(그리고 더 품위가 없어 보였다). 모잠비크에서 일부 사용자들은 물을 끌어올리기 위해 펌프질하는 데 걸리는 시간이 45분에서 거의 2시간으로 길어졌다고 보고했다. 고장이 난 플레이펌프를 수리하는 데 수개월이 걸리면서 마을 주민들이 이웃 마을로 물을 길으러 갔다 와야 했는데, 이것이 시간을 더 많이 잡아먹었다. 또 이 과정에서 이웃 주민들을 귀찮게 했다. 안타까운 결과지만 플레이펌프 설치로 많은 사람이 물을 구하기 위해 더 힘들게 일해야 했고, 최악의 경우 물을 구하지 못하는 일도 발생했다.[37, 38]

엘리 휘트니가 1793년에 발명한 조면기도 부정적인 영향을 미친 노동절약형 장치였다. 이 기계가 발명되기 전까지 미국에서 목화 재배는 비용이 많이 드는 사업이었다. 짧은 섬유 목화 품종만 재배했고, 손으로 끈적끈적한 씨를 제거하는 일에 큰 비용과 노력이 들어갔기 때문에 비쌀 수밖에 없었다. 노예를 써도 마찬가지였다. 그러나 이 과정을 기계화하면서 임금 노동자나 노예가 없이도 매일 68킬로그램의 목화에서 솜과 씨를 분리할 수 있게 되었다. 토지 소유주에게는 좋은 소식이었지만 노예들에게는 매우 나쁜 소식이었다. 목화를 손질할 필요가 없어졌다고 해도 여전히 손으로 따야 했고, 노예는 이런 작업에 투입하기에 적합했다. 미국 최초의 인구조사에 따르면 1790년 미국에 약 70만 명의 노예가 있었지만, 목화를 따는 무임금 노동력에 대한 수요가 증가하면서 1861년 남북전쟁이 발발했을 때에는 그 수가 5배 이상 증가하며 400만 명에 이르렀다.

목화 산업은 엄청난 경제적 성공을 거두었다. 세계에서 가장 많이 거래되는 상품이었고, 이들 중 3분의 2가 미국에서 생산되었다. 그러나 엘리 휘트니의 발명이 일부 미국 토지 소유주들에게 어마어마하게 큰 혜택을 안겨주었지만, 수백만 평민들은 노예생활을 할 수밖에 없었기 때문에 삶이 더욱 비참해졌다. 여기서 끝이 아니었다. 노예제도에 대한 북부와 남부 사이의 이견이 결과적으로 남북전쟁을 발발하게 했고, 이로 인해 두 번의 세계대전에서 사망한 미군을 모두 합한 수보다 더 많은 군인이 사망했다.[39] 엘리 휘트니 본인은 자신의 발명품에 대해 크게 기뻐할 만한 특별한 이유가 없었는데, 다양한 특허 문제로 인해 이 기계로 얻는 수입이 경비를 간신히 감당할 정도였기 때문이다.

과학적 발전을 이룩하려고 노력하는 사람은 노벨 평화상 수상자인 조지프 로트블랫이 작성한, 졸업을 앞둔 과학도들을 위한 일종의 히포크라테스 선서를 염두에 둘 필요가 있다.

> 나는 더 나은 세상을 위해 일할 것을 약속한다. 이 세상에서는 과학기술이 사회적으로 책임이 있는 방식으로 사용될 것이다. 나는 내가 받은 교육을 인간이나 환경에 해를 가하는 목적으로 사용하지 않을 것이다. …… 나는

행동을 취하기 전에 내 연구의 윤리적 결과를 심사숙고할 것이다.

여기에 다음과 같은 문장을 덧붙여볼 수 있겠다.

…… 그리고 나는 내 연구가 가져올지도 모르는 모든 의도하지 않은 해로운 결과를 고려하려고 노력할 것이다.[40]

그러나 이 선서를 따랐어도 자신의 발명을 후회하는 매우 사적인 이유를 가진 다수의 사람을 보호하지 못했을 것이다. 앞서 우리는 유독한 암모니아를 대신해 환경에 치명적인 악영향을 끼치는 염화불화탄소를 냉장고에 최초로 사용한 토머스 미즐리를 만나보았다. 그는 몇 년 후에 소아마비에 걸리면서 침대 신세를 져야 했다. 이후에 침대 밖으로 나오기 위해 복잡한 도르래 장치를 개발했는데, 불행하게도 이 도르래 줄에 엉키는 바람에 목이 졸려 사망했다. 1863년에 윌리엄 블록은 윤전인쇄기Rotary Printing press를 발명했지만, 4년 뒤에 인쇄기에 다리가 끼면서 결국 이로 인해 목숨을 잃었다. 이보다 더 위험한 발명품도 있었다. 프란시스 스탠리는 1918년에 자신이 발명한 증기자동차 스탠리 스티머Stanley Steamer를 운전하다가 차가 장작더미를 받고 전복되면서 사망했다. 그러나 가장 비극적인 주인공은 마리 퀴리다. 두 개의 다른 과학 분야에서 노벨상을 받은 유일한 인물인 그녀는 1934년에 백혈병으로 사망했는데, 방사성 물질로 실험을 계속한 결과였다.

발명품으로 불행한 일을 겪고 싶지 않다면 사상자들이 속출하는 항공업계와 담을 쌓는 것이 현명한 처사다. 18세기 후반에 로지에르 기구 Rozière balloon를 개발한 프랑스의 장 프랑수아 필라트르 드 로지에는 영국 해협을 횡단하다가 열기구가 추락해 숨졌다. 1912년에 프란츠 라이헬트는 에펠탑에서 자신이 발명한 낙하산을 입고 시범을 보이다가 사망했고, 1973년에는 헨리 스몰린스키와 할 블레이크가 비행자동차 AVE 미자르 AVE Mizar에 탑승해 시험비행을 하다가 날개가 떨어져나가는 바람에 추락사했다.

6장

사람들을 보호하려는 노력은 절대로 나쁠 리 없다?

UNINTENDED CONSEQUENCES

건강과 안전을 위한 시도의 결과

'보건 및 안전'에 관한 법률의 목적은 우리를 위험으로부터 지켜주는 것이다. 그렇다면 우리는, 때로 과잉보호라고 투덜거리기는 해도, 이러한 법률들을 통해 최소한 보호를 받고 있다고 장담할 수 있을까? 다시 한 번 말하지만, 반드시 그런 것은 아니다. 그런데 보건과 안전을 향상하는 노력이 어떻게 안 좋을 수 있단 말인가?

앞서 우리는 사람들을 보호하기 위해 술과 위험한 약물을 금지했던 시도가 낳은 부정적인 측면을 살펴보았다. 이들보다 제약을 덜 받는 담배는 상당히 오랜 기간 주요 산업으로 자리를 잡았고, 실제로 한때는 건강에 좋은 성질을 가지고 있다고 극찬을 받기도 했다. 그러나 이제는 담배가 암을 유발할 수 있는 60개 이상의 화학물질들을 가진 중독성이 매우 강한 성분들로 인해 건강에 그저 해로운 것을 넘어서 치명적임을 잘 알게 되었다. 영국에서는 흡연으로 인해 매년 거의 8만 명이 사망한다고 보고 있다.[1] 미국에서는 매년 50만 명이, 그리고 전 세계적으로는 700만 명 이상이 흡연으로 사망한다.[2] 이것은 흡연과 연관된, 수백만 명에게 추가로 고통을 주는 만성적이지만 치명적이지는 않은 질병은 포함하지 않은 결과다.[3]

그러나 흡연에 엄격한 법률을 적용하는 정부조차도 전면적인 금지는 시행하지 못했다. 지금까지 단 하나의 국가만이 이를 시도했는데, 히말라야에 자리하고 있는 작은 국가인 부탄이다. 부탄은 2004년에 담배 제품을 금지하는 법을 시행했다(몇몇 높은 세금을 부과하는 수입품은 여전히 허용된다). 그 결과 전적으로 예측이 가능한 일이 벌어졌는데, 인도에서 부탄으로 담배를 밀반입하는 문제가 불거진 것이다. 밀반입된 담배는 부탄의 암시장에서 정가보다 3배 비싸게 판매되었다.[4]

다른 국가들은 흡연으로 인한 피해를 줄이기 위해 더 다각적인 접근방식을 채택했다. 영국 정부는 흡연자들에게 위험성을 인식시키고 경고하는 캠페인을 진행했고, 담배 광고를 금지했으며, 담배 회사들이 담뱃갑에 경고 문구를 포함하고 불쾌함을 느낄 수 있게 포장하도록 했다. 법에 따라 공공장소와 대중교통에서 담배를 피울 수 없고, 상점에서는 어린아이들이 볼 수 없고 성인들이 유혹을 느끼지 않게 눈에 띄지 않는 장소에 담배를 숨겨놓아야 한다. 이와 동시에 담뱃세와 공과금을 꾸준히 올리면서 흡연자에게 금전적 압박도 가한다.

마지막 조치는 여러 시대에 걸쳐 정부에게 매력적으로 다가왔는데, 대중에게 문제를 심각하게 받아들이고 있다는 인상을 심어주는 한편 (흔히 흡연 하락률이 세금 인상률을 따라가지 못하기 때문에) 정부의 수입에 보탬이 되기 때문이다. 영국에 담배가 소개되자마자 엘리자베스 1세는 세금을 부과했고, 액수는 파운드당 2펜스였다. 그러나 그녀의 뒤를 이어 국왕의 자리에 오른 제임스 1세는 흡연에 강하게 반대했고, 세금을 40배 인상하면서 6실링 8펜스가 되었다. 오늘날 영국에서 9파운드를 내고 20개비가 들어있는 한 갑을 사면 약 6.50파운드가 정부의 주머니로 들어간다. 이는 담배 1파운드에 부과하는 세금과 공과금이 약 200파운드라는 의미다. 물가 상승률을 감안했을 때 제임스 1세가 부과했던 가혹한 세금보다도 2배가 더 높다. 2015~16년에 흡연자들은 영국 재무부에 120억 파운드를 토해냈고[5], 이렇게 함으로써 납세자들은 기본소득세율에서 2페니를 절약할 수 있었다. 그러나 흡연자들이 국민의료보험 비용과 생산성 손실로 인해 전반적인 경제에 끼친 비용은 연간 대략 129억 파운드였다. 그러니 흡연은 실제로 모두가 패자가 되는 행위일 뿐이다.[6, 7]

그러나 물가 상승이 심해지면 가난한 사람들만 담배를 끊는 효과를 낳는데, 이들이 그저 담배를 살 금전적 여유가 없어지기 때문이다. 이로 인해 세금이 낮은 국가에서 담배를 밀반입하는 사례가 증가하고, 불법(그리고 잠재적 위험성이 더 큰) 담배가 퍼져나간다. 정부가 가격을 너무 높이면 정부 수입은 감소하고, 범죄 활동이 증가하며, 흡연자들은 더 큰 위험에 노출된다. 이런 현상은 이미 진행 중이다. 2016년에 국세청 대변인이 지난 2년 동안 35억 개의 불법 담배와 599톤의 손으로 말아 피우는 담배를 압수했다고 보고했다.[8] 적발되지 않은 불법 담배까지 포함하면 이 수치는 더 높아진다.

니코틴의 맛을 즐기면서 건강도 챙기고 싶은 흡연자들에게 담배의 대안으로 떠오른 전자담배 같은 덜 위험한 제품을 선택하도록 권장하는 방법도 있다. 이 방법은 어느 정도 효과가 있는 것처럼 보인다. 영국에서 2015년까지 성인의 약 4퍼센트가 전자담배를 피웠고, 이것이 2010년에 성인의 20.1퍼센트에서 2015년에 17.2퍼센트로 흡연율이 거의 3퍼센트 포인트 하락하는 데 일조했다.[9]

1950년대에 흡연과 암 사이의 연관성이 점점 더 명확해지면서 담배회사들은 '더 안전한' 담배를 생산하는 데 열을 올렸다. 먼저 필터가 사용되었고, 다음으로 '가벼운'과 '저타르' 제품이 등장했다. 흡연자들은 위험성이 덜하다고 추정되는 제품들로 갈아타면서 담배를 더 안전하게 지속적으로 즐길 수 있다고 믿었다. 담배회사의 전략이 적중하면서 1960년경에는 흡연자의 절반 이상이 필터가 있는 담배로 바꾸었고[10], 2010년대에는 판매된 담배의 90퍼센트 이상이 필터 담배였다[11]. 그러나 1960년대 중반에 담배회사들은 담배에서 나오는 연기에 들어있는 유해물질이 문제이며, 흡연자에게 '만족감'을 주는 물질은 근본적으로 차이가 없음을 깨달았다.[12] 필터를 통해 공기와 연기가 섞이면서 한 모금을 빨아들일 때 많은 공기와 적은 연기를 들이마시게 되고, 타르와 니코틴도 더 적은 양이 흡수된다. 그러나 흡연자의 몸은 동일한 양의 니코틴을 갈망하고, 그래서 동일한 효과를 보기 위해 더 많은 담배를 피우고 더 오래 빨아들이면서 부족한 부분을 채운다. 그리고 이로 인해 해로운 타르와 화학물질이

폐로 더 깊숙이 들어간다.[13]

건강을 위해 시도한 것들이 사실은 반대의 효과를 가져왔다. "저타르·저니코틴 담배의 등장으로 이들이 존재하기 전보다 더 많은 담배를 피우게 되었고, 그 결과 흡연과 연관된 질병과 사망이 증가했다"라고 강조한 《미국 공중보건 학회지American Journal of Public Health》의 1992년 사설이 이 같은 사실을 잘 보여준다.[14] 2003년에 영국은 '순한'이나 '가벼운', '저타르' 담배의 판매를 법적으로 모두 금지했고, 2010년에 미국도 뒤를 따랐다.

온갖 방법을 동원해도 안 될 때는 담배를 피우는 가족이나 친구에게 흡연의 위험을 언급하며 금연을 간청하는 방법이 그럴듯하게 보일 수 있다. 그러나 앞서 보았듯이 명령은 역효과를 낳을 수 있다. 흡연자에게 담배를 피우지 말라고 하는 것도 비슷하다. 그래서 부모들이 자녀에게 담배를 피워서는 안 된다고 분명하게 말하도록 권장했던 1999년의 "말하자, 저들이 들을 것이다Talk: They'll Listen" 캠페인은 실제로 더 많은 15~17세 아이들이 흡연하는 결과를 가져왔다. 일부 냉소적인 사람들은 이런 결과를 예상했던 필립 모리스 담배회사가 캠페인을 부추겼다고 말하기도 한다.[15]

건강 전문가들은 흡연과 음주뿐만 아니라 비만도 건강의 적신호로 본다. 비만인 사람은(놀랍게도 영국 성인의 4분의 1이 여기에 해당한다) 2형 당뇨병과 심장질환, 암, 뇌졸중에 걸릴 위험이 크다. 비만이 그 심각성에 따라 수명을 평균 3년에서 10년 감소시키고, 유럽의 사망자 13명 중 1명의 사망 원인인 것으로 추정된다.[16] 그러나 흡연처럼 (그리고 다른 많은 나쁜 습관처럼) 부정적인 영향을 지적하면서 체중 감량을 권장하는 시도는 오히려 문제를 더 키울 가능성이 있다. 《실험사회심리 학회지Journal of Experimental Social Psychology》에 소개된 2014년 연구는[17] 한 집단의 여성들에게 비만인 사람들이 일자리를 더 구하기 어렵다는 내용의 기사와 흡연자들에 대해 같은 지적을 하는 기사 둘 중 하나를 읽고 요약하라는 과제를 내주었다. 이후 참가자들은 초콜릿 등의 간식이 가득 찬 그릇이 놓여 있는 방에서 휴식시간을 가졌다. 자신이 비만이라고 생각하고 비만인 사람들에 대한 기사를 읽은 여성들이 비슷한 생각을 가졌으나 흡연 기사를 읽은 여성들에 비해 평균 약 80칼로리를 더 많이 섭취했다. 이들은 기사를 읽고 자신에게 낙인이 찍혔다고 느끼며 불안해했고, 먹는 것으로 불안감을 달랬다. 이에 반해 비만이라고 느끼지 않는 여성들은 비만 기사를 읽고 자제력이 강화되었고, 그 결과 덜 먹었다. 저널리스트 올리버 버크먼이 비꼬듯이 말한 것처럼 이것이 날씬한 사람들이 비만 예방 캠페인을 계획해서는 안 되는 이유다. 날씬한 사람에게는 효과가 있더라도 캠페인의 대상인 뚱뚱한 사람들에게는 정반대의 효과를 낳을 수 있기 때문이다.[18]

이런 이유로 사람들에게 생활방식의 문제점을 지적할 때는 매우 신중해야 한다. 그런데 누군가가 메시지를 받아들이고 유익한 방향으로 나아가는 행동을 취했다고 가정해보자. 누군가는 초콜릿의 유혹에 저항하거나 매일 10분간 짧게 산책을 시작할지도 모른다. 그렇다면 이들이 더 나은 삶으로 향하는 길을 걷기 시작했다고 말할 수 있지 않을까? 그러나(기분 나쁘게 "그러나"가 다시 등장했다) 우리가 명확하게 올바른 일을 하고 있을 때조차 부정적인 영향이 있을 수 있다. 올바른 일을 하면서 우리는 무의식적으로 다른 곳에서 이에 대한 보상을 자신에게 허락할 가능성이 있다. 이를 이른바 "도덕적 허용 효과moral licensing"라고 부르는데, 예를 들어 사람들에게 비타민(또는 비타민으로 가장한 위약)을 주면 이들은 더 적게 운동하고, 덜 건강한 음식을 먹으며, 더 위험한 행동을 하려는 경향을 보인다. 어느 연구에서 비타민을 먹은 흡연자들은 곧바로 담배를 피울 가능성이 더 컸고, 심지어 (기이하게도) 사고를 당할 가능성이 더 낮다고 느꼈다![19] 또 다른 실험에서 오트밀 쿠키를 시식하고 평가해달라는 요청을 받은 사람들은 이 쿠키가 가진 건강상의 이점이 강조되었을 때 35퍼센트를 더 먹었다.[20]

건강한 활동에 참여하면서 (또는 그저 참여하고 있다고 믿는 것만으로도) 우리는 자신에게 허락한 특별 대접이나 건강을 과신하며 더 위험한 행동을 하면서 모든 긍정적인 효과가 상쇄되거나 뒤집힐 수 있는 매우 현실적인 가능성에 우리를 열어놓는다. 실제로 나는 기분 좋게 건전한 축구 게임을 하고 난 날에 초콜릿바의 유혹을 거부하기 훨씬 더 힘들다는 사실을 깨달았다.

건강과 관련된 문제는 사람들에게만 일어나지 않는다. 영국에서 결핵에 걸린 소가 늘어났고, 2013년에 이에 대한 걱정이 정점을 찍었다. 소결핵bovine TB은 축산농가를 지속적으로 괴롭히는 문제로, 병에 걸린 모든 동물을 살처분하고, 감염 위험이 모두 사라질 때까지 농장 전체를 방역해야 하기 때문이다. 영국 정부는 피해를 본 축산농가에 보상을 해주는데, 2012년에는 2만 8,000마리의 소들이 도살당하면서 세금 1억 파운드를 지출했다. 비난의 화살은 오소리에게 돌아갔다. 사람들은 결핵에 걸린 오소리가 소에게 이 질병을 옮겼다고 생각했고, 영국 정부는 오소리를 도태시키는 방안을 도입했다. 소에게 가해지는 위협을 제거한다는 이유로 피해를 본 서머셋 지역에서 오소리의 70퍼센트가 죽임을 당했다.

그러나 오소리를 죽이는 일은 어렵고 힘든 작업이다. 가장 효율적이면서 그나마 인도적인 방법이 밤에 오소리를 총으로 쏘아 죽이는 것이라는 결정이 내려졌다. 그러나 6주간의 도태 작업이 끝나갈 때 약 3,000마리의 오소리 중 죽은 오소리는 800마리 미만(약 25퍼센트)이라고 추정되었다. 총기 사용의 문제점이 드러났는데, 미국의 돼지 사례처럼 총에 맞지 않은 놈들이 재빠르게 도망을 쳤다. 그리고 이렇게 도망친 오소리들이 질병을 더 광범위하게 퍼트렸다. 예비 환경부 장관이었던 메리 크리그는 다음과 같이 말했다. "우리는 현재 최악의 시나리오에 직면해 있습니다. 오소리들을 죽였으나 소결핵이 더 심각해질지도 모르는 가운데 우리는 이 끔찍한 질병에 제대로 대처하고 있지 못합니다."

도태 작업이 2015년 가을까지 계속되면서 소결핵에 걸린 도싯 지역 소들의 수가 도태 전에 14마리에서 후에 18마리로 증가했다. 외곽 지역은 상태가 더 심각했는데, 도태 전에 결핵에 걸린 소가 3마리였다면 후에는 8마리로 늘어났다.[21] 12개월 동안 도싯에서만 도살된 소의 수가 총 762마리에서 1,077마리로 늘어나면서 40퍼센트 이상의 증가율을 보였다.[22] 2015년에 글로스터셔에서도 도태 작업이 계속되었고, 그 결과 소결핵으로 도살된 소의 수는 그 해에 거의 16퍼센트가 증가했다.[23] 오소리를 총으로 쏘아 죽이는 방법이 소결핵에 영향을 미쳤다면 그건 상황을 호전시키기보다는 악화시켰다고 볼 수 있다.

안전벨트를 매게 했더니 과속이 늘었다

건강을 개선하는 문제가 생각만큼 쉽지 않은 가운데 안전을 유지하는 문제는 어떨까?

사람들의 안전과 관련된 계획을 실행할 때 얼마나 신중해야 하는지를 보여주는 사건이 2015~16년 영국 축구 시즌이 끝나갈 때 일어났다. 맨체스터 유나이티드와 본머스 선수들이 경기장에서 몸을 풀고 있을 때 경기장 화장실 가스 파이프에 부착된 의심스러운 휴대폰이 발견되었다. 이 휴대폰을 통제된 공간에서 폭발시키기 위해 폭발물 처리반이 투입되었고, 사람들을 재빨리 대피시켰으며, 경기를 취소했다. 그런데 이 폭탄이 그저 모의 폭탄임이 밝혀졌다. 폭발물 탐지견 훈련을 한 후에 실수로 놓아두고 간 것이었다.[24]

다행히도 이 사건으로 (훈련을 진행했던 회사의 평판을 제외하면) 다친 사람은 한 명도 없었지만, 기본적인 재확인 절차만 거쳤어도 이런 상황을 피할 수 있었다. 계획부터 잘못된 안전대책이 얼마나 위험할 수 있는지를 알아보기 위해 원자력 산업계를 들여다보자. 원자로에 문제가 생기기를 바라는 사람은 아무도 없다. 그래서 1950년대 후반에 디트로이트 남부에서 29마일밖에 떨어지지 않은 곳에 페르미 원자력 발전소를 건설할 때 미 원자력 규제위원회American Nuclear Regulatory Commission는 공사 과정을 매우 철저히 감시했다. 원자로가 과열되는 것은 심각한 문제이기 때문에 원자로 중심부는 열을 식혀주기 위해 액체 소듐을 냉각재로 사용한다. 규제위원회는 원자로가 녹아내리는 상황이 발생했을 때 소듐이 원활하게 흐를 수 있도록 지르코늄 필터가 달린 파이 모양의 흐름 유도 장치를 설치해야 한다고 주장했다.

그러나 1966년 10월에 발전소가 완전히 운영을 시작하면서 우려했던 상황이 발생할 뻔했다. 원자로의 노심core 일부가 녹아내리면서 디트로이트 시민들의 안전을 위협한 것이다. 참사는 피했지만, 이 발전소는 4년간 폐쇄되었다. 사고의 원인을 조사하면서 원자로 중 하나가 막혀 배수가 제대로 이루어지지 않아 문제가 발생했다는 사실을 알아냈다. 많은 노력을 기울인 끝에 작업자들은 마침내 로봇팔을 원자로 내부로 집어넣어 문제를 일으킨 물질을 회수하는 데 성공했다. 이 물질은 지르코늄 필터였다. 검사 결과 이 필터가 부서지면서 몇몇 핵연료 요소를 통과하는 냉각재의 흐름을 방해했음이 밝혀졌다. 참여과학자협회Union of Concerned Scientists의 데이비드 로크바움이 말한 것처럼 "원자로가 녹는 상황에서 이를 더 잘 보호하려고 원자로 설계 후반에 설치한 장치가 원자로 용융을 일으켰다."[25, 26]

13년 뒤에 미국 원자력 발전소에서 또 다른 큰 사건이 발생했다. 장소는 펜실베이니아 주의 수도인 헤리스버그에서 멀지 않은 스리마일 섬이었으며, 이번에도 역시 의도하지 않은 결과였다. 냉각회로에서 일어난 사소한 고장이 수습 불가능한 상황까지 발전했는데, 직원들에게 문제를 진단할 능력이 없었던 점이 문제를 더 키운 이유였다. 문제점을 찾아냈을 때는 노심의 거의 절반이 녹으면서 원자로가 이미 파괴되어 있었다. 상황실 직원이 초기 대응에 실패하면서 상황 통제를 어렵게 만들었다. 이날 근무 중이었던 에드워드 프레더릭은 훗날 뉴욕 법원에서 “사고가 발생하고 처음 몇 분간 제어판에 400에서 500개의 경고등이 켜졌고, 다른 제어판에 들어온 300에서 400개의 표시등이 무언가 잘못되었음을 보여주었습니다”라고 진술했다.[27] 빨간불은 밸브가 열려있거나 기기가 작동 중임을 나타내고, 녹색불은 밸브가 잠겨있거나 기기 작동이 멈췄음을 나타내는데, 평소에는 어떤 불은 빨간색이, 어떤 불은 녹색이 들어와야 정상이었다. 그래서 고도로 훈련된 전문가조차 어디가 문제인지를 단번에 파악하기란 불가능했다. 사태를 파악하는 동안 상황실 안에서 시끄럽게 울려대는 100종류 이상의 경고음도 방해가 되었다. 국제원자력기구의 원자력 설비 안전부 책임자인 필립 자멧은 “발전소 직원들은 완전히 당황해서 어찌할 바를 몰랐죠”라고 말했다.[28]

교통사고는 예기치 못한 죽음을 맞이할 가능성이 가장 큰 사건이다. 자동차의 출현 이후로 정부는 교통사고 사망자 수를 줄이기 위해 부단히 노력해왔다. 자동차가 발명된 초창기에는 운전자들이 사람을 시켜서 자동차보다 앞서 걸어가 붉은 깃발을 들어 다른 도로의 운전자에게 자신이 접근하고 있음을 알렸다. 이제는 누구도 이렇게 하지 않지만, 런던과 같은 대도시는 교통량이 너무 많아 붉은 깃발을 든 사람이 신호를 줄 필요가 없을 정도다. 1930년에 영국은 시내에서의 제한 속도를 시속 30마일로 정했고, 이후로 교통사고 사망자 수를 줄이기 위한 법이 더 많이 제정되었다. 지난 80년 동안 자동차 대수와 운전 거리가 기하급수적으로 늘어났다. 1938년에(기록을 구할 수 있는 최초의 해다) 도로에는 약 150만 대의 자동차가 있었고, 매년 총 470억 킬로미터를 이동했다. 2014년에는 자동차 대수가 20배 이상 많아졌고(3,500만 대), 총 이동 거리도 5,000억 킬로미터로 늘어났다[29](흥미로운 사실은 현재 자동차 한 대당 이동 거리가 1938년보다 많게는 절반밖에 되지 않는다는 점이다). 이는 다시 말해 현재 영국을 돌아다니는 포드 포커스 자동차의 대수가 1938년의 총 자동차 대수와 거의 동일하다는 뜻이다. 도로 위의 안전을 향상하려는 노력은 놀랄 만큼 성공적이었다. 도로 사용량이 보기 드물게 증가했음에도 영국의 교통사고 사망자 수는 실제로 지난 90년 동안 거의 3분의 2가 하락하면서 1938년에 6,648명에서 2014년에 1,775명으로 떨어졌다(정전이 발생했던 1940년에 1만 73명으로 정점을 찍었다).[30] 10억 마일 주행거리당 사망률은 1949년 165명으로 최고치를 기록한 후 거의 매년 감소하면서 2014년에는 5.6명이 되었다.

그러나 모든 안전 조치가 이로운 것은 아니다. 예를 들어 (1983년에 영국에 도입된) 안전벨트 착용 의무화가 수많은 생명을 살리고 부상을 예방했다는 점에는 의심의 여지가 없지만, 안전벨트를 매고 최신식 안전장치가 장착된 자동차를 탄 운전자들이 마음을 놓고 더 위험한 행동을 한다는 신뢰할 만한 증거가 존재한다.

1980년대에 이 같은 추측을 입증하기 위한 실험이 진행되었다. 두 집단으로 나누어진 참가자들에게 작은 경주용 자동차를 몰게 했는데, 한 집단은 안전벨트를 매고 다른 집단은 매지 않았다. 이후에 두 집단의 조건을 서로 바꾸었을 때 안전벨트를 매지 않았다가 매게 된 운전자들이 하나같이 차를 더 빨리 몰았다[31](안전벨트 착용에서 미착용으로 전환한 사람들은 속도를 줄이지 않았다. 아마도 이들이 이미 한 번 안전한 상태에서 운전한 경험이 있기 때문이 아닐까 싶다). 네덜란드의 도로에서 진행된 또 다른 연구는 안전벨트 비사용자가 벨트를 맸을 때 속력을 더 높이고, 차선을 빠른 속도로 변경하고, 급정거를 더 자주 하며, 앞차에 더 바싹 붙어 운전하는 경향이 있음을 보여주었다.[32]

이들의 행동은 "위험 항상성Risk Homeostasis"이라는 이론으로 설명될 수 있다. 이 이론에 따르면 운전자들은 무의식적으로 일정한 위험 수준을 유지하려고 한다. 더 안전하다고 느낄수록 운전이 더 난폭해질 수 있다는 의미다. 그러나 자동차 탑승자는 최신 안전장치의 혜택을 받을 수 있을지 몰라도, 사고를 당하는 보행자나 자전거 이용자는 이런 보호를 받지 못하고 다치거나 목숨을 잃을 가능성이 더 크다. 그래서 2014년에 자동차 탑승자들이 교통사고 사망률에서 차지하는 비율이 절반이 되지 않는 가운데(47퍼센트) 보행자는 26퍼센트, 자전거 이용자는 7퍼센트, 오토바이 이용자는 20퍼센트를 차지했다.[33] 스탠리 맥월터가 일간지 《스코츠맨The Scotsman》에 보낸 서신이 다수의 생각을 대변했다고 볼 수 있다. "운전자의 안전벨트 착용을 금지하고, 에어백 대신에 날카로운 못이 운전자의 얼굴을 향하게 하면 도움이 될 것이다. 이렇게 하면 운전자들은 모든 충돌을 피하기 위해 적극적으로 운전기술을 향상시키는 노력을 할 것이다."[34]

이렇게까지 극단적일 필요는 없지만, 일부 연구자들은 이런 방향으로 향하는 것을 실제로 고려해볼 필요가 있다고 제안했다. 네덜란드의 한스 몬더만은 흰 줄무늬 건널목 표시와 도로 표지판, 신호등, 도로 표시를 제거해 사고와 심각한 부상을 줄일 수 있다고 생각했다. 그는 운전자의 머릿속에 불확실성을 주입하면 이들이 더 조심하고 속도를 조금 더 줄일 거라는 이론을 제시했다[35](도로에서의 불확실성이 언제나 좋은 것은 아니다. 몇 년 전에 프랑스에서 휴가를 보내다가 우리 가족은 차가 막히는 시간이 아닌데도 모든 방향의 신호등에 노란 경고등이 켜진 것을 보고 당황했다. 우리에게 이것은 모든 운전자에게 우선 통행권이 있음을 알려주는 신호처럼 보였다. 그리고 실제로 바로 몇 분 뒤에 꽤 빠른 속도로 다가오던 자동차 한 대가 교차로를 지나던 또 다른 자동차를 측면에서 들이받았다). 도로 이용자들과 눈을 마주치는 행위는 이들과 훨씬 더 안전하게 상호작용한다는 의미다. 네덜란드의 프리슬란트 주 북부에 자리한 마을에서 다수의 실험이 진행되었는데, 위험한 교차로에 설치된 신호등을 도로 중앙에 놓인 나무로 대체했다. 그 결과 이전에는 매년 두세 명의 보행자가 사망했다면, 신호등을 나무로 대체한 후에는 사망률이 0퍼센트로 떨어졌다.[36]

캐나다인들은 실제로 수년간 이와 비슷한 방식을 실행해오고 있다. 캐나다의 교차로에서는 자동으로 따르는 올바른 방법이란 것이 없기에 도로 사용자들은 누가 먼저 갈 것인지를 알아서 합의해야 한다. 영국에서 같은 방식으로 진행된 실험이 있었다. 2004년 4월에 윌트셔의 세엔드 마을은 도로에서 흰 선을 전부 지워버렸다. 그 결과 사고가 3분의 1 감소했고, 속도는 평균 5퍼센트 줄어들었다.[37] 이스트서식스의 브라이튼에서 도시 설계자들은 사고가 특히 잦은 도로의 문제를 해결하기 위해 이 방식을 확장해 적용했다. 도시 설계자 데이비드 러들린은 비판적인 어조로 브라이튼의 웅장하고 화려한 공연장인 시어터 로열이 있는 뉴로드의 문제점을 다음과 같이 요약했다. "한쪽은 섭정시대Regency[영국사에서 황태자가 섭정하던 시대(1811~20)를 가리킨다-옮긴이]의 웅장한 건물들이 줄지어 서 있고, 다른 쪽에는 음울한 로얄 파빌리온 궁전이 자리하고 있다. …… 마치 번화가의 일부가 주변의 도로망에서 싹둑 잘려 나와 위험하고 지저분한 뒷길의 역할로 격하된 것처럼 느껴진다."[38] 이 도로를 '공유 공간'으로 변화시키기로 결정이 나면서 벤치를 설치하고 도로 표시를 지우기로 했다. 그래서 보행자와 자전거 이용자, 운전자 모두가 안전을 위해 함께 협력하지 않을 수 없게 되었다. 2007년에 이 도로를 다시 이용하게 되었을 때 의도한 목적이 빠르게 달성되었다. 1년 후에 시행한 조사를 보면 보행자와 자전거 활동이 각각 162퍼센트와 22퍼센트 증가한 반면 교통량은 93퍼센트 하락했다. 안전성 심사 보고서에는 "운전자들은 자신들이 마치 거리의 불법 침입자인 것처럼 행동한다. 보행자들에게 거의 완전한 우선권을 내주고, 대부분이 가능한 느린 속도로 운전한다"라고 적혀 있다.[39] 뉴로드 산업체의 80퍼센트가 이 계획이 재정뿐만 아니라 거주자들의 웰

빙에도 긍정적인 영향을 주었다고 생각한다.[40]

산불 예방이 산불의 원인이 되기도

1910년 여름, 미국 북서부의 아이다호와 몬태나, 워싱턴 주에 걸쳐서 일련의 산불이 발생했다. 삼림청은 8월 20일까지 산불을 가까스로 통제할 수 있었지만, 강풍이 이 지역을 휩쓸고 지나가면서 불씨에 부채질을 하자 로키산맥 북부 전역에 걸쳐 불길이 다시 타올랐다. 삼림 감독원 에드워드 G. 스탈은 당시를 회상하며 "불길이 수백 피트 높이까지 치솟았습니다. 강풍이 부채질해 더욱 거세지면서 맹렬한 기세로 퍼져나갔고, 거대한 곡선을 그리며 대지를 덮쳤어요. 지옥에서 온 붉은 악마가 따로 없었죠"라고 말했다. 화력이 어마어마해서 나무들이 땅에서 뿌리째 뽑혀나갔다.[41] 300만 에이커(1만 2,000제곱킬로미터로 웨일스 면적의 약 3분의 2에 해당한다) 이상이 불탔고, 85명이 사망했으며, 다수의 마을이 파괴되었다. 화재 연기가 3,200킬로미터 이상 떨어진 뉴잉글랜드까지 도달했고, 그을음이 거의 4,800킬로미터 떨어진 그린란드까지 날아갔다.[42] 이후로도 산불이 정기적으로 발생하면서 1935년에 미 삼림청은 모든 불을 최대한 빠르게 진압하라는 매우 엄격한 지시를 내렸다. 더 구체적으로는 "모든 산불을 최초 신고가 접수된 다음 날 오전 10시까지 진화해야 한다." 새로운 소방기술과 (소방차가 더 빠르게 화재 장소에 도착하게 해주는) 더 많아진 도로가 더해지면서 이 정책은 매우 성공적으로 보였다. 산불로 불탄 지역의 면적이 1930년대에 연간 3,000만 에이커(대략 그리스 면적)에서 1960년대에 연간 200~500만 에이커로 줄어들었다.[43]

그러나 이후로 상황이 바뀌기 시작했다. 지금은 40년 전보다 평균적으로 매년 2배 더 많은 대지가 산불로 불타고 있다. 2005년부터는 이른바 "메가파이어megafire"라고 하는 초대형 산불이 매년 평균 10건씩 발생하고 있어서 더 우려스럽다.[44] 이런 산불은 최소한 10만 에이커를 태우며, 이보다 더 넓은 범위를 휩쓸기도 한다. 2004년 8월에 발생한 테일러 콤플렉스 산불은 알래스카에서 한 달이 넘게 지속되었고, 130만 에이커 이상을 불태웠다. 그해 여름 미국에서 발생한, 660만 에이커 이상의 대지를 전소시킨 일련의 산불 중 하나였고, 산불 관측이 시작된 이래로 알래스카 최악의 화재로 기록되었다. 2014년에는 워싱턴 주가 주 역사상 가장 큰 산불로 고통을 받았다. 엄청난 산불이 캐스케이드 산맥을 휩쓸면서 25만 에이커 이상을 파괴했고, 맹렬한 화마가 《내셔널지오그래픽》이 묘사한 것처럼 초당 3.8에이커의 "극초음속"으로 숲을 집어삼켰다.

조사를 통해 산불이 급증한 다수의 원인이 밝혀졌는데, 그중 하나가 미 삼림청의 공격적인 소방 정책이었다. 나무에 남겨진 흔적을 살펴보면 역사적으로 숲의 모든 지역에 대략 10년에 한 번씩 번개로 인해 산불이 일어났음을 알 수 있다. 그러나 이런 산불은 규모가 그리 크지 않았다. 산불이 정기적으로 발생하면서 소나뭇과인 홍송 묘목이 10년 사이에 6미터 정도까지 자라면 다음 산불로 전소되었다. 그러나 숲에서 가장 많은 폰

데로사 소나무는 5센티미터라는 놀라울 정도로 두꺼운 껍질로 싸여있고 61미터 이상 자랄 수 있다. 그래서 이들은 이런 산불에서 별 탈 없이 살아남았다. 그러나 작은 산불도 진압하는 정책이 시행되면서 홍송 묘목은 이전보다 훨씬 더 크게 자랄 수 있었고, 숲의 하층부를 매우 빽빽하게 채웠다. 그래서 산불이 발생했을 때 이를 신속하게 진압하지 못하면 홍송 묘목이 폰데로사 소나무로 불길이 옮겨붙을 수 있는 사다리 역할을 했다. 작가이자 생태학자인 재레드 다이아몬드는 "때때로 진압할 수 없는 화재라는 결과를 낳는다. 불길이 122미터까치 치솟고, 나무에서 나무로 넓은 공간을 뛰어넘어 옮겨붙고, 온도가 섭씨 1,093도에 이르며, 나무 종자를 죽이고, 뒤이어 산사태와 대규모 침식을 일으킬 수도 있다. 삼림 감독원들은 이제 서쪽 숲을 관리하는 가장 큰 문제가 지난 반세기 동안의 효과적인 화재진압으로 쌓인 연료를 처리하는 방법이라는 사실을 깨달았다"라고 썼다.[45] 오스트레일리아와 캐나다, 지중해 국가들의 온대림에도 미국과 같은 방식이 적용되었다. 캐나다의 브리티시컬럼비아 주의 오래된 나무를 조사해보면 검어진 나이테를 통해 19세기 말까지 이들이 10년에서 40년마다 불에 탄 적이 있음을 알 수 있다. 미국식 화재진압 정책은 소방대가 숲에서 꾸준히 막대한 양의 불쏘시개를 비축해왔음을 의미했다. 태즈메이니아 대학교의 화재 연구자 데이비드 바우만이 말한 것처럼 "전 세계적으로 우리는 괴물에게 먹이를 주고 있었습니다. 그리고 이제 이 괴물이 스스로 먹이를 먹기 시작했어요. 이 괴물을 처치하는 것은 어려운 일이죠."[46]

미국과 다른 국가에서 화재 관리 방법을 바꾸어야 한다는 인식이 생겨나고 있다. 토론토 대학교 삼림학부의 데이비드 마텔 교수가 지적했듯이 "캐나다에서 산불은 숲 생태계에서 발생하는 자연스러운 현상입니다. 숲을 태워 영양소를 재활용하고, 동물들의 서식 환경을 개선하지요. …… 일반적으로 산불은 자연스럽게 발생하고, 종국에 가서는 나무에 이로움을 주죠. 저는 학생들에게 항상 이렇게 말합니다. 산불은 나무를 파괴하지만 숲을 파괴하지는 않는다고요."[47]

물론 초대형 산불은 예외다. 그리고 이런 산불을 관리하기 위해 막대한 예산이 할당된다. 미국의 소방 예산은 1995년에 6억 달러에서 2014년에는 연간 30억 달러로 5배가 증가했고, 실제 비용이 이 액수를 초과하는 경우도 빈번했다. 그러나 하층부의 나무들이 수년간 제멋대로 자라게 놓아둔 결과 재레드 다이아몬드는 미국 서부의 삼림 1억 에이커에서 이들을 제거하는 작업에 1,000억 달러의 비용이 들어간다고 추산했다.

스스로 문제를 해결하도록 격려하는 것이 최선

보건과 안전을 우려하는 것이 나쁘다고 말할 사람은 없다. 도로안전은 수년간 급격히 좋아졌고, 건설 노동자들은 건물을 철거하면서 석면증에 걸리던 때로 돌아가고 싶어 하지 않는다. 바텐더는 술집에서 간접흡연에 노출되지 않아도 되고, 영국에서 1974년에 직장 내 건강 및 안전법

and Safety at Work Act이 제정된 후 40년간 치명상을 입는 종업원이 87퍼센트 감소했고, 치명적이지 않은 부상의 경우 70퍼센트 이상 하락했다.[48] 그러나 앞서 보았듯이 이번에도 상황을 개선하려는 노력이 오히려 역효과를 낳을 수 있다.

해로운 습관은 버리는 것이 이롭지만, 이는 쉬운 일이 아니다. 금연을 도와주는 방법은 다양하다. 흡연자들은 금연패치나 전자담배 등 니코틴과 같은 효과를 주는 다른 무언가로 담배를 대신할 수 있다. 흡연을 생각나게 하는 상황을 피하는 조언도 받고, 담배를 피우고 싶은 마음이 극에 달했을 때 주의를 분산시키는 방법도 시도할 수 있다. 많은 방법 중에서도 단칼에 끊는 방법이 가장 효과적으로 보인다. 매일 피우는 담배의 개수를 점진적으로 줄여나가는 것이 아니라 금연을 결심하고 곧장 실천하는 것이다. 그러나 이 모든 방법은 흡연자 본인의 결심으로 선택되어야 한다. 앞서 보았듯이 누군가가 지시를 내리거나 심지어 유용한 정보를 제공하는 것마저도 역효과를 얻을 수 있기 때문이다. 흡연자가 타인이 자신을 판단하고 꾸짖으며 잔소리한다고 느끼면 자신에 대해 부정적인 감정을 가지게 되고, 기분 전환을 위해 담배에 손을 댈 가능성이 커진다.

의사인 맥스 펨버튼은 30대까지 담배를 피웠다. 흡연이 건강에 해롭다는 사실을 누구보다도 잘 알았지만, 온갖 방법을 동원해도 담배를 끊을 수 없었다. 머리로는 항상 끊어야 한다고 생각했으나 그가 말했듯이 포기해야 한다는 생각이 그를 극도로 우울하게 만들었다. 금연패치와 약, 껌, 스프레이도 사용했고 책도 읽었다. 그러나 어느 것도 도움이 되지 않았다. 오히려 몇몇 방법은 담배를 더 많이 피우게 했다. 가까운 친척 두 명이 폐암으로 사망하고 나서 그는 자신의 상황에 맞서기로 결심을 굳혔고, 자신이 약물 중독자를 치료하면서 효과를 보았던 방법을 시도했다. 펨버튼은 사람들이 흡연을 걱정하면서도 정신적 갈등이나 심리학적 표현으로 "인지 부조화cognitive dissonance(다양한 경험, 신념, 감정, 태도 사이의 모순으로, 이들이 서로 일치하지 않는 상태에서 형성되는 불편한 감정상태를 말한다-옮긴이)"를 만들어내면서 담배를 피운다는 사실을 알았다. 그래서 자신이 흡연을 왜 좋아하는지에 대한 목록을 작성했다. 그가 말했듯이 얻는 것이 아무것도 없다면 할 이유가 없기 때문이다. 그런 다음에 금연을 방해하는 목록도 작성했다. 세 번째로 금연으로 얻을 수 있는 이점 목록을 만들었다.

그는 흡연의 이점들이 모두 착각에 불과하다는 사실에 주목했다. 우리가 느끼는 인지 부조화는 "인지 왜곡cognitive distortion(어떤 경험이나 주변의 사건을 생각하고 해석하는 과정에서 일으키는 추론이나 판단의 오류를 말한다-옮긴이)"으로 이어질 수 있다. 이런 인지 왜곡은 논리적으로 보이지만 잘 들여다보면 허물 수 있다. 흔히 스트레스를 해소해준다고 알려진 니코틴의 효능이 좋은 예다. 실제로 니코틴은 체내에 오랫동안 남아 있지 않기 때문에 흡연자들은 가벼운 금단 증상이 지속되는 상태에서 하루하루를 보내고, 흡연은 혈압과 심박수를 올려주면서 스트레스를 더 심화시킬 수 있다. 흡연은 그저 일시적으로 금단 증상을 완화해줄 뿐이다. 마지막 단계는 판사와 배심원을 설득하듯이 증거를 제시해 피고인의 지속적인 흡연을 옹호하는 주장을 최대한 강력하게 펴는 것이다. 그런 다음에 입장을 바꾸어서 검찰 측 옹호론을 펼치며 피고인 측의 주장이 가진 오류를 지적한다. 바라건대 (맥스 펨버튼처럼) 이렇게 객관적 방식으로 주장을 적어 내려가면 다음에 흡연의 유혹이 있을 때 자신에게 필요한 정보를 스스로 제공할 수 있게 된다.[49]

흥미롭게도 펨버튼 역시 비판과 강요, (날씬한 사람이 비만인 사람에게 하듯이) 비흡연자한테서 듣는 유용한 조언이 흔히 역효과를 가져올 수 있다고 경고한다. 그러니 흡연이나 나쁜 식습관, 쇼핑중독, 또는 다른 건전하지 못한 생활습관을 가진 친구나 가족이 주변에 있다면 이들이 스스로 자신의 문제를 객관적으로 바라보고 해결하도록 격려하고 도움을 주는 것이 제일 좋은 방법이다. 자신을 끊임없이 괴롭히고 무력하게 만드는 유혹이 있다면(없는 사람이 과연 있을까?) 법정에서처럼 반대심문하는 방식도 시도해볼 만하다.

7장

나쁜 의도와 좋은 결과

UNINTENDED CONSEQUENCES

전쟁, 가난, 결핍이 가져온 건강의 향상

지금까지 계속해서 좋은 의도가 나쁜 결과를 가져오는 사례들만 보았지만, 다행히 나쁜 의도가 좋은 결과를 낳기도 한다.

1940년대 초반 유럽 대륙은 나치 세력에 함락 당했고, 영국은 홀로 싸웠다. 계속되는 폭격과 온갖 변화, 미래에 대한 극도의 불안으로 좋지 않은 시기였다. 영국은 전쟁의 공포에 떨어야 했으며 얼마 가지 않아 굶주리기 시작했다. 평화의 시대에 영국은 식료품의 3분의 2를 수입에 의존했는데, 전쟁이 발발하고 선박들이 공격을 받으면서 얼마 가지 않아 수입 식료품이 연간 5,500만 톤에서 1,200만 톤으로 줄어들었다.[1] 일상생활에 필요한 식량이 부족해진 것이다. 결국 영국 정부는 (언론의 격한 반대에 부딪혔음에도) 1940년 1월에 모두가 공평한 몫을 받을 수 있게 식량 배급을 시작했다.

이 제도를 운용하기 위해 정부는 성공적인 사업가인 프레드 마퀴스를

식품부 장관으로 임명했다. 영양실조로 사람들이 죽었던 가난한 동네에서 성장한 배경을 가지고 있던 마퀴스는 당시의 상황을 영국인의 건강 상태를 향상하는 기회로 삼겠다고 결심했다. 그리고 신속하게 생화학 교수와 왕립학회의 회장, 농림부 장관이 포함된 팀을 구성한 다음에 "다양한 연령대와 군인, 힘든 일을 하는 육체노동자, 평범한 가정주부, 아기와 어린이, 임신부와 모유수유를 하는 엄마들에게 필요한 모든 칼로리와 비타민을 공급하는, 국민을 위한 식단을 짰다."[2]

식료품이 이 식단에 맞춰 배급되었고, 때때로 변화가 있기는 했지만, 성인 1인당 전형적인 일주일치 배급량은 버터와 치즈, 마가린, 조리용 기름, 차나 커피 각각 2온스(56그램)와 잼이나 다른 설탕 절임 4온스, 베이컨 4온스, 설탕과 고기 12온스, 달걀 1개, 우유 약 1리터였다. 선택의 여지가 없는 식단은 식량 배급이 종전 후에도 이런저런 형태로 14년 동안 계속되면서 일시적으로 시행되고 끝나지 않았다. 오늘날에는 상상하기도 힘든 궁핍한 삶이었다.

여기에 전쟁으로 인한 스트레스가 더해지면서 영국민의 건강이 더 나빠졌을 것으로 생각할지도 모르겠다. 그러나 결과는 정반대였다. 프레드 마퀴스는 놀라운 업적을 남겼다. 식량 배급은 단백질과 비타민 섭취량을 증가시키고 지방과 설탕의 양을 줄이면서 실제로 가난한 사람들의 식습관을 개선해주었다.[3] 마퀴스의 전기를 집필한 작가 윌리엄 시트웰은 "전쟁 말기에 영국인의 몸 상태는 보기 좋았고 (그 어느 때보다도) 매우 건강했다. …… 아동 사망률은 매우 낮았고, 출산 시 사망하는 임신부도 훨씬 줄어들었다. 사산아의 수도 줄었고, 아이들은 키가 커졌으며 더 튼튼해졌다"라고 했다.[4] 자연사율도 감소했고, 심지어 충치도 줄어들었다. 심장 질환과 2형 당뇨병, 고혈압, 특정암 발병률도 하락했다.[5] 의사를 포함한 의료 종사자들 대부분이 전쟁으로 인해 해외에 배치되어 국내에 남아있는 의료진이 별로 없는 상황에서 이루어낸 결과였다.

나치 독일은 의도치 않게 영국민의 건강을 증진해주는 효과적인 방법을 제공해주었다.

프레드 마퀴스의 친절한 도움 없이도 2008년 금융위기 때와 같은 힘든 시기가 사람들을 더 건강하게 만들어줄 수도 있다는 증거가 존재한다. 2008년 10월 초에 나라 전체가 파산 직전까지 몰렸던 아이슬란드가 가장 대표적인 사례다. 수개월 동안 주요 은행 3곳이 도산했고, 주식시장의 가치가 95퍼센트 떨어졌으며, 통화가 붕괴되었고, 대출 금리는 300퍼센트 이상 치솟았다. 그 결과 국가의 거의 모든 사업체가 파산하고, 인구의 6분의 1이 예금을 몽땅 잃었다. 사람들은 생활방식을 개선하지 않을 수 없었다. 수입품은 엄두도 못 낼 만큼 비싸졌다. 과일과 채소의 섭취율이 떨어지기는 했지만, 흡연량과 술과 청량음료, 간식 섭취량의 감소폭이 더 컸다. 비용을 지불할 능력을 상실한 사람들은 해로운 실내 태닝을 하지 않게 되었고, 수면시간이 길어지면서 건강이 더 좋아졌다.[6]

1990년대 초반에 애리조나 주에서 한 무리의 사람들이 자발적으로 궁핍한 생활을 하기로 동의했다. "바이오스피어 2Biosphere 2"는 (에덴 프로젝트와 유사하지만 우아함이 떨어지는) 3에이커 면적의 외부와 완전히 격리된 공간으로, 외계 행성에 새로운 세계를 건설할 때 마주치게 될 환경을 모방한 인공생태계 프로젝트다. 생명과학자 8명이 2년간 외부와 차단된 채 이곳에서 직접 키운 식량들로만 생활했다. 제한된 식단으로 참가자들의 일반적인 건강 상태가 향상되었는데, 콜레스테롤 수치와 혈압은 낮아졌고, 면역체계는 강화되었다.[7]

런던 지하철 노동자들이 자신들도 의식하지 못하는 사이에 런던 시민의 건강을 증진시키기도 했다. 장기간에 걸친 분쟁이 절정에 올랐던 때인 2014년 연속된 파업으로 런던 지하철의 운행이 대부분 중단되었다. 48시간 파업 기간에 3개의 노선이 완전히 멈추었고, 다른 노선의 운행 횟수가 줄어들었으며, 지하철역의 3분의 2 가까이가 일부 시간대에 폐쇄되었다. 런던 시민들이 매일 지하철로 이동하는 횟수를 모두 합하면 400만 번이 넘는다. 지하철 파업으로 시민들은 크게 타격을 받았지만, 이 기간에 통근자들이 받은 영향에 관한 연구는 놀라운 결과를 보여주었다. 출근하기 위해 다른 방법을 모색해야 했던 지하철 이용객 중 5퍼센트가 더 나은 길을 찾았고, 파업이 끝난 후에도 새로 찾은 길을 고수했다. 통근시간은 더 빨라지고 즐거워졌으며, 건강도 더 좋아졌다. 이들이 떠나면서 기존의 길을 이용하는 사람들의 이동 환경도 개선되었다. BBC의 보도에 따르면, 직장인 크리스 프라이는 출근길의 일부 구간에서 대중교통을 더는 이용하지 않는다. 그는 "리버풀 스트리트에서 걷는 것이 서클 선의 공포에서 벗어나는 신선한 변화였습니다. 출근길에서 가장 스트레스를 받는 부분을 제거하기 위해 앞으로도 계속 이렇게 할 것 같아요"라고 말했다.[8] 런던 시민의 평균 통근시간이 40초가 줄어들었다. 한 개인으로 따지면 그렇게 긴 시간이 아니지만, 런던에서 이동하는 수백만 시민을 계산에 넣으면 매일 4만 시간 이상이 절약된다는 의미다.[9] 물론 지하철 운행을 일부 중단하는 것은 다소 급진적인 시간 절약 방법이다. 런던교통공사는 현재 역 사이의 도보 시간을 알려주는 지도를 설치하는 등 이용객들이 더 나은 선택을 할 수 있도록 돕고 있다.

2008년 금융위기와 런던 지하철 노동자들의 도움에도 영국의 비만율은 지난 30년간 3배가 뛰었고[10], 2형 당뇨병 발병률은 사상 최고 수준이다. 안타깝게도 우리는 어쩔 수 없는 경우를 제외하면 건강한 식단을 대체로 꺼리는 것 같다. '선택'이 중요해진 현대사회에서 사람들의 선택을 축소하는 방식으로 억지로 건강을 증진하려는 시도는 정상적인 상황에서 받아들여지기 어렵다.

최악이라고 생각했던 것이 축복이었다!

역사적으로 보면 억압은 흔히 의도했던 것과 반대되는 효과를 낳았다. 그리고 "순교자의 피가 교회의 씨앗이다"라고 했던 테르툴리아누스의 격언이 진실임이 증명되었다.[11] 서기 1세기와 2세기에 기독교인들은 로마에서 가혹한 박해를 받았다. 이들은 서기 49년에 로마 황제 글라우디오에 의해 로마에서 추방당하고, 서기 135년경에는 예루살렘에서 추방당했다. 그러나 이런 강제추방은 신흥 종교를 제거하기는커녕 로마제국 전역으로 전파하는 결과를 가져왔다.

자신들에게 (어떤 이유에서든) 위협이 된다고 여겨지는 사람에게 가하는 폭력이 오늘날에도 수그러들 줄 모르고 계속되고 있다. 말랄라 유사프자이의 사례가 이를 입증한다. 어린 나이에 파키스탄 소녀들의 교육받을 권리를 주장하며 캠페인을 시작했던 그녀를 극도로 못마땅하게 여겼던 탈레반은 2012년 10월 그녀가 학교에서 집으로 돌아오는 때를 노려 살해하려고 했다. 이때 말랄라의 나이는 15세에 불과했다. 그녀는 수주에 걸친 집중치료를 받아 살아났고, 탈레반의 공격은 멋진 역효과를 가져왔다. 그녀의 목숨을 앗아가려는 시도가 있었던 다음 해에 지역 정부는 교육 예산을 증가했고, 7만 5,000명의 소녀를 추가로 학교에 입학시켰다.[12] 그녀의 메시지는 큰 효과를 낳아서 유엔은 그녀의 16세 생일을 세계 "말랄라의 날"로 지정했다. 그녀는 2014년에 노벨 평화상을 공동 수상하는 영예도 안았다. 그녀는 다음과 같이 말했다. "탈레반은 저를 침묵하게 만들려고 총으로 쏘았습니다. 그러나 전 세계가 이제는 제 메시지를 듣고 있습니다."[13]

스스로 불러온 피해가 놀라울 정도로 이로운 결과를 가져올 때도 있다. 영국 최대의 육아정보 사이트 중 하나인 멈스넷Mumsnet의 공동 창립자 저스틴 로버츠는 다음과 같이 말했다. "때로는 최악이라고 생각했던 일이 사실은 축복일 때가 있어요. 멈스넷은 엄격한 육아 전문가이자 『만족스러운 작은 아기 책The Contented Little Baby Book』의 저자인 지나 포드 덕분에 주류에 편입할 수 있었죠. 그녀는 멈스넷 이용자들이 그녀의 명예를 손상하는 글을 올렸다고 주장하며 저희를 명예훼손으로 고소했고, 인터넷 서비스 공급자를 위협해 저희 웹사이트를 폐쇄하려고 했어요. …… 그 당시에는 악몽 같았지만 몇 년이 흐른 후에 저는 그녀가 그 어떤 광고보다도 저희 웹사이트를 홍보하는 데 지대한 역할을 했음을 깨달았죠."[14]

8장

뜻밖의 좋은 결과

UNINTENDED CONSEQUENCES

좋은 의도, 좋은 결과, 기대 이상의 효과

의도하지 않았는데 좋은 결과를 낳는 것보다 더 좋은 것은 무엇일까? 바로 좋은 의도로 시작한 일이 원하는 결과를 달성하는 것에서 그치지 않고 기대하지 않은 이로운 효과까지 가져오는 것이다.

1800년 템스 강은 연어를 잡아 판매할 수 있을 정도로 깨끗했다. 그러나 1830년대 중반에는 런던 인구가 급증하면서 오물을 도시 밖으로 실어 나를 수 없을 정도가 되었다. 20만 개의 오물통과 최신식 수세식 변기에서 나온 내용물이 대부분 템스 강에 버려졌고, 강이 오염되면서 구역질 나는 악취가 진동했다.[1] 시간이 흐르면서 상황이 점점 더 악화되는 가운데 엎친 데 덮친 격으로 1858년 여름은 유난히 더웠다. 기온이 30도를 넘었고, 수년 동안 강에 쏟아버린 쓰레기가 열기로 인해 썩으면서 '그레이트 스팅크Great Stink(엄청난 악취로 번역할 수 있다-옮긴이)'라고 알려진 사건이 발생했다. 악취가 점점 심해지면서 영국 국회의사당은 커튼을 표백분에 적셔서 냄새를 없애보려고 했다. 이런 노력에도 악취가 더는 참을 수 없을 정도가 되자 6월 30일 대담하게 도서관에 발을 들여놓았던 국회의원들은 손수건으로 코를 덮고 도망치고 말았다. 당시 하원 원내총무였던 벤저민 디즈레일리는 템스 강을 “말로 다 할 수 없고 견디기 힘든 공포의 냄새가 나는 새까만 웅덩이”라고 생생하게 묘사했다. 조치가 필요함을 깨달은 의회는 행동에 돌입했고, 엔지니어인 조셉 배젤제트가 향후 수년에 걸쳐 문제의 근원을 제거하고 런던의 공기를 깨끗하게 만든 하수도의 설치 임무를 맡았다.

앞선 30년 동안 런던에서 콜레라가 심각한 수준으로 발발한 경우가 세 번 있었다. 이때마다 수천 명이 사망했고, 그레이트 스팅크가 일어나기 5년 전에 세 번째 콜레라가 발발했을 때 런던 시민 1만 명이 숨졌다. 식수로 사용한 물은 대부분이 템스 강물이었는데, 이 오염된 물을 마시고 콜레라에 걸렸는지는 확실하게 밝혀지지 않았었다. 그러나 악취를 없애기 위해 템스 강을 정화하면서 식수의 질도 크게 좋아졌고, 계획한 것은 아니었지만 1860년대 후반에 런던에서 콜레라가 자취를 감췄다.[2]

앞서 안전을 위해 고안된 법이 때로는 반격을 가할 수 있음을 보았다. 그러나 행동과학자 데이비드 핼펀은 오토바이 헬멧 착용의 의무화가 가져온 의도하지 않은 혜택에 주목했다. 이 제도는 오토바이 운전자의 사상자 수를 감소시켰을 뿐만 아니라 예상치 못한 방식으로 오토바이 절도 건수도 떨어뜨렸다. 오토바이를 훔칠 정도로 비양심적인 사람이라면 헬멧을 착용하지 않는 범죄행위도 망설이지 않을 것으로 생각하겠지만,

헬멧 없이 오토바이를 타면 의심을 받을 수 있는데다가 경찰에 걸릴 가능성도 컸다. 그렇다고 오토바이를 훔치기 위해 헬멧을 들고 다니는 일은 너무 번거로웠다. 결국 이들은 오토바이를 훔치는 일에 흥미를 잃어갔다. 서독에서 1980년에 이 정책을 시행한 후에 오토바이 절도가 60퍼센트 감소했다. 미국 텍사스에서는 44퍼센트가 하락했고, 영국과 네덜란드에서는 절도 건수가 3분의 1이 감소했다. 이런 형편없는 인간들이 분명 다른 물건을 훔쳤을 것이라고 냉소적으로 말하는 사람도 있겠지만, 이런 일을 우려할 필요는 없어 보인다. 서독에서 자전거와 자동차 절도가 증가한 것은 사실이지만, 오토바이 절도 건수가 10만 건 감소한 것과 비교하면 미미한 수준이었다.[3]

데이비드 핼펀은 또 다른 예상 밖의 혜택에도 관심을 가졌다. 1960년대에 영국의 자살률이 불가사의하게도 7년 연속으로 하락하는 일이 있었다. 사람들이 갑자기 트위스터 게임을 하거나 비틀즈의 노래를 들으면서 더 행복해졌기 때문이 아니었다. 이유는 이보다도 더 평범했다. 그 당시까지 가스레인지는 치명적인 일산화탄소가 많이 함유된 석탄가스를 연료로 사용했다. 그리고 오븐 안에 머리를 넣고 유독가스를 마시고 가스에 불을 붙이는 방법이 자살 사건의 거의 절반을 차지할 정도로 선호되었다. 그러나 가스레인지 제작사들이 점진적으로 일산화탄소 함량이 훨씬 낮은 북해의 천연가스를 사용하기 시작하면서 이 자살 방법이 무용하게 되었다. 자살하려는 사람들이 다른 방법을 찾았을까? 아니다. 가장 손쉬운 방법을 선택할 수 없게 되자 이들의 거의 3분의 1이 시도에 실패하

거나 자살 충동을 극복했다.[4]

2016년에 미국에서 자살한 사람의 수는 거의 4만 5,000명에 달한다. 어떤 핑계를 댄다고 해도 높은 수치임은 틀림없다. 미국인들은 총기 자살을 선호하는데, 자살의 절반 이상이 이 방법을 사용했다.[5] 1960년대 영국의 가스레인지처럼 미국에서 총기는 많은 사람이 쉽게 구할 수 있는 수단으로, 미국 가정의 약 3분의 1이 최소한 한 자루의 총을 소유하고 있다. 영국에서 가스레인지의 석탄 사용이 사라지면서 일어난 현상처럼 가장 확실한 방법을 쉽게 손에 넣을 수 없게 된다면 자살하려는 많은 미국인이 결정을 재고하거나 다른 덜 치명적인 방법을 고려하지 않을까? 미국에서 총기 소유는 큰 논란을 불러오는 문제이지만 이들이 미처 깨닫지 못하고 있는 사실이 있다. 많은 미국인이 총을 이용해 타인을 죽이기도 하지만(2016년에 약 1만 1,000명), 총기 사망의 3분의 2 이상이 자살이라는 점이다(2016년에 2만 3,000명). 주변에 총이 많지 않다면 총으로 자살하는 사람들이 줄어들 뿐만 아니라 전반적인 자살률도 하락할 가능성이 크다.

의도하지 않은 부수적인 혜택을 얻는 것과 마찬가지로 찾고 있지도 않던 무언가를 우연히 발견하게 될 때도 있다. 1754년에 호레이스 월폴이 이런 상황에 "뜻밖의 발견serendipity"이라는 표현을 처음 사용했다. "세 왕자와 세렌딥Three Princes of Serendip"이라는(세렌딥은 현재의 스리랑카다) 오래된 이야기에서 따온 표현이었다. 이들은 "언제나 우연히 그리고 기민하게 이들이 찾으려던 것이 아닌 것들을 발견했다."[6] 뜻밖의 발견은 "건초 더미 속에서 바늘을 찾다가 농부의 딸과 함께 나오는 것과 같다"라고도 했다.[7]

아시아의 신비로운 향신료의 땅으로 가는 서쪽 항로를 개척하기 위해 1492년에 기쁜 마음으로 항해를 떠난 크리스토퍼 콜럼버스가 가장 고전적인 사례에 속한다. 그는 이 과정에서 우연히 아메리카를(뭐, 엄밀히 따지자면 카리브 지역이었다) 발견했다.

수 세기가 지난 1940년대에 해리 쿠버 박사는 총의 조준기에 사용할 투명한 플라스틱과 제트기 덮개에 사용할 투명한 내열성 물질을 찾기 위한 탐구를 시작했다. 실험을 계속하던 중 그는 지나치게 끈적여서 두 가지 용도 모두에 적합하지 않은 물질을 발견했다. 그리고 끈적임이 너무 심해서 두 개의 값비싼 유리 렌즈가 서로 들러붙어 못쓰게 되었다고 불평했다. 그러나 강력한 점성은 다른 상황에서 매우 유용하게 활용될 수 있었고, 이렇게 해서 가정용품을 수리할 때만이 아니라 다용도로 사용할 수 있는 초강력 접착제가 탄생했다. 베트남 전쟁에서 이 접착제를 사용하기 시작했는데, 이 덕분에 부상자의 상처 부위를 봉합해 병원으로 이송하는 동안 이들이 생명을 유지할 수 있었다.

그러나 이 초강력 접착제가 만능 해결사는 아니었고, 그래서 1970년에 3M 사의 스펜서 실버라는 이름의 연구원이 다른 종류의 강력한 접착제를 개발하기 위해 연구에 몰두하고 있었다. 연구 과정에서 그는 두 물체를 붙이는 용도로 쓰기에는 완전히 무용지물인 무언가를 찾았다. 접착력이 너무 약해서 종이 두 장도 붙이지 못했다. 4년 동안 그는 자신이 개발한 접착제를 실용적으로 사용하는 방법을 찾으려고 애썼으나 성과가 없었다. 그러던 어느 날 동료 중 한 명인 아서 프라이가 뜻밖의 돌파구를 찾아냈다. 성가대원이었던 프라이는 찬송가집에 끼워놓은 책갈피가 자꾸 떨어지자 짜증이 났고, 이 문제를 고민하다가 스펜서의 접착제를 활용해 책장에 붙였다가 찬송가집을 손상시키지 않고 떼어낼 수 있는 종이를 개발했다. 접착제를 더욱 광범위하게 활용할 수 있다고 3M의 경영진들을 설득한 끝에 1977년에 '포스트잇'이 출시되었고, 지금은 어디서든 아주 흔하게 볼 수 있는 제품이 되었다. 이후로 많은 경쟁 브랜드들이 등장했지만, 3M의 포스트잇은 회사에 연간 미화 10억 달러 이상의 수익을 안겨주고 있다.

우연한 발견과 발명

뜻밖의 발견도 어느 정도 호기심이 있어야만 가능하다. 잘 알겠지만, 과학자들은 이 점에 있어서 으뜸이라고 할 수 있다.

1903년 프랑스 화학자인 에두아르 베네딕투스는 실수로 유리 플라스크를 뒤엎어 깨뜨렸을 때 깨진 조각들을 모아서 버리지 않았다. 산산조각이 나서 실험실 여기저기로 흩어지지 않고 붙어있는 모습에 호기심이 발동했기 때문이다. 그는 그 이유를 조사했다. 플라스크는 상당한 시간 방치되어 있었는데, 안에 담겨 있던 플라스틱이 증발하면서 유리에 얇은 막을 형성했다. 그리고 유리가 깨졌을 때 이 코팅막이 조각들이 흩어지지 않게 잡아주었다. 에두아르는 이것이 유리를 더 안전하게 만들어줄 수 있음을 깨달았다. 지금은 수없이 많은 운전자가 그가 우연히 발명한 안전유리의 덕을 보고 있다.

빈 용기에서 뜻밖의 발견을 한 인물은 젊은 화학자 로이 J. 플렁켓 박사였다. 사람들은 대부분 안에 분명히 들어있다고 생각한 가스가 나오지 않으면 그냥 화를 내고 말지만, 플렁켓 박사는 호기심이 왕성한 사람이었다. 1938년에 화학제품 회사인 뒤퐁에서 근무하면서 그는 토머스 미즐리처럼 안전한 냉매를 연구하고 있었고, 테트라플루오로에틸렌 가스로 가득 차 있어야 하는 실린더의 밸브를 열었는데 아무것도 나오지 않자 깜짝 놀랐다. 테트라플루오로에틸렌이 들어있는 탱크의 무게를 계산하면서 그는 밸브가 확실하게 제대로 작동하도록 손보았다. 이때 매우 인상적인 행동을 취했는데, 일부러 톱질까지 해가며 실린더를 개방한 것이다. 그리고 안에서 가스가 아닌 왁스 제형의 흰색 파우더를 발견했다. 그는 곧장 이 불가사의한 물질의 성분을 조사했고, 시간이 흐를수록 흥분을 감추지 못했다. 그가 발견한 물질은 매우 미끄럽고, 강산과 열에도 잘 견디며, 용매에도 녹지 않는 폴리머였다. 그러나 생산비용이 너무 높은 데다가 그 당시에는 폴리머를 상업적 용도로 어떻게 활용해야 하는지 몰랐다. 그래서 2차 세계대전이 중반에 다다를 때까지 선반에 놓인 채 외면당했다.

전쟁 중에 레슬리 R. 그로브스 장군이 뒤퐁 사의 화학자와 대화를 나누었는데, 그는 원자폭탄을 개발하는 맨해튼 계획의 책임자로 부식성이 강한 가스인 육불화우라늄에 잘 견디는 물질을 찾고 있었다. 그리고 폴리머가 이 조건에 완벽하게 들어맞는 것으로 드러났다. (현재는 "테프론Teflon"이라는 상품명을 가진) 이 물질의 개발이 전후에도 꾸준히 지속되면서 오늘날 우리가 잘 알고 있는 코팅 프라이팬이 탄생했다. 또 인체에서 거부반응을 보이지 않는 몇 안 되는 물질임이 밝혀지면서 인공 심장판막이나 심박 조율기 같은 생명을 구하는 장치뿐만 아니라 인공 관절과 각막, 기도, 힘줄, 의치에도 사용하고 있다. 로이 J. 플렁켓이 우연히 발견한 물질은 케이블 절연처리 용도로 달에서도 사용되었고, 대기권으로 진입하면서 견뎌야 하는 엄청난 열로부터 우주선의 앞부분인 노즈콘을 보호하기 위해서 사용되기도 했다.[8]

화학자들은 의도하지 않은 결과를 알아채는 데 특별한 재능이 있어 보인다. 1856년 대학에서 화학을 전공하던 18세의 윌리엄 퍼킨은 부활절 휴가를 보내는 동안 말라리아 약인 퀴닌을 대체할 만한 인공물질을 찾기 위해 집에서 몇 가지 실험을 진행했다. 그러던 중 특정 실험에서 쓸모없어 보이는 검은색 침전물이 생겼다. 그는 플라스크를 알코올로 청소하다가 이 침전물이 보라색 용액으로 변하는 모습을 목격했고, 보라색 물이 든 실크 헝겊은 세탁해도 지워지지 않았다. 최초의 합성연료가 이렇게 우연한 사건으로 만들어졌다. 그때까지 보라색 염료는 특정한 소라에서 분비액을 채취한 다음에 적정 시간 동안 햇볕에 노출하는 방식으로 생산했다. 생산과정은 비효율적이었고, 염료 28그램을 얻기 위해 많게는 25만 마리의 소라가 필요했다.[9] 그는 대학으로 돌아가는 대신에 이 새로운 염료를 판매하기로 결정했다. "모베인Mauveine" 또는 "모브mauve"라는 이름을 붙인 이 염료는 순식간에 어마어마한 성공을 거두었다. 2년도 지나지 않아 나폴레옹 3세의 아내 외제니 황후가 모브로 염색한 드레스를 입었고, 빅토리아 여왕이 1858년에 그녀의 딸인 빅토리아의 결혼식에서 이 색깔의 드레스를 입으면서 그의 성공은 확실하게 보장되었다.[10]

의학은 우연한 발견이 무르익은 또 다른 분야다. 1956년에 발명가인 윌슨 그레이트배치는 버펄로 대학교에서 심장박동을 기록하는 장치를 만들고 있었다. 한 실험에서 그는 실수로 크기가 맞지 않는 저항기를 회로에 설치했고, 장치가 전기 파동을 기록하는 것이 아니라 만들어내는 소리를 듣고 놀라지 않을 수 없었다. 호기심이 생긴 그는 저항기를 교체하지 않았고, 이 소리가 심장박동 소리와 매우 유사하다는 사실을 깨닫고 흥분했다. 그는 부자연스러운 심장의 박동을 바로잡기 위해 심장을 전기로 자극하는 방법을 찾고 있는 연구자들이 있다는 사실을 알고 있었다. 기존의 유일한 심박 조율기는 다량의 전기를 소모하는 커다란 외부 장치였다. 그는 즉각 이 작은 장치를 환자의 몸에 삽입해 심장에 자극을 줄 수 있음을 깨달았다. 1960년에 최초로 인간의 몸에 수술을 진행했고, 2011년에 그레이트배치가 사망할 때까지 매년 50만 개 이상의 심박 조율기가 삽입되었다. 그의 뜻밖의 발견 덕분에 수백만 명의 수명이 연장되었고, 삶의 질이 크게 향상되었다.[11, 12] 놀라운 사실은 심박 조율기에 또 다른 뜻밖의 발견으로 얻은 물질이 사용된다는 점인데, 바로 테프론이다.

심장 연구는 1990년대에 또 다른 우연한 발견을 가져왔다. 화이자 제약회사의 과학자들은 고혈압과 협심증 치료제를 연구하고 있었다. 이들은 구연산실데나필이라고 부르는 약을 만들었지만, 초기 시험은 실망스러웠다. 이 약이 가진 명백한 문제점 중 하나는 깜짝 놀랄 부작용을 가지고 있다는 것이었는데, 이 약을 먹은 남성들이 예상치 않은 발기를 경험했다. 과학자들은 이 약을 더 연구해보기로 했고, 1998년에 '비아그라'라는 상표명을 가진 새로운 발기부전 치료제를 세상에 선보였다. 이 약은 1년 안에 전 세계적으로 미화 10억 달러 이상의 판매를 달성했다.

멸종 위기에 처한 다수의 동물이 비아그라의 발명에 감사할지도 모른다. 이것 또한 의도하지 않은 긍정적인 결과라고 할 수 있다. 중국에서는 오래전부터 발기부전 치료를 위해 순록의 뿔과 캐나다의 수컷 두건물범과 하프물범의 생식기를 한약재로 사용했다. 그러나 손쉽게 구할 수 있는데다가 저렴하고 효능까지 좋은 비아그라가 발명되면서 순록 뿔의 수요가 1997년에서 1998년 사이에 72퍼센트 하락했고, 수컷 물범의 생식기에 대한 수요는 1996년에서 1998년 사이에 50퍼센트가 하락했다.[13]

지금까지 소개한 발견은 모두 무언가를 연구하던 중에 얻게 된 것들이지만, 때로는 평범한 상황에서 호기심이 비범한 결과를 가져오기도 한다. 아주 오래전부터 사람들은 시골 지역을 산책했고, 이 과정에서 옷에 씨앗이 달라붙는 일이 흔했다. 특정한 씨앗은 떼어내기가 특히 더 까다로웠는데, 그것은 바로 도꼬마리의 씨앗이었다. 1948년 조르주 드 메스트랄은 이 씨앗이 가진 속성에 호기심을 가졌다. 숲에서 사냥을 마치고 돌아온 그는 그와 개의 몸 군데군데에 꺼끌꺼끌한 씨앗이 달라붙어 있음을 깨달았다. 개의 털에서 이 씨앗을 떼어내는 작업은 악몽과 같았다. 달라붙는 성질에 강한 흥미를 느낀 그는 현미경으로 씨앗을 살펴보았고, 근사한 갈고리 모양의 가시를 발견했다. 이 가시 덕분에 지나가는 동물과 사람들에게 달라붙어 더 멀리까지 퍼져나갈 수 있었다. 그는 이후 10년간 현재 ("벨벳velvet"과 "고리crochet"의 합성어인) '벨크로Velcro'라고 알려진 잠금장치의 개발에 전념했다. 벨크로는 빠르고 간단하게 잠그고 풀 수 있는 장치가 필요한 곳은 어디에나 사용되고 있다.[14] 테프론처럼 벨크로도 달 탐사에 사용되었는데, 장갑을 끼고, 가방을 여닫고, 우주복에 시계와 다른 도구들을 부착하는 용도로 유용했다. 아폴로 17의 우주비행사들은 작은 벨크로 조각을 헬멧 안쪽에 붙여놓고 코를 긁을 때 사용하기도 했다.[15, 16] 2015년까지 벨크로 회사는 직원 2,500명을 거느린 회사로 성장했고, 전 세계 판매액은 미화 5억 달러로 추산되었다.[17]

숲을 돌아다니다가 이런 멋진 발명품이 탄생할 수 있다면, 우리 중 열린 생각을 가진 누군가가 우연히 무언가를 발견하게 될지 누가 알겠는가?

9장

어떻게 하면 좋은 결과를 얻을 수 있을까?

UNINTENDED CONSEQUENCES

친절한 접근, 정확한 정보, 희망적인 이야기

지금까지 의도하지 않은 결과를 고려하지 않으면 끔찍한 결과가 일어날 수 있음을 많은 사례를 통해 살펴보았다. 이런 일은 실제로 오래전부터 있었다. 3,000여 년 전 솔로몬 왕은 "바른길로 보여도 그 끝이 죽음에 이르는 길이 있다"라는 진실을 깨달았다.[1] 그렇다면 올바르게 보이는 길을 선택했는데 처참한 끝을 보게 되는 상황을 피하려면 어떻게 해야 할까? 먼저 타인과의 상호작용을 살펴보자.

괴로워하거나 의심스러운 행동을 하는 사람에게 앞서 언급했듯이 "진정하세요!"나 "이쪽으로 오세요!" 같은 명령을 하는 행동은 일반적으로 원하는 결과를 주지 않는다. "잘될 거예요. 제게 말해보세요. 무엇이 문제인가요?"라고 묻거나 질문하기 전에 먼저 이들이 있는 쪽으로 자연스럽게 걸어가서 "실례합니다. 잠시 이야기를 나눌 수 있을까요?"라고 물어보는 편이 좋다. 이는 앞서 언급한 유연한 대화술 연구소 소장인 조지 톰슨 박사가 수년간 70만 명 이상의 미국 경찰에게 해준 조언이다. 이 방식은 효과가 있었고, 이것을 경찰만 사용하라는 법은 없다. 부모들은 다루기 힘든 자녀에게 "이번이 마지막인 줄 알아" 같은 말로 너무 쉽게 경고한다. 이는 이미 사나워진 분위기에 기름을 붓는 꼴이다. "네가 이해하는 것이 중요해. 그러니 내가 하는 말을 집중해서 들어보렴" 같은 말이 더 효과적이다. 사람들은 모두가 존중받고, 지시보다는 의견을 물어봐주고, 위협을 받기보다는 선택권이 주어지기를 바란다는 사실을 기억하자.[2]

일단 올바른 방식으로 접근했다면 다음은 문제를 깨닫게 해주는 것이 좋은 방법이다. 정보가 부족한 경우란 없다. 실제로 우리는 매일 최소한 150종의 신문을 채우고도 남을 정보에 둘러싸여 생활한다. 내가 기차 안에서 이 문단을 작성하고 있는 지금도 사방에 정보가 널려있다. 우선 내가 앉은 자리가 필요한 경우 자리를 비워줘야 하는 우대석이라는 정보가 눈에 들어온다. 또 추가 정보를 원할 때 접속할 수 있는 웹사이트 주소도 보인다. 객차에는 F라는 문자와 68427이라는 숫자가 적혀 있다. 나는 비상벨과 장비가 놓여 있는 위치와 비상사태가 발생했을 때 문을 여는 방법에 대해서 안내를 받았다. 구급상자가 놓인 장소도 들었고, 가방을 의자 밑에 보관해달라는 요청도 받았다. 무임승차를 하면 어떻게 되는지에 대한 경고와 열차표를 구매할 수 있는 웹사이트 정보도 받았다. 캐비닛 문이 활짝 열려있으면 위험하다는 주의를 듣고, 잉글랜드 남동부 어디든 여행을 계획하는 데 도움이 되는 지도와 런던에 도착한 후에 시내에서 방문할 만한 장소를 보여주는 지도도 받았다.

잠재적으로 유용한 정보는 이것이 다가 아니다. 아메리칸 익스프레스는 (비싼 연회비가 혜택을 어느 정도 김빠지게 만들지만) 신용카드를 신청하면 특정 구매상품에 대해 5퍼센트 캐쉬백 서비스를 제공하고, 스카이Sky는 흥미로운 TV 시리즈와 스포츠, 영화 패키지를 (비교적 그리고 일시적으로) 할인된 가격에 제공한다. 이것 외에 알 수 없는 곳에서 흘러나오는 목소리가 리들스다운 역에서 하차하는 승객들은 1번부터 9번 객차로 이동하라고 알려준다.

정보의 홍수를 헤치고 나아가기란 어려울 수 있다. 오해와 잘못된 추정에 의존하기도 너무 쉽다. 한 가지 사례를 살펴보자. 해외 원조는 유권자들 사이에서 논쟁을 초래할 수 있는 주제다. 2015년의 한 연구는 미국인의 절반 이상이 정부가 해외 원조에 너무 많은 재정을 투입한다고 생각하고 있음을 보여주었다.[3] 그리고 이어진 질문을 통해 응답자들이 일반적으로 정부가 소득의 26퍼센트를 이런 원조에 사용한다고 믿고 있음이 드러났다. 그러나 실제로는 1퍼센트 미만이었다. 자신이 잘못 알고 있었다는 사실을 깨달은 응답자들은 대부분이 (4분의 1 정도는 1퍼센트도 여전히 너무 많다고 생각했지만) 생각을 바꾸었다. 여기서 명확한 점은 이들이 이전에 정확한 정보를 받지 못했다는 사실이다.

이런 유권자들처럼 우리는 너무 쉽게 부정확한 추정에 기반해 행동하면서 현실을 제대로 보지 못한다. 행동경제학자 댄 애리얼리는 젊은 시절 이 사실을 배우면서 혹독한 대가를 치렀다. 그가 졸업식에 참석했을 때의 일이다. 누군가가 행사에 재미를 더하기 위해 마그네슘 폭탄을 가지고 왔고, 하필 댄이 근처에 서 있을 때 사고로 폭탄이 터지면서 신체의 70퍼센트에 3도 화상을 입었다. 회복을 위해 입원해 있던 몇 달 동안 몸에 감은 붕대를 매일 갈아줘야 했는데, 그는 그 과정에 대해 이렇게 말했다. "간호사는 붕대를 한꺼번에 떼어냈죠. 단 한 번도 멈추지 않고요. 몹시 고통스러웠으나 간호사는 붕대를 한 번에 벗기는 것이 가장 좋은 방법이라고 주장했어요." 댄은 좀 더 살살 떼어내면 고통이 덜할 것 같다고 제안했지만, 이들은 듣지 않았고 자신들의 방식이 제일 좋다고 그를 설득했다. 댄은 이 문제를 매우 심각하게 받아들였다. 그리고 퇴원한 후에 직접 실험해보았다. 그 결과 자신의 생각이 옳았음을 발견했다. 시간은 더 오래 걸리지만 고통은 덜한 방법이 짧은 시간에 강렬한 고통을 남기는 방법보다 더 나았다.[4] 그의 간호사들은 자신들의 생각이 옳다는 확신이 너무 강해서 올바른 정보를 받아들이지 못했다. 그래서 옳은 일을 하려고 했으나 댄과 같은 환자들에게 오히려 불필요한 고통을 안겨주었다.

제대로 된 정보를 습득한다고 항상 생각이 바뀌는 것은 아니다. 정보를 제공하는 방식도 중요하다. 암울한 뉴스로 사람들을 압도하면 오히려 역효과를 낳을 수 있다. 기후 변화 연구자 빅토리아 허먼 박사는 우리가 어떤 이야기를 듣느냐에 따라 우리가 세상을 이해하는 방식이 달라지기 때문에 인간을 가망이 없는 피해자로 보이지 않게 하는 것이 매우 중요하다고 강조했다. 실제로 피해가 엄청나게 큰 사건을 들려주면 우리는 어떻게 해보려는 시도를 덜 하게 된다. 우리는 사람들을 영웅으로 그리기를 더 좋아하며, 이들이 은하제국에 맞서 싸우는 루크 스카이워커나 연합군 또는 볼드모트와 결전을 벌이는 해리 포터라고 느끼게 만든다. 그러므로 기후 변화에 관한 이야기를 할 때는 좋은 뉴스로 생기를 불어넣어줄 필요가 있다. 예를 들어 2015년에 10년 전과 비교해 전 세계적으로 45배 더 많은 태양 에너지 시설이 설치되었다거나[5], 2017년 어느 날 독일에서 재생 가능한 자원으로 전기의 85퍼센트를 생산할 것이라든가[6], 2017년까지 10년간 미국에서 에너지 생성으로 배출되는 이산화탄소의 양이 14퍼센트 하락했다는 소식 등이 있다.[7]

허먼 박사는 사람들이 긍정적인 행동을 하는 많은 사례를 발견했다. 그 중에는 맹그로브를 회복시켜 생태계를 개선하거나 앤드라 사모아처럼 해안가 침식을 막기 위해 아메리칸 사모아에서 일하는 사람도 있다. 실제 사례를 들려주면 사람들은 이야기에 더 쉽게 귀를 기울인다. 또 심리학자들이 "서사 설득narrative persuasion"이라고 부르는 방법을 활용하고 가능한 해결책을 제시하면 절망에 무릎 꿇기보다는 극복할 힘을 얻을 것이다.[8] 이는 새로운 방법이 아니다. 영국 정부는 1940년에 끔찍한 역경에 직면하면서 나치 독일에 맞서 나라를 지키는 영국 공군의 영웅담을 홍보하기 위해 많은 노력을 기울였다. 이들은 문제에 집착하기보다는 해결책을 강조했다.

지구 낙관주의Earth Optimism 운동은 환경 문제에 대한 논의에 긍정적인 측면을 포함시키기 위해 2007년에 시작되었고, 언론에서 너무 자주 외면하는 좋은 뉴스를 전해주며 주목받고 있다. 이들은 희망적인 이야기를 들려주는데, 로드아일랜드의 포카턱 강이 복원되면서 우리의 친구인 붉은 벼슬 딱따구리와 물고기들이 250년 만에 처음으로 강 전체를 따라 이동할 수 있게 되었다는 소식을 예로 들 수 있다. 앤드류 발름포드와 낸시 놀튼 교수가 이 운동을 지지하며 언급했듯이 마틴 루서 킹 주니어는 "나에게는 문제가 있습니다"라고 말하지 않았다. 그는 청중에게 자신의 꿈을 이야기하며 영감을 불어넣었다.[9]

일단 영감을 받으면 상황을 개선하는 방향으로 첫발을 내딛는 일은 어렵지 않다. 평범해 보이는 사례를 하나 들어보겠다. 미네소타 공해 관리국은 미네소타 주의 도로를 달리는 5,000만 대의 자동차 중 약 40퍼센트가 타이어에 공기가 충분히 채워져 있지 않아서 매년 이산화탄소 30만 톤을 추가로 배출하고 있다고 지적했다.[10] 그렇다면 도로에서 추가 배출량에 상응하는 6만 5,000대의 자동차를 내쫓는 식으로 문제를 해결할 수 있을지도 모른다. 전 세계의 자동차 운전자들이 미네소타 운전자들보다 더 근면할까? 그렇지는 않다. 그러니 조금은 수고스럽겠지만 모두가 매달 타이어의 상태를 확인한다면 세상에 도움도 주고 돈도 아낄 수 있다 (이 자료를 읽고 확인해본 결과 내 자동차 타이어에 공기가 충분히 채워져 있지 않음을 발견하고 당황했다. 그리고 나는 필요한 조치를 했다).

증거를 눈앞에 두고도 마음을 바꾸기 어려울 수 있다. 이때는 일반적으로 경제학자 존 메이너드 케인스가 말했다고 알려진 격언을 기억하자. 그는 생각을 바꾼 것에 대해 비난을 받자 이렇게 답했다. "저는 새로운 정보를 알게 되면 마음을 바꾸죠. 당신은 어떤가요?"

세심하고 실험적인 접근이 필요하다

우리는 엄청난 권력을 휘두를 수 있는 정부가 어떻게 의도하지 않은 결과를 가져올 수 있는지 보았다. 미국 시민들의 삶을 개선하려는 의도로 도입된 금주법은 조직적인 범죄의 증가를 가져왔고 살인률과 일반 범죄가 증가하는 데 일조했다. 미국의 금융 시스템과 국민의 안전을 지키려고 제정한 애국자법은 2008년 금융위기로 이어졌고 전 세계 수억 명에게 수년간 고난을 안겨주었다.

이런 참사를 피하는 한 가지 방법은 문제에 좀 더 세심하게 접근하는 것이다. 정부의 고위층에서 이 방법이 가진 가능성을 인지하기 시작했고, 2010년에는 당시 영국 총리였던 데이비드 캐머런이 사람들과 더 효과적으로 소통할 수 있는 방법을 찾기 위해 행동통찰팀BIT, Behavioural Insights Team이라는 작은 조직을 구성했다. 모든 정부가 빼놓지 않고 큰 관심을 보이는 한 가지 사안은 세수를 극대화하는 방법이다. 세금을 걷는 일에 많은 시간과 비용이 들어가는 사람들이 있다. 행동통찰팀은 세금 미납자들에게 다른 형식의 통지문을 보내는 실험을 했다. 그리고 가장 성공적인 통지문은 '세금을 납부하지 않으면 안 좋은 결과가 있다'는 협박성 메시지가 담긴 것이 아니라 사회적 책임을 다하지 않았다는 기분을 이용하는 것이었다. 이웃들은 이미 대부분이 세금을 냈다는 사실을 알려주는 것만으로도 1년에 추가로 3,000만 파운드의 세금을 힘들이지 않고, 비용면에서도 효율적으로 거둬드릴 수 있었다.

격려가 가진 힘을 보여주는 실험도 있었다. 이 실험에서는 성인을 위한 산수와 글공부 수업에 참석하는 사람들에게 매주 격려의 메시지를 보냈다. 그 결과 참석자들의 실력이 1년간 21퍼센트 향상되었고, 격려의 메시지를 받은 사람 중에서 모든 시험에 통과하는 사람들이 12퍼센트 더 많았다.[11]

영국 정부가 500만 파운드를 절약할 수 있도록 행동통찰팀에게 주어진 기간은 2년이었다. 이들은 이 금액의 두 배를 달성했고, 자신들의 임무를 더 광범위하게 지속하기 위해 2014년에 팀의 일부가 민간 분야로 분리되어 나왔다. 이후로 미국과 오스트레일리아, 폴란드, 멕시코, 코스타리카 등을 포함해 세계 곳곳에서 프로젝트를 진행했고, 세계은행과 유엔과도 협력하고 있다.

행동통찰팀이 보낸 통지문이 그랬듯이 세금 납부의 '정상화normalize'는 매우 성공적이었지만, 안타깝게도 잘못된 행동의 '정상화'는 피하고 싶은 행동을 부추기는 효과를 만들어낼 수도 있다. 애리조나에 위치한 페트리파이드 포레스트 국립공원Petrified Forest National Park은 화석화된 나무인 규화목으로 유명한데, 관광객들이 이 숲을 유명하게 만든 명물을 방문 기념으로 조금씩 잘라가는 문제로 골치를 앓고 있었다. 그래서 국립공원 관리팀은 표지판을 세웠다. "우리의 유산이 절도 행각으로 매일 파손되고 있습니다. 대부분이 한 번에 작은 조각씩 가져가면서 매년 규화목 14톤이 손실되고 있습니다." 그러나 이들은 자신들도 모르는 사이에 "모두가 한다"는 점을 암시하면서 이런 행동이 사회적으로 용인된다는 메시지를 전달한 셈이었다. 그 결과 규화목 절도 사례는 실제로 이 표지판이 세워지고 난 후에 3배가 증가했다.[12]

이 사례에서 교훈을 얻어 오스트레일리아의 그레이트 베리어 리프를 포함해 세계에서 지리학적으로 중요한 많은 장소에서 상당히 다른 접근법을 채택했다. 이들은 "가져가는 것은 사진뿐이고, 남기는 것은 발자국뿐이다"라는 표어를 명확하게 강조하면서 유혹에 저항할 것을 종용했다. 나는 몇 년 전에 그레이트 베리어 리프의 한 섬을 방문했다. 그리고 내가 아는 한 나와 동행했던 모든 여행객이 이 말을 충실히 따랐다. 이들은 단 하나의 조약돌이나 조개껍질도 가져가지 않았다. 기념품 같은 것을 고민하지 않고 그저 아름다운 섬에서 마음껏 즐기면서 매우 편안한 휴식을 취할 수 있었다.

꾸짖기보다는 장려하는 방법을 활용하는 사례들도 있다. 오바마 대통령의 기술 담당 최고 책임자였던 메건 스미스는 기술 분야에서 성 다양성을 촉구하는 더 좋은 방법이 여성 채용률이 낮은 기업들을 공격하는 것이 아니라 위대한 여성 전문가들에게 초점을 맞추는 것이라고 생각했다. 그녀가 택한 방법 중 하나는 1998년에 구글 홈페이지에 처음 등장했던 "두들Doodle(기념일이나 행사, 업적, 인물을 기리기 위해 구글 홈페이지의 구글 로고를 일시적으로 특별히 꾸며놓는 것을 말한다-옮긴이)"을 이용해 여성 수학자와 과학자들을 기념하는 것이었다. 놀랍게도 두들을 시작하고 처음 7년간은 역사에 큰 획을 그은 여성 중 단 한 명도 기념되지 않았지만, 2013년이 되었을 때는 전 세계적으로 인물과 관련된 두들에서 여성이 차지하는 비율이 22퍼센트였다.[13] 과학기술 분야에서 여성의 역할을 정상화하면서 더 많은 소녀가 이 분야로 뛰어들고, 여성 지원자 수가 증가하게 되면 훗날 기술 기업들이 여성을 고용하기 더 쉬워질 것이다.[14]

정부가 자신들의 행동이 낳는 역효과를 피하는 또 다른 방법은 법을 제정할 때 더 실험적인 방법을 택하는 것이다. 재계에서는 기업들이 자연적으로 생겨나고 사라지지만, 정부는 정책을 바꾼다고 비난받는 상황을 경계하며 문제의 소지가 있음에도 자신들의 정책을 밀고 나가는 경향이 있다. 마거릿 대처 정부가 이를 잘 보여준다. 1990년에 잉글랜드에서 엄청난 반발을 일으킨 인두세Poll Tax를 도입하면서 런던 거리에서 폭동이 일어났다. 사람들은 인두세 도입은 잘못이며 더 공정한 제도로 전환할 것을 요구했다. 새로운 법을 도입할 때 서서히 진행하면 (그리고 피드백에 제대로 귀를 기울이면) 초기의 사소한 문제를 더 쉽게 해결할 수 있다. 법률에 "일몰 조항sunset provision"을 적용하는 방법도 문제 해결에 도움이 된다. 일정 기간이 지나면 재검토해서 사람들이 유용하며 갱신할 필요가 있다고 생각하지 않는 한 자동으로 소멸하도록 하는 것이다.

무엇을 하든 자신의 행동이 가져올 광범위한 영향을 고려하는 것이 현명하다. 모든 우편물이 중앙 허브를 통하도록 변경했던 영국 국세청의 어느 천재가 발송 지연으로 인해 이미 삐걱거리는 시스템이 더욱 엉망이 될 수 있음을 잠시만이라도 시간을 들여 숙고했다면 분명히 결정을 재고했을 것이다.

아무것도 안 하는 것이 최선일 때도 있다

영국 국세청은 재정 절약의 압박을 받았고, 이에 대해 무언가 조치를 취하려고 시도했다. 문제에 직면했을 때 적극적으로 나서지 않기란 세상에서 가장 어려운 일이었을 것이다. 그러나 이런 충동에 저항하는 것이 가장 좋은 방법일 때도 있다. 철학자 블레즈 파스칼이 안타까워하며 말했듯이 "모든 인류의 문제는 인간이 혼자 방 안에 조용히 앉아있지 못하는 무능함에서 나온다."[15] 현명한 의대생이라면 가만히 있는 것이 건강과 관련해서 가장 좋은 방법임을 알 것이다. 미국인 의사 개리슨 블리스는 "대부분의 경우 아무것도 안 하는 것이 무언가를 하는 것보다 낫습니다. 수련의 시절에 들었던 말처럼 말이죠. '무언가를 하려고 하지 마. 거기 가만히 서 있어!'"라고 말했다.[16] 이 말은 환자에게만 적용되지 않는다. 2011년 10월에 한 집단의 전문가들이 진행한 연구는 다수의 무의미한 수술을 하지 않으면 미국의 의사들이 거의 70억 달러를 절약할 수 있다고 추산했다.[17] 이는 새로운 사실이 아니다. 의학의 아버지인 히포크라테스는 2,000년 전에 이렇게 말했다. "때로는 아무것도 하지 않는 것이 좋은 치료 방법이다." 그리고 이 방법은 오늘날에도 여전히 유효하다.

특이하게도 아무것도 안 하는 것이 사망자 수를 줄이는 결과를 가져온 때가 있었다. 1976년에 캘리포니아 로스앤젤레스의 의사 중 절반이 파업에 돌입했고, 응급수술을 제외한 모든 수술을 거부했다. 시민들의 건강이 걱정되는 상황이었지만 기이하게도 파업이 시작되고 7주 동안 사망자 수가 인구 10만 명당 21명에서 14명으로 하락했다. 5년 만의 최저치였다. 세계 각지에서 발생했던 의사 파업 5건을 조사한 연구는 각각의 파업 기간에 그 지역의 사망률이 그대로 유지되거나 하락했음을 보여주었다.[18] 우리의 믿음에 반하는 이런 통계 자료는 블리스 박사가 선호하는 "아무것도 안 하기"가 불필요한 개입보다 더 안전할 수 있다는 사실을 보여준다(괴로운 증상이 있을 때 병원을 찾지 말라고 제안하는 것이 절대로 아니다. 아무것도 하지 않는 의사와 아무것도 하지 않는 우리는 완전히 별개의 문제다).

"아무것도 안 하기"로 이득을 보는 또 다른 분야가 있다. 세계에서 가장 유명한 (그리고 의심의 여지없이 가장 성공한) 투자자 워런 버핏은 무활동을 자신의 원칙으로 정했다. 1990년에 주주들에게 보낸 서한에 그는 다음과 같이 적었다.

> 나태함에 가까운 무기력이 우리 투자 스타일의 기본입니다. 올해에는 우리가 보유하고 있는 여섯 개의 주요 자산 중 다섯 개의 주식을 매수하지도 매도하지도 않을 것입니다.

2017년 5월에 그가 설립한 지주회사 버크셔 해서웨이Berkshire Hathaway는 미화 4,000억 달러 이상의 자산을 보유하고 있다. 이 회사의 주식 한 주의 가치는 1980년에서 2017년 사이에 1,000배 이상 뛰었다. 펀드매니저 테리 스미스는 자신의 자산운용사인 펀드스미스Fundsmith가 2010년에 설립된 이래로 실제로 워런 버핏의 회사보다 더 높은 실적을 올릴 수 있었던 전략을 명쾌하게 요약했다. "우량 기업을 매수한다. 초과 지불하지 않는다. 아무것도 하지 않는다."[19]

이제 여러분도 의도하지 않은 결과라는 적에 맞서는 무기를 갖추고 전투에 나갈 준비가 되었길 바란다. 행동하기 전에 생각하고, 정보가 정확한지 확인하며, 추정하지 말고, 명령하기보다는 은근슬쩍 이끌어주자. 또 악보다는 선을 강조하며, 실험할 준비를 갖추고, 문제가 생겼을 때 아무것도 하지 않을 준비를 하자.

의도하지 않은 결과를 피하려는 노력도 중요하지만 때로는 이런 결과가 필연적이며 대가를 치를 가치가 있다는 사실도 받아들여야 한다. 영국의 국회의원 앤드류 미첼은 해외 원조에 대해 "의도하지 않은 결과나 부패의 위험에 대한 걱정 없이 지원금을 사용하고 싶다면 스웨덴이나 스위스에 주는 편이 낫다. 그러나 역설적이게도 우리의 도움이 가장 절실한 사람들은 당연히 도움을 주기 가장 힘든 사람들이다. …… 우리는 너그럽고 열린 마음을 가질 필요가 있다. 그러나 이런 연민은 결과에 대한 예리한 판단력과 짝을 이루어야 한다"라고 적었다.[20]

앞서 보았듯이 호기심이 많은 사람들이 예상치 못한 혜택을 얻기에 좋은 위치에 있는 것처럼 보인다. 우리도 간단한 방법으로 이렇게 될 수 있다. 그저 예상치 못한 혜택이 주어지는지 보기 위해 새로운 것들을 시도해보는 노력도 가치 있는 일이다. 그러니 지하철 노조의 파업을 기다리기보다는 가끔이라도 평소에 다니던 길과 다른 길을 선택해보는 것은 어떨까? 또는 전에 한 번도 말을 걸어본 적 없는 사람과 대화를 시작해볼 수도 있다. 새로운 장소를 무작정 방문하거나 더 많은 것들에 '좋아요'라고 말하거나 새로운 기술을 배우는 방법도 있다. 한번 해보는 거다. 여러분이 세렌딥의 땅에서 기쁨으로 빛나고 있을지 누가 알겠는가?

주

1. Wallace-Wells, Ben (2007) "How America Lost the War on Drugs", Rolling Stone, 13th December
2. (2003) Interview with Rolling Stone, December 2003

들어가며

1. "Hurricane Neddy" (1996) The Simpsons, Season 8, Episode 8
2. Kuhrt, Jon (2011) "When helping doesn't help", Third Way, p. 24, May
3. http://www.streetlink.org.uk/
4. Metro (2014) p. 14, 6th May
5. Thompson, Dr George (2005) "7 things never to say to anyone, and why". Available at: http://policeone.com/communications/articles/120708
6. Lott, Tim (2015) "Bedtimes are really stressful and my solution is to simply give up", The Guardian, 21st February
7. Worley, Will (2017) The Independent, 27th June

1장

1. (2007) "How severe is subprime mess?", Associated Press. Available at: www.msnbc.msn.com/id/17584725, 13th March
2. First American CoreLogic study, cited in Arnold, Chris (2007) "Economists Brace for Worsening Subprime Crisis", 7th August. Available at: www.npr.org/templates/story/story.php?storyId=12561184
3. McDonald, Lawrence (2010) "The Lehman Brothers Hangover", Daily Beast, 15th September
4. Pittman, Mark and Ivry, Bob (2009) "U.S. Taxpayers Risk $9.7 Trillion on Bailout Programs", www.Bloomberg.com, 9th February. Available at: http://www.informationclearinghouse.info/article22581.htm
5. National Fraud Authority Report (2011) "Procurement Fraud in the Public Sector", p. 16, October
6. Radnedge, Aidan (2011) "Online conmen take millions off councils", Metro, 10th November

7. Curtis, Polly (2010) The Guardian, 19th November

8. Oates, Wallace and Schwab, Robert (2013) "The Window Tax: A Case In Excess Burden", Journal of Economic Perspectives, October

9. Lewis, Paul (2015) "Can't Pay, Won't Pay", BBC R4 MoneyBox, 18th May

10. https://democracy.maldon.gov.uk/documents/s5276/Appendix%201.pdf

11. Guthrie, Thomas (1867) "How to Get Rid of an Enemy", The Sunday Magazine. Cited in Oates, Wallace and Schwab, Robert (2013) "The Window Tax – A Case In Excess Burden", Journal of Economic Perspectives, October

12. (2012) Sunday Times, 29th January

13. Harford, Tim (2006) The Undercover Economist, Little, Brown, pp. 96–97

14. Genesis 47:24

15. Quoted in Adam Smith Institute briefing paper (Undated), "Estimated revenue losses from Capital Gains Tax increases". Available at: www.hmrc.gov.uk/stats/capital_gains/table14-1.pdf

16. Sommerlad, Nick (2011) Daily Mirror, 19th January

17. Harford, Tim (2011) "Taxing my music can't be good, can it?", Financial Times, 9th November

18. Gans, Joshua and Leigh, Andrew (2006) "Did the Death of Australian Inheritance Taxes Affect Deaths?" Topics in Economic Analysis & Policy: Vol. 6:Iss 1, Article 23

19. Gans, Joshua and Leigh, Andrew (2008) "Born on the first of July: An (un) natural experiment in birth timing", Journal of Public Economics 93, pp. 246–263, 24th July

20. Colella, Anton (2015) "Our bulging tax code is holding Britain back: Politicians must fix this", City A.M., 25th March

21. Warner, Jeremy (2012) "The UK tax system is at breaking point", Daily Telegraph, 1st March

22. Taylor, Joel (2010) Metro, 5th May

23. Guest, Greta (2014) "How companies can minimize the stigma of affirmative action", University of Michigan News, 12th August. The study referred to is (2014) "The Stigma of Affirmative Action: A Stereotyping-Based Theory and Meta-Analytic Test of the Consequences for Performance", Academy

of Management Journal, August

24. Sherwin, Adam (2015) "Peter Alliss: Equality for women has 'b******d up' golf", The Independent, 7th April
25. Leith, Sam (2010) London Evening Standard, 1st March
26. Pickard, Jim and Stacey, Kiran (2015) "Freedom of information is Mission Impossible for Downing St emails", Financial Times, June 16. Available from: http://on.ft.com/1QCbS8a
27. Gopnik, Adam (2015) "A Point of View: The guilty thrill of reading other people's mail", BBC Radio 4, 17th July
28. (2005) "How we made the Millennium Dome", Richard Rogers interviewed by Oliver Wainwright, The Guardian, 17th March
29. (2000) "The Millennium Dome", National Audit Office Report, pp. 39–41, 9th November
30. (2000) "The Millennium Dome", National Audit Office Report, p. 13, 9th November
31. (2005) "The regeneration of the Millennium Dome and associated land", House of Commons Committee of Public Accounts report, 18th July
32. Braund, Mark (2007) The Guardian, 22nd June
33. Eye: The story behind the London Eye (2007) Marks Barfield Architects, London: Black Dog Publishing
34. Case Study 013, "The Eden Project". Available at: http://www.communityplanning.net/casestudies/pdfs/013/Casestudy013.pdf
35. (2007) The Guardian, quoting from Tim Smit's speech to the Social Enterprise Coalition Voice 07, 31st January
36. Ajemian, Robert (1987) "Where is the real George Bush?" Time, 26th January
37. Proverbs 29:18
38. (2001) "Showbiz meets science", The Economist, 16th August
39. (2001) "Showbiz meets science", The Economist, 16th August
40. (2010) BPI "Digital Music Nation" Report
41. (2011) British games publishing trade organisation UKIE report
42. Butcher, Mike (2010) "The Digital Economy Bill: a nightmare of unintended consequences", Daily Telegraph blog, 8th April

43. Smith, Richard (2010) Daily Mirror, 25th November; and Wilkes, David (2010) Daily Mail, 25th November
44. Dubner, Stephen J. and Levitt, Steven D. (2008) "The Case Of The Red-Cockaded Woodpecker", New York Times Magazine, 20th January
45. Peltzman, Sam (2004) "Regulation and the Natural Progress of Opulence", AEI-Brookings, Joint Center 2004 Distinguished Lecture, 8th September
46. (2011) Metro, 12th October
47. Harford, Tim (2014) "When regulators are all out to déjeuner", Financial Times, 26th September
48. (2012) Today programme, BBC Radio 4, 31st May
49. Simpson, Jack (2014) "Plymouth University to take down anti-cheating posters after they were found to be helping students cheat", The Independent, 4th May
50. Coleridge, ST (1836) Letters, Conversations, and Recollections of S. T. Coleridge: Volume 2

2장

1. (2001) "Nicotine", Encyclopedia of Drugs, Alcohol and Addictive Behavior, Gale Cengage
2. (2004) "Calling time: the nation's drinking as a major health issue", Academy of Medical Sciences, London AMS
3. Sacks, Dr Jeffrey J., Brewer et al (2015) "2010 National and State Costs of Excessive Alcohol Consumption", American Journal of Preventive Medicine, 1st October
4. Langford, Andrew (2012) "British Liver Trust", Metro, 22nd March
5. www.ias.org.uk/Alcohol-knowledge-centre/Economicimpacts/Factsheets/Economic-costs.aspx
6. Sacks, Dr Jeffrey J., Brewer et al (2015) "2010 National and State Costs of Excessive Alcohol Consumption", American Journal of Preventive Medicine, 1st October
7. Asbury, Herbert (1950) The Great Illusion: An Informal History of Prohibition, New York: Doubleday, quoted in Behr, Edward (1998) Prohibition: Thirteen Years That Changed America, Penguin Books/BBC

Books

8. Behr, Edward (1998) Prohibition: Thirteen Years That Changed America, Penguin Books/BBC Books, p. 17
9. (1920) Anti-Saloon League of America Yearbook, Anti-Saloon League of America, American Issue Press, p. 28
10. Sinclair, Andrew (1962) Prohibition: The Era of Excess, Little, Brown, p. 198
11. (2008) "Teaching With Documents: The Volstead Act and Related Prohibition Documents", United States National Archives, 14th February
12. Lee, Henry (1963) How Dry We Were: Prohibition Revisited, Englewood Cliffs: Prentice Hall Inc., p. 68
13. Lerner, Michael, "Unintended Consequences" in Prohibition. Available at: www.pbs.org
14. Behr, Edward (1998) Prohibition: Thirteen Years That Changed America, Penguin Books/BBC Books, p. 195
15. Miron, Jeffrey (2001) "Alcohol Prohibition", EH.net Encyclopedia, 24th September. Available at: http://eh.net/encyclopedia/alcohol-prohibition/
16. (2016) "Debate fact-check: Hillary Clinton and Donald Trump's claims reviewed", The Guardian, 10th October
17. Woodiwiss, Michael (2005) Gangster Capitalism: The United States and The Global Rise of Organized Crime, Constable and Robinson Ltd., p. 51
18. Lerner, Michael, "Unintended Consequences" in Prohibition. Available at: www.pbs.org
19. Blum, Deborah (2010) "The little-told story of how the U.S. government poisoned alcohol during Prohibition with deadly consequences". Available at: www.slate.com, 19th February
20. Behr, Edward (1998) Prohibition: Thirteen Years That Changed America, Penguin Books/BBC Books, p. 219
21. Davis, Marni (2012) Jews and Booze: Becoming American in the Age of Prohibition, New York University Press, p. 145
22. (1928) "Statistical Abstract of the United States: 1928", Washington DC: US Bureau of the Census, p. 767, quoted in Blocker, Jr., PhD, Jack S. (2006) "Did Prohibition Really Work? Alcohol Prohibition as a Public Health Innovation", American Journal of Public Health, pp. 233–243

23. Behr, Edward (1998) Prohibition: Thirteen Years That Changed America, Penguin Books/BBC Books, p. 95
24. Behr, Edward (1998) Prohibition: Thirteen Years That Changed America, Penguin Books/BBC Books, pp. 106–108
25. Behr, Edward (1998) Prohibition: Thirteen Years That Changed America, Penguin Books/BBC Books, p. 102
26. Dickson, Paul (2015) Contraband Cocktails: How America Drank When It Wasn't Supposed To, Melville House, p. 42
27. National Commission on Marihuana and Drug Abuse (n.d.) "History of Alcohol Prohibition"
28. Mencken, HL (1980) A Choice of Days, New York: Knopf
29. Behr, Edward (1998) Prohibition: Thirteen Years That Changed America, Penguin Books/BBC Books, p. 92
30. Cowen, Tyler (2011) speaking in "How American food got so bad", Freakonomics Radio podcast, 14th December. Available at: http://freakonomics.com/2011/12/14/howamerican-food-got-so-bad-full-transcript/
31. Behr, Edward (1998) Prohibition: Thirteen Years That Changed America, Penguin Books/BBC Books, p. 94
32. Ade, George (1931) The Old-Time Saloon, New York: Ray Long and Richard R. Smith, p. 51
33. Hough, Andrew et al (2011) Daily Telegraph, 14th July
34. (2012) This Is Lincolnshire, 25th May
35. "Deadly fake vodka gang jailed" (2013) HMRC Press Release, 25th January. Available at: www.mynewsdesk.com
36. Ford, Richard (2015) "Violent crime drops by a third after rise in alcohol prices", The Times, 22nd April
37. (2011) "The battle of the bottle", The Economist, 3rd December
38. (2017) "New scheme to help reduce City street crime has launched", City of London Police, 20th July. Available at: http://news.cityoflondon.police.uk/r/863/new_scheme_to_help_reduce_city_street_crime_has_l
39. (2010) "Partnership – Kingston Street Pastors", London Evening Standard, 25th October

40. Quoted in Mason, Rowena (2008) "Street pastors making a difference after-hours", Daily Telegraph, 1st June

41. Peters, Gretchen (2009) "How Opium Profits the Taliban", United States Institute of Peace (Peaceworks no. 62.), p. 23

42. Costa, A. (2008) "Making drug control 'fit for purpose': Building on the UNGASS decade", UN Office on Drugs and Crime

43. Hughes, Chris (2012) Daily Mirror, 13th July

44. Quoted in Wallace-Wells, Ben (2007) "How America Lost the War on Drugs", Rolling Stone, 13th December

45. Payan, Tony, political scientist at the University of Texas-El Paso, quoted in Wallace-Wells, Ben (2007) "How America Lost the War on Drugs", Rolling Stone, 13th December

46. Miglierini, Julian (2011) BBC News, 14th January

47. Axworthy, Jon (2012) Shortlist, 15th March

48. US Government figures quoted in Green, Graeme (2014) "Toking gesture or a dope idea?", Metro, 20th January

49. Aitkenhead, Decca (2016) "I have done really bad things", the Saturday interview, The Guardian, 27th August

50. Rifkind, Hugo (2012) "For a genius drugs policy, look to California", The Times, 16th October

51. Burns, Ed et al (2008) Time magazine, 5th March

52. (2014) "Prisoners in 2013", Washington DC: US Department of Justice, Bureau of Justice Statistics, September, NCJ 1247282, p. 16

53. (2012) "A Fresh Approach To Drugs", UK Drug Policy Commission, October, p. 9

54. Couvée, Koos (2016) "There's one real way to stop gang crime: legalise drugs", The Spectator, 13th February

55. (2012) "A Fresh Approach To Drugs", UK Drug Policy Commission, October, pp. 13–14

56. Cole, Claire et al (2010) "A Guide to Adulterants, Bulking Agents and Other Contaminants Found in Illicit Drugs", Centre For Public Health, April

57. Bhattacharjee, Yudhijit (2012) Wired magazine, 19th July

58. (n.d.) Castillo, Mariano, "Obama open to new approaches in drug war, but

not legalization", CNN. Available at: https://edition.cnn.com/2012/04/14/politics/summit-of-theamericas/index.html

59. Quoted in Green, Graeme (2014) "Toking gesture or a dope idea?", Metro, 20th January
60. (2012) "A Fresh Approach To Drugs", UK Drug Policy Commission, October, p. 6
61. Figures quoted in Green, Graeme (2014) "Toking gesture or a dope idea?", Metro, 20th January
62. Washtell, Francesca (2016) "Legalising cannabis would raise £1bn in tax say Liberal Democrats", City A.M., 9th March
63. Quoted in Rifkind, Hugo (2012) "For a genius drugs policy, look to California", The Times, 16th October
64. Miller, Joshua (2016) "In Colo., a look at life after marijuana legislation", Boston Globe, 22nd February
65. (2016) In Business, "Colorado's Big Marijuana Experiment", BBC Radio 4, 1st May
66. Hooton, Christopher (2015) "A year after marijuana legalisation in Colorado, 'everything's fine' confirm police", The Independent, 20th January
67. Miller, Joshua (2016) "In Colo., a look at life after marijuana legislation", Boston Globe, 22nd February
68. Hughes, C. and Stevens, A. (n.d) "What can we learn from the Portuguese decriminalisation of illicit drugs?" BrJ Criminology (forthcoming). Quoted in Rolles, S. (2010) "An alternative to the war on drugs", BMJ 2010;340:c3360
69. Degenhardt, L. et al (2008) "Toward a Global View of Alcohol, Tobacco, Cannabis, and Cocaine Use: Findings from the WHO World Mental Health Surveys", PloS Med 5(7): e141. Quoted in Rolles, S. (2010) "An alternative to the war on drugs", BMJ 2010;340:c3360
70. Grillo, Ioan (2015) "US Legalization of Marijuana Has Hit Mexican Cartels' Cross-Border Trade", Time, 8th April
71. (2014) "Ending the Drug Wars: Report of the LSE Expert Group on the Economics of Drug Policy"
72. Quoted in Metaal, Pien (2016) "To win the war on drugs, stop brutalising farmers who grow them", The Guardian, 19th April

73. Webb, Sam (2014) "Not Afghanistan, but Hampshire! How opium poppies are being grown in the UK to make morphine for the NHS", Daily Mail, 24th June
74. (2014) "Ending the Drug Wars: Report of the LSE Expert Group on the Economics of Drug Policy"
75. Grillo, Ioan (2015) "US Legalization of Marijuana Has Hit Mexican Cartels' Cross-Border Trade", Time, 8th April
76. Housley, Adam (2015) "More meth, heroin smuggled at US-Mexico border because of laxer marijuana laws, feds say", Fox News Latino, 19th May. Available at: https://www.foxnews.com/world/more-meth-heroin-smuggledat-u-s-mexico-border-because-of-laxer-marijuana-laws-feds-say
77. (2014) "Ending the Drug Wars: Report of the LSE Expert Group on the Economics of Drug Policy"
78. Aitkenhead, Decca (2016) "I have done really bad things", the Saturday interview, The Guardian, 27th August

3장

1. Burkeman, Oliver (2013) "From weight loss to fundraising, 'ironic effects' can sabotage our best-laid plans", Oliver Burkeman's Blog, The Guardian, 12th December
2. Cialdini, Robert B. (1984/1993) Influence: The Psychology of Persuasion, William Morrow and Company, pp. 248–249
3. Dahl, Melissa (2015) "Why lonely people stay lonely", Science of Us, 19th July. Available at: https://www.huffingtonpost.com/science-of-us/why-lonely-people-staylo_b_7849692. html. Referencing Brooks, Alison Wood (2014) Harvard Business School. Available at: http://nymag.com/scienceofus/2014/06/how-to-get-over-stagefright-jenny-slate-style.html
4. Wegner, Daniel M. (2009) "How to Think, Say or Do Precisely the Worst Thing for Any Occasion", Science, Vol. 325, 23rd July, p. 48
5. (1996) "Norman's collapse paves way for Faldo", Sports Illustrated, 22nd April
6. Syed, Matthew (2010) Bounce: The Myth of Talent and the Power of Practice, Fourth Estate, p. 169

7. Syed, Matthew (2010) Bounce: The Myth of Talent and the Power of Practice, Fourth Estate, p. 170
8. (2014) The Apprentice, Series 10, Episode 10, BBC
9. Fitzsimons, Declan (2016) "Childless at 52: How sweet it would be to be called Dad", The Guardian, 13th August
10. Syed, Matthew (2010) Bounce: The Myth of Talent and the Power of Practice, Fourth Estate, p. 171
11. Syed, Matthew (2010) Bounce: The Myth of Talent and the Power of Practice, Fourth Estate, p. 177
12. Tappin, Neil (2015) "How to cure the putting yips", Golf Monthly, 4th November. Available at: www.golf-monthly.co.uk/tips/putting/how-to-cure-the-putting-yips-83211
13. Busch, Bradley (2017) "What is the psychological state underlying 'clutch performance' – excelling under pressure?", The British Psychological Society Research Digest, 29th June. Available at: https://digest.bps.org.uk/2017/06/29/what-is-the-psychological-state-underlying-clutchperformance-excelling-under-pressure/
14. www.trekkiedating.com, www.trekpassions.com, www.trekdating.com and www.startrekdating.com
15. Orr, Deborah (2015) "Why does choice narrow our tastes, not broaden them?", The Guardian, 14th March
16. Kay, John (2010) "Choice", Financial Times, 1st October
17. Iyengar, Sheena S. and Lepper, Mark R. (2000) "When Choice is Demotivating: Can One Desire Too Much of a Good Thing?", 19th June. Referenced in Karlan, Dean and Appel, Jacob (2011) More Than Good Intentions, Penguin Group, p. 47
18. (2014) "The downside of too many product choices on store shelves", January. Available at: www.consumerreports.org/cro/magazine/2014/too-many-product-choices-insupermarkets/index.htm
19. Wood, Zoe and Butler, Sarah (2015) "Tesco cuts range by 30% to simplify shopping", The Guardian, 30th January
20. Ariely, Dan (Professor of Behavioral Economics, Duke University) and Elbel, Brian (Assistant Professor of Medicine and Health Policy, NYU)

in conversation (2008) "Too Many Health Care Choices", Arming The Donkeys podcast. Available at: https://radiopublic.com/arming-thedonkeys-Wk2XPq/ep/s1!6dad7

21. Finkel, Eli et al (2012) "Online Dating: A Critical Analysis from the Perspective of Psychological Science", Psychological Science in the Public Interest, 2nd February
22. (2012) "The modern matchmakers", The Economist, 11th February
23. Ormerod, Paul (2016) "How technology is increasing inequality – and it's nothing to do with artificial intelligence", City A.M., 23rd March
24. Quoted in Konnikova, Maria (2013) "A List of Reasons Why Our Brains Love Lists", New Yorker Online, 2nd December. Available at: https://www.newyorker.com/tech/annals-oftechnology/a-list-of-reasons-why-our-brains-love-lists
25. Henry, Diana (2015) "Help! There's too much choice in the supermarket (and it's all mediocre anyway)", Daily Telegraph, 21st October
26. McEwen, Ben (2013) in presentation at Music Publishers' Association, 11th March
27. (2013) "Energy Bill: Committee Stage Report" research paper 13/19, 12 March
28. Brignall, Miles (2012) "Energy bills: the hidden shock", The Guardian, 29th June
29. (2013) "CMU Beef of the Week #144: Beyoncé v Buzzfeed", 8th February. Available at: http://www.completemusicupdate.com/article/cmu-beef-of-the-week-144-beyonce-vbuzzfeed/
30. Doughty, Steve (2011) Daily Mail, 24th May
31. Le Marie, Nicole (2014) "All I wanted was a hairdo but what I got was a set-to", Metro, 9th April
32. Butler, Patrick (2016) the Saturday interview with Sharon Shoesmith, The Guardian, 20th August
33. Syed, Matthew (2015) "How to blame less and learn more", The Guardian, 3rd October
34. Ariely, Dan et al (2009) "Large Stakes and Big Mistakes", Review of Economic Studies 76, pp. 451–469

35. Kohn, Alfie (1993) "Why Incentive Plans Cannot Work", Harvard Business Review, September-October
36. Grant, Adam and Singh, Jitendra (2011) "The Problem with Financial Incentives – and What to Do About It", Wharton School, University of Pennsylvania, 30th March. Available at: http://knowledge.wharton.upenn.edu/article/the-problem-with-financial-incentives-and-what-to-do-about-it/
37. (2009) "The Turner Review: A regulatory response to the global banking crisis", Financial Services Authority, March
38. Harford, Tim (2016) "Why central bankers shouldn't have skin in the game", Financial Times, 21st September
39. Jenkins, Simon (2012) "With a ban on bonuses, Fred Goodwin could even have kept his knighthood", The Guardian, 31st January
40. (2016) "Neil Woodford scraps bonus pay at his investment firm", BBC News, 23rd August. Available at: http://www.bbc.co.uk/news/business-37161654
41. Richins, Marsha L. and Chaplin, Lan Nguyen (2015) "Material Parenting: How the Use of Goods in Parenting Fosters Materialism in the Next Generation", Journal of Consumer Research, Vol. 41, April, DOI: 10.1086/680087
42. Twain, Mark (1876) Tom Sawyer, Chapter 2
43. Twain, Mark (1876) Tom Sawyer, Chapter 2

4장

1. 2 Samuel 10:1–6
2. Portillo, Michael (2013) 1913 – The Year Before, Episode 10, BBC Radio 4, 21st June
3. Beaumont, Peter (2002) The Observer, 8th September
4. Maktab al-Khidamat, also known as Al-Kifah
5. Weaver, Mary Anne (2000) "The Real Bin Laden", New Yorker, 24th January
6. Weaver, Mary Anne (1996) "Blowback", The Atlantic Online, May
7. (1994) Boston Herald, 24th January
8. Filkins, Dexter (2015) "Did George W. Bush create ISIS?", New Yorker, 15th May

9. Kaufman, Ted (2015) "Even Putin faces ire of unintended consequences", 3rd July. Available at: https://eu.delawareonline.com/story/opinion/columnists/carronphillips/2015/07/03/even-putin-faces-ire-unintendedcons equences/29637049/
10. Barack Obama interviewed on Vice News, quoted in Saul, Heather (2015) "President Obama claims rise of Isis is 'unintended consequence' of George W. Bush's invasion in Iraq", The Independent, 18th March
11. Napoleoni, Loretta (2010) Terrorism and the Economy: How the War on Terror is Bankrupting the World, Chapter 10, "The Politics of Fear", Seven Stories Press
12. Quoted in (2011) "Is an end in sight?", Metro, 14th September
13. Hulsman, John and Palay, Lara (2014) "The West's critical analytical flaw that spawned 80 years of Mid East failure", City A.M., 26th August
14. Hulsman, John and Palay, Lara (2014) "The West's critical analytical flaw that spawned 80 years of Mid East failure", City A.M., 26th August
15. (c500–750BCE) Tzu, Sun, The Art of War, 3.2
16. Crawford, Neta C. (2015) "War-related Death, Injury, and Displacement in Afghanistan and Pakistan 2001–2014", Brown University, 22nd May. Available at: https://watson.brown.edu/costsofwar/files/cow/imce/papers/2015/War%20Related%20Casualties%20Afghanistan%20and%20Pakistan%202001-2014%20FIN.pdf
17. Amadeo, Kimberly (2019) "Afghanistan War Cost, Timeline and Economic Impact", The Balance, 2nd January. Available at: https://www.thebalance.com/cost-of-afghanistan-wartimeline-economic-impact-4122493
18. Quoted in Ramo, Joshua Cooper (2009) The Age of the Unthinkable, Little, Brown, p. 141
19. Quoted in Ramo, Joshua Cooper (2009) The Age of the Unthinkable, Little, Brown, p. 189
20. Cortright, David and Lopez, George A. (2000) "Learning from the Sanctions Decade", Global Policy Forum. Available at: www.globalpolicy.org/security-council/index-of-countries-on-the-security-council-agenda/sanctions/49076-learning-from-the-sanctions-decade.html
21. "The State of the World's Children 1996" (1996) UNICEF report. Available

at: www.unicef.org/sowc96/dsanctns.htm

22. Moorcraft, Paul (1990) "Rhodesia's War of Independence", History Today, Volume 40, Issue 9, September
23. Biersteker, Thomas J. et al (2016) Targeted Sanctions: The Impacts and Effectiveness of United Nations Action, Cambridge University Press, p. 28
24. (2014) "The law of unintended consequences", Clyde and Co in association with Commodities Now magazine
25. (2017) "Thom Yorke Breaks Silence on Israel Controversy", Rolling Stone, 2nd June. Available at: https://www.rollingstone.com/music/news/thom-yorke-breaks-silenceon-israel-controversy-w485142
26. Shafak, Elif (2015) "Don't Stay Away", The Guardian, 2nd November
27. Bishara, Marwan (2002) Palestine/Israel: Peace or Apartheid, London: Zed Books, p. 121
28. Wake, Chris (2008) "An unaided peace? The (unintended) consequences of international aid on the Oslo peace process", Conflict, Security & Development 8:1, 109–131, DOI: 10.1080/14678800801977138
29. Andersen, Regine (2000) "How multilateral development assistance triggered the conflict in Rwanda", Third World Quarterly 21 (3), pp. 441–456
30. Rodrik, Dani (2006) "Goodbye Washington Consensus, Hello Washington Confusion?", Harvard University
31. Glennie, Jonathan (2008) The Trouble with Aid: Why Less Could Mean More For Africa, Zed Books, p. 39
32. Mutume, Gumisai (2006) "Loss of textile market costs African jobs", Africa Renewal, April
33. Linden, Jackie (2016) "Ghana restricts poultry meat imports", 22nd February. Available at: http://www.wattagnet.com/articles/26000-ghana-restricts-poultry-meat-imports
34. Glennie, Jonathan (2008) The Trouble with Aid: Why Less Could Mean More For Africa, Zed Books, p. 54
35. Woo, Wing Thye (2004) "Serious Inadequacies of the Washington Consensus: Misunderstanding the Poor by the Brightest". From: Diversity in Development: Reconsidering the Washington Consensus, FONDAD, The Hague, December. Available at: www.fondad.org/product_books/pdf_

download/3/Fondad-Diversity-BookComplete.pdf

36. Quoted in Glennie, Jonathan (2008) The Trouble with Aid: Why Less Could Mean More For Africa, Zed Books, p. 38
37. Moyo, Dambisa (2009) "Why Foreign Aid Is Hurting Africa", Wall Street Journal, 21st March
38. Moyo, Dambisa (2009) "Why Foreign Aid is Hurting Africa", Wall Street Journal, 21st March
39. (2015) "Research In Malawi", Office of Education Abroad, Michigan State University, 30th April

5장

1. Porter, Stephen (2016) "Accidental explosions: gunpowder in Tudor and Stuart London", 22nd September. Available at: https://www.historyextra.com/period/tudor/accidentalexplosions-gunpowder-in-tudor-and-stuart-london/
2. (2012) "Kennall Vale Nature Reserve: Peaceful valley with an explosive secret!" Available at: https://www.cornishmining.org.uk/sites/default/files/KV_Info_Sheet_v2.pdf
3. Quoted in Bown, Stephen R. (2005) A Most Damnable Invention: Dynamite, Nitrates, and the Making of the Modern World, Thomas Dunne Books, p. 175
4. Bown, Stephen R. (2005) A Most Damnable Invention: Dynamite, Nitrates and the Making of the Modern World, Thomas Dunne Books, p. 176
5. Bown, Stephen R. (2005) A Most Damnable Invention: Dynamite, Nitrates and the Making of the Modern World, Thomas Dunne Books, p. 176
6. Juniper, Tony (2014) "How to really stop flooding", The Guardian, 5th February
7. Carrington, Damian (2016) "£500,000 tree-planting project helped Yorkshire town miss winter floods", The Guardian, 13th April
8. Lean, Geoffrey (2016) "UK flooding: How a Yorkshire town worked with nature to stay dry", The Independent, 2nd January
9. (2016) "Our Acquisition Of Thorneythwaite Farm", National Trust, 1st September. Available at: https://www.nationaltrust.org.uk/news/our-

acquisition-ofthorneythwaite-farm

10. (2018) Commonwealth of Australia. Available at: http://www.environment.gov.au/biodiversity/invasive/weeds/weeds/why/impact.html
11. Pitcairn, Michael (n.d.), research scientist at the Californian Department of Food and Agriculture, quoted by DeLong, Brad (2002) "The Dreaded Yellow Star Thistle", 20th July. Available at: http://www.j-bradford-delong.net/movable_type/2003_archives/000638.html
12. Pimentel, David et al (2004) "Update on the environmental and economic costs associated with alien-invasive species in the United States", 29th December, p. 3
13. (2017) "Impacts of Invasive Species", The Nature Conservancy
14. Pimentel, David et al (2004) "Update on the environmental and economic costs associated with alien-invasive species in the United States", 29th December, p. 2
15. (2014) "History of grey squirrels in UK", Daily Telegraph, 18th March
16. Gilani, Nadia (2012) Metro, p. 19, 29th October
17. From Whitlock, Craig (2007) "From Nazi Past, a Proliferating Pest", Washington Post Foreign Service, 26th May
18. (n.d.) "The history of sleeping sickness", World Health Organization. Available at: http://www.who.int/trypanosomiasis_african/country/history/en/index7.html
19. McDonald, Coby (2016) "Scientists Finally Recognized For Eradicating The Sexy Screwworm", Popular Science, 22nd June. Available at: https://www.popsci.com/scientistsfinally-recognized-for-sexy-screwworm-research
20. Pimentel, David et al (2004) "Update on the environmental and economic costs associated with alien-invasive species in the United States", 29th December, p. 4
21. (2010) "The cane toad (Bufo marinus)", Australian Department of the Environment, Water, Heritage and the Arts
22. Bergstrom, Dana M. et al (2009) "Indirect effects of invasive species removal devastate World Heritage Island", Journal of Applied Ecology, Vol. 46, Issue 1, 14th January
23. (2014) "Macquarie Island: from rabbits and rodents to recovery and

renewal", Australian Government, Department of the Environment. Available at: www.environment.gov.au

24. Vann, Michael G. (2003) "Of Rats, Rice and Race: The Great Hanoi Rat Massacre, an Episode in French Colonial History", French Colonial History 4:191–203
25. Dubner, Stephen J. and Levitt, Steven (2012) "The Cobra Effect", Freakonomics podcast, 11th October. Available at: freakonomics.com/podcast/the-cobra-effect-a-new-freakonomics-radio-podcast/
26. Rosemeyer, Joe (2017) "How Martha, Cincinnati's celebrity passenger pigeon, shaped conservation in America", 17th April. Available at: https://www.wcpo.com/news/insider/martha-cincinnatis-passenger-pigeon-reshapedconservation-in-america
27. Housein, John Gabriel (2002) "Endangered Species and Safe Harbor Agreements: How Should They Be Used?", 24th April
28. (1996) "Developer's Guide to Endangered Species Regulation", National Association of Home Builders
29. Dubner, Stephen J. and Levitt, Steven (2008) "Unintended Consequences", New York Times, 20th January
30. Kishida, Darcy (2001) "Safe Harbor Agreements Under the Endangered Species Act: Are They Right for Hawai'i?". Available at: www.hawaii.edu/elp/publications/moolelo/ELP-PS-Summer2001.pdf
31. Peltzman, Sam (2004) "Regulation and the Natural Progress of Opulence", AEI-Brookings, Joint Center 2004 Distinguished Lecture, 8th September
32. List, John; Margolis, Michael and Osgood, Daniel, quoted in Dubner, Stephen J. and Levitt, Steven (2008) "Unintended Consequences", New York Times, 20th January
33. Shiffer, James Eli (1999) "Landowners Saw Opportunity in Government's Delay", News & Observer (Raleigh, NC), 7th March, quoted in Lueck, Dean and Michael, Jeffrey A. (2003) "Preemptive Habitat Destruction under the Endangered Species Act", The Journal of Law and Economics 46, no. 1, April: 27–60. Available at: https://doi.org/10.1086/344670
34. Quoted in List, John A. et al (2006) "Is the Endangered Species Act Endangering Species?", NBER Working Paper No. 12777, December, JEL

No. H23,H41,Q27

35. Kishida, Darcy (2001) "Safe Harbor Agreements Under the Endangered Species Act: Are They Right for Hawai'i?". Available at: www.hawaii.edu/elp/publications/moolelo/ELP-PS-Summer2001.pdf
36. Wilcove, D. and J. Lee (2004) "Using Economic and Regulatory Incentives to Restore Endangered Species: Lessons Learned from Three New Programs", Conservation Biology 18:3, pp. 639–645
37. Brown, Tim (2014) "In the developing world, a little smart thinking is leading to products that are changing the lives of millions", Wired UK, January, p. 144
38. Borland, Ralph (2011) "Radical Plumbers and PlayPumps – Objects in development". Quoted in "10 problems with the PlayPump", objectsindevelopment.net
39. Bryson, Bill (2010) At Home, Doubleday, pp. 555–559
40. Suggested by Butterly, Patrick (2017) letter to The Guardian, 6th May

6장

1. (2016) "Statistics On Smoking", Health and Social Care Information Centre, 27th May
2. (2014) "The Health Consequences of Smoking – 50 Years of Progress: A Report of the Surgeon General. Atlanta", US Department of Health and Human Services
3. (2017) "Tobacco", WHO factsheet, May
4. Wangdi, Kencho (2011) "Do Bhutan's Anti-Smoking Laws Go Too Far?", Time, 12th April
5. According to HMRC (customs element) and the Tobacco Manufacturers' Association (VAT element)
6. Allender, S. et al (2009) "The burden of smoking-related ill health in the United Kingdom", Department of Public Health, University of Oxford, Oxford, UK
7. (2014) "Tobacco Levy: Consultation", HM Treasury, December
8. Crawford, Angus (2016) "The town in Belarus from where cigarettes are smuggled to the UK", BBC News, 1st December. Available at: http://www.

bbc.co.uk/news/uk-38170754

9. Boseley, Sarah (2017) "Smoking numbers hit new low as Britons turn to vaping to help quit cigarettes", The Guardian, 7th March
10. (2007) US Tar, Nicotine, and Carbon Monoxide Report
11. Harris, Bradford (2011) "The intractable cigarette 'filter problem'", BMJ Publishing Group Limited, 10.1136/tc.2010.040113
12. Harris, Bradford (2011) "The intractable cigarette 'filter problem'", BMJ Publishing Group Limited, 10.1136/tc.2010.040113
13. (2001) "What does the filter on a cigarette do?", HowStuffWorks.com, 4th June. Available at: https://science.howstuffworks.com/innovation/science-questions/question650.htm
14. Warner, Kenneth E. and Slade, John (1992) "Low Tar, High Toll", American Journal of Public Health, vol. 82, no. 1 (January), pp. 17–18, quoted in Tenner, Edward (1996) Why Things Bite Back, Random House Inc., p. 82
15. Brown, Adam Tod (2009) "5 Idiotic Health Campaigns That Backfired (Hilariously)", 9th April. Available at: http://www.cracked.com/article_17224_5-retarded-healthcampaigns-that-backfired-hilariously.html
16. (2016) "Obesity", NHS Choices, 15th June. Available at: http://www.nhs.uk/conditions/Obesity/Pages/Introduction.aspx
17. Major, Brenda et al (2014) "The ironic effects of weight stigma", Journal of Experimental Social Psychology, Volume 51, March, pp. 74–80
18. Burkeman, Oliver (2013) "From weight loss to fundraising, 'ironic effects' can sabotage our best-laid plans", Oliver Burkeman's Blog, The Guardian, 12th December
19. Chiou, W.-B. et al (2011) "A randomized experiment to examine unintended consequences of dietary supplement use among daily smokers: taking supplements reduces self-regulation of smoking", Addiction 106: pp. 2221–2228, doi:10.1111/j.1360-0443.2011.03545.x
20. Provencher, Véronique et al (2008) "Perceived healthiness of food. If it's healthy, you can eat more!", Department of Psychology, University of Toronto, Canada, 14th November
21. Morris, Steven (2016) "Activists say badger cull has increased bovine TB", The Guardian, 20th February

22. (2016) Bovine TB Statistics, Animal and Plant Health Agency figures, 15th May
23. (2016) Bovine TB Statistics, Animal and Plant Health Agency figures, 15th May
24. McLean, Ross (2016) "Bomb gaffe KO's United game", City A.M., 16th May
25. Hiltzik, Michael (2016) "50 years after we 'almost lost Detroit,' America's nuclear power industry faces even graver doubts", Los Angeles Times, 3rd October. Available at: www.latimes.com/business/hiltzik/la-fi-hiltzik-detroitnuclear-20161003-snap-story.html
26. Lochbaum, David (2016) "Nuclear Plant Accidents: Fermi Unit 1", 12th July. Available at: http://allthingsnuclear.org/dlochbaum/nuclear-plant-accidents-fermi-unit-1
27. Bird, David (1982) "Operator At 3 Mile Island Asserts Safety Training Was Inadequate", New York Times, 7th December
28. Harford, Tim (2011) "What we can learn from a nuclear reactor", Financial Times, 14th January
29. (2015) "Reported Road Casualties Great Britain: 2014", Department for Transport, September
30. Vernon, HM (1941) "Road-deaths in War-time", The Spectator, 10th October
31. Streff, FM and Geller, ES (1988) "An experimental test of risk compensation: Between-subject versus within-subject analyses", Accident Analysis and Prevention 20 (4): August, pp. 277–87
32. Janssen, W. (1994) "Seat-belt wearing and driving behavior: An instrumented-vehicle study", Accident Analysis and Prevention 26, pp. 249–261
33. (2015) "Reported Road Casualties Great Britain: 2014", Department for Transport, September
34. (2003) The Scotsman, 8th February
35. Jenkins, Simon (2012) London Evening Standard, 7th February
36. Austin, Henry (2016) "Road Markings: Removing white lines may cause motorists to slow down, research finds", The Independent, 3rd February
37. Akwagyiram, Alexis (2005) "Can 'naked roads' kill speed?", BBC News, 31st January. Available at: http://news.bbc.co.uk/1/hi/magazine/4213221.stm

38. Rudlin, David (2010) "New Road – Brighton", The Academy of Urbanism, August. Available at: https://www.academyofurbanism.org.uk/new-road/
39. Rudlin, David (2010) "New Road – Brighton", The Academy of Urbanism, August. Available at: https://www.academyofurbanism.org.uk/new-road/
40. (2016) "Shared Space – reducing the dominance of motor vehicles", The Landmark Practice, 6th April. Available at: https://thelandmarkpractice.com/shared-space-reducingdominance-motor-vehicles/
41. Petersen, Jim (1994-95) "The 1910 Fire", Evergreen Magazine, Winter Edition
42. (n.d.) "The 1910 Fires", The Forest Historical Society. Available at: https://foresthistory.org/research-explore/us-forest-service-history/policy-and-law/fire-u-s-forestservice/famous-fires/the-1910-fires/
43. (2001) "Review and Update of the 1995 Federal Wildland Fire Management Policy", US National Interagency Fire Center, January
44. Gabbert, Bill (2015) "New normal; more megafires", Wildfire Today. Available at: https://wildfiretoday.com/2015/05/05/new-normal--more-megafires-per-year/
45. Diamond, Jared (2005) Collapse: How Societies Choose to Fail or Succeed, Penguin Books, p. 44
46. Both quoted in Mathiesen, Karl (2016) "How forest management helps lay the conditions for wildfires", The Guardian, 6th May
47. Bleiker, Carla (2016) "Martell: 'Fire is a natural part of forest ecosystems in Canada'", dw.com, 10th May. Available at: http://www.dw.com/en/martell-fire-is-a-natural-partof-forest-ecosystems-in-canada/a-19247762
48. Augustin, Kizzy and Brooks, Oliver (2015) "The effectiveness of the Health and Safety at Work Act", Safety and Health Practitioner, 14th September. Available at: https://www.shponline.co.uk/an-analysis-of-the-effectiveness-ofthe-health-and-safety-at-work-act/
49. Pemberton, Dr Max (2015) "How to stop smoking by talking", Daily Telegraph, 20th January; and (2014) "Want to quit smoking?", Daily Mail, 28th December

7장

1. Sitwell, William (2016) Eggs or Anarchy: The Remarkable Story of the Man Tasked with the Impossible: To Feed a Nation at War, Simon & Schuster, p. 56
2. Sitwell, William (2016) Eggs or Anarchy: The Remarkable Story of the Man Tasked with the Impossible: To Feed a Nation at War, Simon & Schuster, p. 56
3. (2002) "The health of the nation was surprisingly good at the time, despite the physical and emotional stresses." What was life like in the Second World War? What did they eat? © Imperial War Museum
4. Sitwell, William (2016) Eggs or Anarchy: The Remarkable Story of the Man Tasked with the Impossible: To Feed a Nation at War, Simon & Schuster, pp. 81, 305
5. Atkinson, Louise (2007) "Can a modern family survive on wartime rations?", Daily Mail, 2nd July
6. Ruhm, Christopher J. (2015) "Health Effects Of Economic Crises", Working Paper 21604, October. Available at: http://www.nber.org/papers/w21604
7. Weyer, Christian et al (2000) "Energy metabolism after 2 y of energy restriction: the Biosphere 2 experiment", American Journal of Clinical Nutrition, Volume 72, No. 4, 946–953, October
8. (2014) "London Tube strike coverage", BBC News, 5th February. Available at: http://www.bbc.co.uk/news/ukengland-london-26037534
9. Lynch, Russell (2015) "Listen to the wonks: it pays to shake things up sometimes", London Evening Standard, 17th September
10. (2013) "The State of Food and Agriculture 2013", United Nations Food and Agricultural Organization
11. Tertullian (197) Apologeticus, Chapter 50
12. Anwar, Harris (2013) "Taliban intimidation backfires as shot teenager inspires school enrollment surge", Bloomberg News, 13th October. Available at: https://www.registercitizen.com/news/article/Taliban-intimidationbackfires-as-shot-teenager-12018363.php
13. Yousafzai, Malala (2014) Malala: The Girl Who Stood Up for Education and Changed the World, Orion Books

14. Roberts, Justine (2015) "Mumsnet is really my other baby", Justine Roberts, The Guardian, 21st March

8장

1. Jeffries, Stuart (2014) "Water, super-sewers and the filth threatening the River Thames", The Guardian, 22nd July
2. Lemon, Johanna (2018) "The Great Stink", Cholera and the Thames. Available at: http://www.choleraandthethames.co.uk/cholera-in-london/the-great-stink
3. Halpern, David (2016) Inside the Nudge Unit, WH Allen, pp. 66–69
4. Halpern, David (2016) Inside the Nudge Unit, WH Allen, pp. 66–69
5. (2018) "Suicide Statistics", American Foundation For Suicide Prevention. Available at: https://afsp.org/aboutsuicide/suicide-statistics/
6. Roberts, Royston M. (1989) Serendipity, John Wiley & Sons, p. ix
7. Comroe, Julius H. (1977) Retrospectroscope: Insights into Medical Discovery, Von Gehr
8. Roberts, Royston M. (1989) Serendipity, John Wiley & Sons, pp. 187–189
9. Andrews, Evan (2015) "Why is purple considered the color of royalty?", History.com, 15th July. Available at: http://www.history.com/news/ask-history/why-is-purpleconsidered-the-color-of-royalty
10. (2006) "Sir William Henry Perkin (1838–1907); the Discovery of Aniline Purple", the Museum of Science and Industry in Manchester
11. Donnelly, Tim (2012) "9 Brilliant Inventions Made by Mistake", Inc.com, 23rd August. Available at: https://www.inc.com/tim-donnelly/brilliant-failures/9-inventionsmade-by-mistake.html
12. Williamson, Marcus (2011) "Wilson Greatbatch: Inventor of the implantable cardiac pacemaker", Obituary, The Independent, 30th September
13. Hart, GJ (2003) "Science sometimes has unintended consequences", the Exchange 10(2):6,7
14. Roberts, Royston M. (1989) Serendipity, John Wiley & Sons, pp. 220–221
15. (2006) "Neil Armstrong's Flown Suit", NASA. Available at: https://www.hq.nasa.gov/alsj/a11/A11NAAFlownSuit.html
16. (2007) "Working on the Moon". Available at: http://www.

workingonthemoon.com/WOTM-Velcro.html
17. Chesto, Jon (2015) "Velcro: Not your father's fastener", Boston Globe, 1st December

9장

1. Proverbs 14:12, King James Bible (Cambridge Edition)
2. Thompson, Dr George (2005) "7 things never to say to anyone, and why", 11th November. Available at: http://policeone.com/communications/articles/120708
3. DiJulio, Bianca et al (2015) "Data Note: Americans' Views On The U.S. Role In Global Health", Henry J. Kaiser Family Foundation, 23rd January. Available at: https://www.kff.org/global-health-policy/poll-finding/data-noteamericans-views-on-the-u-s-role-in-global-health
4. Ariely, Dan (2015) "The Ordeal That Made Me a Student of Humanity", Wall Street Journal, 30th July
5. (2018) "Good News". Available at: https://www.climateoptimist.org/good-news/
6. (2017) "85% of Germany's power just came from renewable energy, setting a new record", Indy100. Available at: https://www.indy100.com/article/two-thirds-germanypowered-renewable-energy-easter-day-green-7737221
7. (2018) "Carbon dioxide emissions from energy consumption in the U.S. from 1975 and 2017 (in million metric tons of carbon dioxide)". Available at: https://www.statista.com/statistics/183943/us-carbon-dioxide-emissions-from-1999/
8. Herrmann, Victoria (2017) "Doomsday narratives about climate change don't work. But here's what does", The Guardian, 12th July
9. Balmford, Andrew and Knowlton, Nancy (2017) "Why Earth Optimism", Science 356 (6335), 225, 20th April, doi: 10.1126/science.aan4082
10. (n.d.) "Check your tire pressure, reduce pollution", Minnesota Pollution Control Agency. Available at: https://www.pca.state.mn.us/living-green/check-your-tirepressure-reduce-pollution
11. (2016) The Behavioural Insights Team – Update Report 2015-16
12. Burkeman, Oliver (2015) "If everyone's at it, how bad can it be?", The

Guardian, 23rd May

13. Campbell, Melissa, ed. (2014) "#DoodleUs: Gender & Race in Google Doodles", SPARK Movement. Available at: http://www.sparkmovement.org/wp-content/uploads/2014/02/doodle-research-summary-2.pdf
14. Silva, Rohan (2015) "Celebrating women in technology is the way to attract more", London Evening Standard, 17th August
15. Pascal, Blaise (1654) Pensées
16. Bliss, MD, Garrison (2017) "The Benefit of Doing Nothing in Healthcare", 7th May. Available at: https://thedoctorweighsin.com/the-benefit-of-doing-nothing-inhealthcare/
17. Kale, MS et al (2011) "'Top 5' Lists Top $5 Billion", Arch Intern Med., 2011;171(20):1858–1859. doi:10.1001/archinternmed.2011.501
18. Cunningham, Solveig Argeseanu (2008) "Doctors' strikes and mortality: A review", Social Science & Medicine 67, pp. 1784–1788
19. Collinson, Patrick (2018) "Is Terry Smith the best money manager Britain has ever had?", The Guardian, 8th September
20. Mitchell, Andrew, MP (2010) "War Games: the Story of Aid and War in Modern Times by Linda Polman: review", Daily Telegraph, 7th May

의도하지 않은 결과

1판 1쇄 찍음 2021년 3월 10일
1판 1쇄 펴냄 2021년 3월 17일

지은이 클라이브 윌스
옮긴이 김수민
펴낸이 조윤규
편집 민기범
디자인 홍민지

펴낸곳 (주)프롬북스
등록 제313-2007-000021호
주소 (07788) 서울특별시 강서구 마곡중앙로 161-17 보타닉파크타워1 612호
전화 영업부 02-3661-7283 / 기획편집부 02-3661-7284 | 팩스 02-3661-7285
이메일 frombooks7@naver.com

ISBN 979-11-88167-43-2 (03320)